梁啓超 著

飲冰室合集

專集

第八册

中華書局

飲冰室專集之二十八

管子傳

自序

一國之偉人。閒世不一見也。苟有一二。則足以光其國之史乘。永其國民之謳思。百世之下。聞其風者。心儀而力追之。雖不能至。而或具體而微焉。或有其一體焉。則薪盡火傳。猶且莫也。國於是乎有與立。夫導國民以知尊其先民。知學其先民。則史家之職也。我國以世界最古最大之國。取精多而用物宏。其人物之瑰瑋絕特。負非他國之所得望。而前此之讀書論世者。或持偏至之論。挾主奴之見。引繩批根。而非常之人。非常之業。泯沒於謬悠之口者。不可勝數也。若古代之管子商君。若中世之荊公。吾蓋徧徵西史。欲求其匹儔而不可得。而商君荊公。爲世詬病。以迄今日。管子亦毀譽參半。即譽之者。又非能傳其眞也。余既爲荊公作洗冤錄。商君亦得順德麥氏爲之訟直。則管子傳不可以無述。述之得六萬餘言。作始於宣統紀元三月朔。旬有六日成。新會梁啓超。

管子傳

例言

一本編以發明管子政術爲主。其他雜事不備載。

一管子政術以法治主義及經濟政策爲兩大綱領。故論之特詳。而時以東西新學説疏通證明之。使學者得融會之益。

一古書文義奥賾。領解非易。「管子」一書傳世更少善本。譌奪百出。前此幾成廢書。明吳郡趙氏據宋本校正千百餘條。即今浙江局本是也。然不能句讀者尚往往而有。古今注家益復寥寥。今所傳房玄齡注。或云出尹知章。其訛謬穿鑿。黄氏日抄糾之極多。蓋「管子」之難讀久矣。本編所引原書正文。而附舊注。時亦以己意訓釋之。或且奮臆校勘。凡以使人易解。武斷之誚。所不敢辭。

宣統元年三月　箸者識

管子傳

目次

飲冰室專集之二十八

管子傳

第一章 敍論

今天下言治術者。有最要之名詞數四焉。曰國家思想也。曰法治精神也。曰地方制度也。曰經濟競爭也。曰帝國主義也。此數者皆近二三百年來之產物。新萌芽而新發達者。歐美人所以雄於天下者。曰惟有此之故。中國人所以弱於天下者。曰惟無此之故。中國人果無此乎。曰惡。是何言。吾見吾中國人之發達是而萌芽是。有更先於歐美者。謂余不信。請語管子。

管子者。中國之最大政治家。而亦學術思想界一鉅子也。顧吾國人數千年來崇拜管子者。不少概見。而訾謷之者反倍蓰焉。此誤於孟子之言也。

孟子之論管子也。與孔子異。孔子雖於器小之譏。偶有微詞。而一則稱之曰如其仁如其仁。再則歎之曰微管仲吾其被髮左衽。豈非以其事業之所影響。功德之所沾被。不徒在區區一齊。而實能爲中國歷史上別開一新生面耶。孟子之論管子。則輕薄之意。溢於言外。常有彼哉彼哉羞與爲伍之心。噫。其過矣。吾以爲孟子之學力。容有非管仲所能及者。管仲之事業。亦有斷非孟子所能學者。在孟子當時。或亦有爲而發。爲此過激之言。而後之陋儒並孟子之所以自信者而亦無之。乃反吠影吠聲。摭至迂極腐之末論。以詆謷管子。彼於管子何損。而以此誤治術。誤學理。使先民之良法美意。不獲宣於後。而吾國遂渙散積弱以極於今日。吾不得不爲後之陋儒罪也。

凡政治之進化，必有階級，躐階級而進焉，未有能有功者也。歐洲自十八世紀末，自由民權之學說，披靡一世，用是開今日之治，此稍有識者所同尊也。雖然當中世黑闇時代，全歐泯泯棼棼，其歷史幾爲血腥所掩，於彼之時，能爲諸大國鞏厥基礎，使繼長增高以迄於今者，非孟德斯鳩與盧梭之學說，而馬格亞比里與霍布士之學說也。而馬氏霍氏之與吾管子，則地之相去數萬里，世之相後數千歲，不期而若合符契，而其立說之偏至，又不能如吾管子之中正者也。

且近世泰西之言政治者，率分三派，其一曰主權在君主者，其一曰主權在人民者，此二說各有所偏，而皆不適於正，遵之以爲治，而利皆不勝其弊，至最近二三十年間，然後主權在國家之說，翕然爲斯學之定論，今世四五强國，皆循斯以浡興焉，問泰西有能於數千年前發明斯義者乎，曰無之，有之則惟吾先民管子而已。

美國現大統領羅斯福氏有言，『政治家者，政治學者之臣僕也。』豈不以理想爲事實之母，政治學者所發明之學說，而政治家乃得采用之，以成其業耶。而政治學者之天職，又不過發明學說，以待他人之采用而已，非能自當其衝也。故徧考泰西之歷史，其政治家與政治學者，未有能相兼者也，予之翼者兩其足，傅之爪者去其角，天之生材，固有所限耶。其以偉大之政治家，而兼爲偉大之政治學者，求諸吾國，得兩人焉，於後則有王荆公，於前則有管子，此我國足以自豪於世界者也。而政治學者之管子，其博大非荆公所能及，政治家之管子，其成功亦非荆公所能及，故管子倜乎遠矣。

前此爲管子傳者，惟史記一篇，然史記別裁之書也，其所敍述，往往不依常格，又以幽憤不得志，常借古人一言一事，以寄託其孤怨，若管晏列傳，亦其類也，故徒讀史記管子傳，必不足以見管子之眞面目，欲求眞面目，必於

「管子」

「管子」一書後儒多謂戰國時人依託之言非管子自作雖然若牧民山高乘馬輕重九府則史公固稱焉謂其著書世多有之是固未嘗以爲僞也「管子」書中有記管子卒後事者且有管子解若干篇其非盡出管子手撰無可疑者度其中十之六七爲原文十之三四爲後人增益此則「墨子」亦有然不獨「管子」矣且即非自作而自彼卒後齊國遵其政者數百年亦見史記本傳然則雖當時稷下先生所討論所記載其亦必衍「管子」緒論已耳吾今故據管子以傳管子以今日之人之眼光觀察管子以世界之人之眼光觀察管子愛國之士或有取焉

第二章　管子之時代及其位置

孟子曰『讀其書不知其人可乎是以論其世也』可謂至言故欲品評一人物者必當深察其所生之時所處之地相其舞臺所憑藉然後其劇技之優劣高下可得而擬議也故新史家之爲傳記者必斷斷謹是吾亦將以此法觀察管子

第一　管子之時中央集權之制度未鞏固也　中國中央集權之進化黃帝時爲第一級夏禹時爲第二級周公時爲第三級前此皆酋長政治天子與諸侯各君其國各子其民故曰元后曰羣后其去平等者幾希耳周興聲威漸廣集權漸固得以土地分封宗親功臣雖然帝者之權猶不能出邦畿千里之外故古書動言朝諸侯有天下所謂有天下與否即以諸侯之朝不朝爲斷耳東遷以後周既失天下古書皆言周亡於幽厲詩曰赫赫宗周褒姒滅之孟子曰三代之失天下也以不仁諸如此類不可枚舉綜觀先秦諸書未有認東遷以後之周天子爲有主權者後人習於孔子特倡之大義不察情實耳於是中央之權益無所屬管子者正起於此時

代。而欲用其祖國（齊）使爲天下共主者也。故當知管子爲齊國之管子。而非周天下之管子。

第二　管子之時君權未確立也。　其時不徒國與國之間。無最高之統屬而已。卽一國之中。主權亦甚薄弱。貴族與君主中分勢力。諸國皆然。不獨一齊也。觀管子執政以後。猶云分國爲三鄉。一曰公之鄉。二曰高子之鄉。三曰國子之鄉。可知高國等貴族。實與公中分齊國也。凡政治進化之例。必須由貴族柄政時代。進入君主獨裁時代。然後國家機關乃漸完。管子實當其衝者也。

第三　管子之時。中國種族之爭甚劇烈也。　我中國民族。同爲黃帝子孫。雖然自四千年前。遷徙移植。分宅於江河流域各地。其時交通未便。聲氣窒塞。久之遂忘其本來。故大族之中。分出若干小族。互相爭鬩。殆如希臘之德利安渥奇安埃阿尼安伊阿里安等諸族。日夜相競也。自今視之。固爲可笑。然以當時生存競爭之大勢。固亦有不容已者。而管子則當其競爭初劇之盤渦也。

第四　管子之時。中國民業未大興也。　世界之進化。由漁獵時代。進爲畜牧時代。再進爲農業時代。終進爲工商時代。國民文明之程度。卽以是爲差。中國當春秋戰國間。而畜牧時代與農業時代。始遞嬗焉。觀宣王中興詩。惟頌其獸畜蕃息。衞文再造。民惟歌其騋牝三千。是其例也。諸如此類。不可枚舉。蓋其時問人之富。則惟數畜以對。雖有耕稼。而其業猶未大盛。若工商則更無論矣。管子者。實處此兩時代之交點。而爲之轉捩者也。知此四者。斯可與論管子矣。

第三章　管子之微時及齊國前此之形勢

管子名夷吾。字仲。或曰字敬仲。後其君尊之爲仲父。故後世皆以仲稱之。齊之穎上人也。史記及「管子。」咸不詳其家世。今無考焉。（張守節史記正義引韋昭云管仲姬姓之後管嚴之子敬仲也不知何據）史記稱其自述之言曰。

吾始困時。嘗與鮑叔賈分財利。多自與。鮑叔不以我爲貪。知我貧也。吾嘗爲鮑叔謀事而更窮困。鮑叔不以我爲愚。知時有利有不利也。吾嘗三仕三見逐於君。鮑叔不以我爲不肖。知我不遭時也。吾嘗三戰三走。鮑叔不以我爲怯。知我有老母也。公子糾敗。召忽死之。吾幽囚受辱。鮑叔不以我爲無恥。知我不羞小節。而恥功名不顯於天下也。生我者父母。知我者鮑子也。

由此觀之。則管子實起於微賤。非齊貴族。而其少年之歷史。實以失敗挫辱充塞之。而卒能爲國史上第一流人物。豈非孟子所謂天將降大任於是人。必先動心忍性。增益其所不能者也。

齊國者。管子之舞臺也。故欲知管子。必先知齊國。史記本傳稱以區區之齊在海濱。通貨積財。富國强兵。夫以吾儕讀春秋。習見夫管子以後之齊。誠泱泱乎大國也。然不知其前此實區區海濱一彈丸已耳。太公之初封。爲方百里。而介於徐萊諸夷之閒。史記齊太公世家云。

武王封師尚父於齊營邱。東就國。（中略）萊侯來伐。與之爭營邱。營邱邊萊。萊人夷也。會紂之亂。而周初定。未能集遠方。是以與太公爭國。太公至國。修政。因其俗。簡其禮。通商工之業。便魚鹽之利。而人民多歸齊。

然則齊之始建國。所謂戎狄之與鄰。而遠於王室。其崎嶇締造之艱。可以想見。以通工商便魚鹽爲政策。雖作始於太公。然新造伊始。立法未備。收效未豐。觀萊夷當齊桓時。其跋扈而爲齊患也猶昔。則前此齊之聲威加於四鄰者。殆僅矣。自太公卒。十三傳而至襄公。實爲桓公小白之兄。凡三百餘年間。齊之內亂無已時。（事具史記齊世家不備引）更

無暇競於外。逮襄公時。而蜩唐沸羹逾甚。齊之不絕。蓋如縷耳。管子大匡篇記其事云。左傳略同

僖公之母弟夷仲年生公孫無知。有寵於僖公。衣服禮秩如適。僖公卒。諸兒立。是爲襄公。襄公絀無知。無知怒。公令連稱管至父戍葵丘。曰。瓜時而往。及瓜而代。期戍。公問不至。請代不許。故二人因公孫無知以作亂。魯桓公夫人文姜。齊女也。桓公會齊侯於濼。文姜通於齊侯。桓公怒焉。文姜告齊侯。齊侯怒。饗公。使公子彭生乘魯侯。脅之。公薨於車。（中略）後乃爲殺彭生以謝於魯。五月。襄公田於貝丘。見豕。從者曰。公子彭生也。公怒曰。彭生敢見。射之。豕人立而啼。公懼。墜車。傷足、喪屨。反。誅屨於徒人費。不得。鞭之見血。費走出。遇賊於門。脅而束之。袒而示之背。賊信之。使費先入。伏公。乃出門。死於門中。石之紛如死於階下。遂殺公而立公孫無知。鮑叔牙奉公子小白奔莒。管夷吾召忽奉公子糾奔魯。翌年。公孫無知虐於雍廩。雍廩殺無知。

嗚呼。時勢造英雄。豈不然哉。天之爲一世產大人物。往往產之於最腐敗之時代。最危亂之國土。蓋非是則不足以磨練其人格。而發表其光芒也。當是時也。齊國之去亡。僅一髮。雖然。非是安足以見管子。

管子之豐功偉業。雖成於相桓公以後。而實濫觴於傅子糾之時。大匡篇復記其事云。

齊僖公生公子諸兒。公子糾。公子小白。使鮑叔傅小白。鮑叔辭。稱疾不出。管仲與召忽往見之。曰。何故不出。鮑叔曰。先人有言。知子莫若父。知臣莫若君。君今知臣不肖也。是以使賤臣傅小白也。賤臣知棄矣。（中略）管仲曰。不可。持社稷宗廟者。不讓事。不廣閒。將有國者未可知也。子其出乎。召忽曰。不可。持三人者之於齊國也。譬之猶鼎之有足也。去其一。則必不立。吾觀小白必不爲後矣。管仲曰。不然。夫國人憎惡糾之母。以及糾之身。而憐小白之無母也。諸兒長而賤。事未可知也。夫所以定齊國者。非此二公子將無已也。小白之爲人無小智

惕而有大慮。非夷吾莫容小白。天不幸降禍加殃於齊。糾雖得立。事將不濟。非子定社稷。其將誰也。（中略）
鮑叔曰。然則奈何。管子曰。子出奉令則可。鮑叔許諾。乃出奉令。

是爲管子初入政界之始。管鮑二豪。後此相提攜。以霸齊國。此際乃先分攜而立於敵地。齊之必將有內亂。三子者皆知之。內亂必起於諸公子。三子者皆知之。至其以至銳之眼光。至敏之手腕。能先事以解決此問題。則非絕大政治家不能也。此管子所以賢於鮑召也。

第四章　管子之愛國心及其返國

世俗論者。往往以忠君愛國二事相提並論。非知本之言也。夫君與國截然本爲二物。君而爲愛國之君也。則吾固當推愛國之愛以愛之。而不然者。二者不可得兼。先國而後君焉。此天地之大經。百世俟聖人而不惑者也。泰西之英雄。殆莫不知此義。若我中國之英雄。其知之極明。而行之極斷者。其惟管子乎。吾於其初定謀時見之。吾於其將返國時見之。

當管鮑召三人之議奉傳問題也。管子與召忽。蓋已豫定其死生去就矣。大匡篇記之曰。

召忽曰。百歲之後。吾君卜世。犯吾君命。而廢吾所立。奪吾糾也。雖得天下。吾不生也。管仲曰。夷吾之爲君臣也。將承君命奉社稷以持宗廟。豈死一糾哉。夷吾之所死者。社稷破宗廟滅祭祀絕。則夷吾死之。非此三者。則夷吾生。夷吾生則齊國利。夷吾死則齊國不利。

嘻、讀此言。何其自信力之堅强若是耶。何其論理學之分明若是耶。管子非好爲不忠於糾也。彼其審之極熟。知以糾與齊國較。糾極小而齊國極大。糾極輕而齊國極重也。管子者。齊國之公人。非公子糾之私人也。孔子曰。豈若匹夫匹婦之爲諒也。自經於溝瀆而莫之知也。經大聖之論定而後世有疑於管子此舉者。可以渙然冰釋矣。

（大匡篇）魯伐齊納子糾桓公自莒先入。戰於乾時。管仲射桓公中鉤。魯師敗績。桓公踐位。於是刼魯使殺公子糾。桓公問於鮑叔曰。將何以定社稷。鮑叔曰。得管仲與召忽。則社稷定矣。公曰。夷吾與召忽吾賊也。鮑叔乃告公其故圖。公曰。然則可得乎。鮑叔曰。若亟召則可得也。不亟不可得也。夫魯施伯知夷吾爲人之有慧也。必將令魯致政於夷吾。夷吾受之。則彼知能弱齊矣。不受。彼知其將反於齊也。必將殺之。公曰。然則夷吾受乎。鮑叔對曰。不受。夫夷吾之不死糾也。爲欲定齊國之社稷也。今受魯之政。是弱齊也。夷吾之事君無二心。雖知死必不受也。公曰。其於我也曾若是乎。鮑叔對曰。非爲君也。爲社稷也。其於君不如其親糾也。糾之不死。而況君乎。君若欲定齊之社稷。則亟迎之。

（小匡篇）桓公自莒反於齊。使鮑叔牙爲宰。鮑叔辭曰。臣君之庸臣也。君有加惠於其臣。使臣不凍飢。則是君之賜也。若必治國家。則非臣之所能也。其唯管夷吾乎。臣之所不如管夷吾者五。寬惠愛民。臣不如也。治國不失秉。臣不如也。忠信可結於諸侯。臣不如也。制禮義可法於四方。臣不如也。介胄執枹立於軍門。使百姓皆加勇。臣不如也。夫管仲民之父母也。將欲治其子。不可棄其父母。公曰。夷吾親射寡人中鉤。殆於死。今乃用之可乎。鮑叔曰。彼爲其君動也。君若宥而反之。其爲君亦猶是也。

觀此則管子之人格可以見矣。中國人愛國心頗弱。苟不得志於宗國。往往北走胡南走越。爲敵國倀以毒同類。春秋戰國間。愛國之義。比後世猶稍爲昌明矣。然以伍員商鞅之賢。猶不免於此。若後世中行說張元張弘範輩。

更無論矣。管子雖知死不受魯政。此千古國民之模範也。管子之心事。惟鮑叔能道之。『非爲君也。爲社稷也。』嗚呼何其有味乎言之也。管子曰。至其所論管子五事。則管子爲忠於國民之政治家。爲負責任之政治家。爲能立法之政治家。爲善於外交之政治家。爲能實行軍國主義之政治家。舉於是見焉。雖寥寥數語。而管子之人格備矣。知我鮑子。豈其虛哉。

（大匡篇）施伯勸魯君致政於管仲以弱齊。不受則殺之以說於齊。魯未及致政。而鮑叔至。請管仲召忽。魯將殺焉。鮑叔進曰。殺之齊。是僇齊也。殺之魯。是僇魯也。寡君願生得之以徇於國。爲羣臣僇。若不生得。是君與寡君賊比也。魯君遂束縛管仲召忽。管仲謂召忽曰。子懼乎。召忽曰。何懼。吾不蚤死。將胥有所定也。今既定矣。令子相齊之左。必令忽相齊之右。雖然殺君而用吾身。是再辱我也。子爲生臣。忽爲死臣。忽也知得萬乘之政而死。公子糾可謂有死臣矣。子生而霸諸侯。公子糾可謂有生臣矣。死者成行。生者成名。子其勉之。乃行入齊境。自刎而死。管仲遂入。

管鮑召者。齊國之三傑也。其愛國心一也。召忽必行入齊境乃死焉。亦管仲不受魯政之意也。管仲之能定社稷霸諸侯。彼自信之。鮑叔信之。召忽亦信之。觀此而知偉人之素養。及其信於朋友之有道矣。

第五章　管子之初政

凡大人物之任事也。必先定其目的。三日於菟。其氣食牛。江河發源。勢已吞海。欲以小成小就而自安。未有不終於失敗者也。管子者。以帝國主義爲政略者也。雖然。當其初返國也。齊之危亂岌岌不可終日。旣若彼。使魄力稍弱者。以爲當此危局。苟還定而安集之。固非易矣。而遑暇更有所冀。譬諸今日之中國。雖好爲大言者。未有敢遽侈然以帝國主義爲救時之不二法門也。而管子乃異是。

（大匡篇）管仲至。公問曰。社稷可定乎。管仲對曰。君霸王。社稷定。君不霸王。社稷不定。公曰。吾不敢至於此。其大也。定社稷而已。管仲又請。君曰。不能。管仲辭於君曰。君免臣於死。臣之幸也。然臣之不死糾。爲欲定社稷也。社稷不定。臣祿齊國之政而不死糾也。臣不敢。乃走出。至門。公召管仲。管仲反。公汗出曰。勿已。其勉霸乎。管仲再拜稽首而起曰。今日君成霸。臣貪承命。趨立於相位。

昔克林威爾當長期國會紛擾極點之後。獨能征愛爾蘭。實行重商主義。輝英國國威於海外。昔拿破侖當大革命後。全國爲恐怖時代。獨能提兵四出。蹂躪全歐。幾使法國爲世界共主。蓋大豪傑之治國家。未有不取積極政策而取消極政策者也。若管子者。誠大國民之模範哉。

雖然。管子非鹵莽以圖功也。其目的在極大極遠。而其手段在極小極近。桓公欲修兵革。管子不可。曰。與其厚於兵。不如厚於人。齊國之社稷未定。公未始於人而始於兵。外不親於諸侯。內不親於其民。（大匡篇）桓公頷之而未能行也。齊政彌亂。死亡相殺者踵相接。伐魯伐宋。衄師而歸。鮑叔憂之甚。日夜督責管仲。管仲曾不以爲意。

（大匡篇）鮑叔謂管仲曰。異日公許子霸。今國彌亂。子將何如。管仲曰。吾君惕。其智多誨。姑少胥其自及也。鮑叔曰。比其自及也。國無闕亡乎。管仲曰。未也。國中之政。夷吾尙微爲焉。亂乎尙可以待。外諸侯之佐。旣無有吾二人者。未有敢犯我者。

蓋管子深知桓公之爲人。以縱爲擒。然後可得用也。如是者數年。

管子曰。驟令不行。民心乃外。（法法篇）此言可謂知治本矣。蓋國民根性。久習於腐敗者。欲突然革之。匪特功不易就而流弊且往往無窮。變法之所以貴有次第也。管子之遲遲其布政者。諒不徒爲桓公也。而亦爲齊國之民。戒篇云。（管子篇名次在第二十六）『三年教人。四年選賢以爲長。五年始興車踐乘。』大政治家將有事於國。必先從事於國民教育。造成一國之輿論。使民服其教而安其政。然後舉而措之。孔子所以貴信而後勞其民也。管子其知此矣。

桓公既相管仲。自舉其短曰。好田好酒好色。管仲曰。惡則惡矣。然非其急者也。人君惟優與不敏爲不可。優則亡衆。不敏不及事。（見小匡篇）以此論主術。洵可謂片言居要。蓋處高明之地者。惟優柔寡斷與闇昧無識。最爲害事。不徒爲人君者爲然矣。桓公之人格。與此相反。此其所以能用管子歟。

（小匡篇）相三月。請論百官。公曰諾。管仲曰。升降揖讓。進退閑習。辨辭之剛柔。臣不如隰朋。請立爲大行。墾草入邑。辟土聚粟。多衆盡地之利。臣不如寧戚。請立爲大司田。平原廣牧。車不結轍。士不旋踵。鼓之而三軍之士視死如歸。臣不如王子城父。請立爲大司馬。決獄折中。不殺不辜。不誣無罪。臣不如賓胥無。請立爲大司理。犯君顏色。進諫必忠。不避死亡。不撓富貴。臣不如東郭牙。請立以爲大諫之官。此五子者。夷吾一不如。然而以易夷吾。夷吾不爲也。君若用治國强兵。則五子者存矣。若欲霸王。夷吾在此。

觀此則知管子初政。首在用人。各當其材。挈裘振領之效。既可睹矣。管子則不名一長。而能盡衆長。其居之不疑也。若此。西人言政治家莫貴乎有自信力。管子其自信力極强者哉。

第六章　管子之法治主義

今世立憲之國家。學者稱爲法治國。法治國者。謂以法爲治之國也。夫世界將來之政治。其有能更嬗於今日之立憲政治者與否。吾不敢知。藉曰有之。而要不能舍法以爲治。則吾所敢斷言也。故法治者治之極軌也。而通五洲萬國數千年間。其最初發明此法治主義以成一家言者誰乎。則我國之管子也。

立憲國之純任法治。夫人而知之矣。卽在專制國。亦未有舍法家之精神而能爲治者也。泰西前事。且勿具徵。卽以我國歷史詗之。自管子而後。以政治家聞者。若鄭之子產。若秦之商君。若漢之諸葛武侯。若宋之王荊公。若明之張江陵。若近世之胡文忠。何一非有得於法家言者。能革舊法之弊而建設新法者。第一流之政治家也。因舊法而補救其偏弊者。第二流也。以身奉法。而使其僚罔敢不奉法者。第三流也。要之不離乎綜覈名實。信賞必罰。奮迅振厲。嚴肅而整齊之。不由斯道而能爲治者。未之前聞也。若此者。名之曰法治之精神。不問爲專制國爲立憲國。其爲用舉無以異也。而首揭此精神。薪盡火傳以迄於今者。則管子也。

法治精神曷爲如此其急也。曰考諸國家之性質而可知也。國家之要素三。曰土地。曰人民。曰主權。三者具然後國家之形以成。有土地人民而無主權。則地雖廣人雖衆。終不過一社會。而不得字以國家。主權者何。最高而無上。唯一而不可分。有强制執行之力。得反乎人民之意志而使之服從者也。（近世國法學者所說大略如此）而此主權者。則於國家成立之始。同時而存在者也。主權之表示於外者謂之法。故有國斯有法。無法斯無國。故言治國而欲廢法者。非直迂於事理。亦勢之必不可得致者也。而其强制執行力之範圍廣者。則其主權所及之範圍亦廣。否則其主權所及之範圍狹。强制執行力之程度强者。則其主權所行之程度亦强。否則其主權所行之程度弱。夫主權之範圍狹而程度弱。則國家之三要素弱其一矣。若是者謂之病的國家。病而不治。則其去死亡也幾何。故不問爲立憲爲專制。苟名之曰國家者。皆含法治精神。無以維持之。蓋爲此也。

管子以法家名。其一切設施。無一非以法治精神貫注之。今先廣敍其學說。以觀其政術之所本焉。

第一節　法治之必要

管子論國家之起原。以爲必有法然後國家乃得成立。其言曰。

（君臣篇下）古者未有君臣上下之別。未有夫婦妃匹之合。獸處羣居。以力相征。於是智者詐愚。强者凌弱。老幼孤弱。不得其所。故智者假衆力以禁彊虐而暴人止。爲民興利除害。正民之德。而民師之……上下設民生體而國都立矣。是故國之所以爲國者。民體以爲國。君之所以爲君者。賞罰以爲君。

（正世篇）民者被治然後正。得所安然後靜者也。夫盜賊不勝。邪亂不止。强刼弱。衆暴寡。此天下之所憂。萬民之所患也。憂患不除。則民不安其居。民不安其居。則民望絕於上矣。

此皆言民之所以樂有國者。以無國則人人各率其野蠻之自由。無所限制。惟以爭奪相殺爲事。無一日焉能安其居。故國家之建設。實應乎人民最急之要求。而思所以副此要求。使人民永脫於憂患之域者。則國家之職也。

此其言與泰西碩儒霍布士所說多相闇合。霍氏之言曰。

國家未建以前。無所謂正不正。無所謂善惡。夫今日吾儕所謂正而善者。謂葆吾固有之權利。而踐吾當行之義務也。其所謂不正而惡者。謂放棄吾當行之義務。而侵人固有之權利也。雖然國家未建以前。無權利義務之可言。蓋人之情。願生而惡死。好樂而憚苦。此受之於天者也。故人人咸有趨生避死舍苦就樂之權利。凡一切外物苟可以贍吾生而資吾樂者皆得而取之此實萬人平等之權利也夫既已萬人同一權利則亦無一人有權利焉矣甲曰此物當屬於我也乙亦曰此物當屬於我也人人威力相同其對於外物之權利相同而同一物也同時各欲得之則非戰鬭之結果終莫能決此物之究當誰屬也當此時也無所謂正不正無所謂善惡惟以勇力與詐謀爲唯一之道德雖然此現象不可以久也彼其所以日相戰鬭者凡以爲趨生而避死舍苦而就樂耳然長此蜩唐沸羹則生日與死鄰而樂不償所苦人人有鑒於此於是胥謀給契約以建國國建而法制生於是人人之權利各有所限不能相侵於是正不正之名詞始出焉矣

此其論國家之所以成立最爲博深切明人民之所以賴有國家者全在於此而管子之言則正與之脗合者也

管子既言國家之目的在爲民興利除害而何以能達此目的則所恃者法也故其言曰

（法法篇）法者民之父母也

（任法篇）法者天下之至道也聖君之實用也

（又）法者上之所以一民使下也

（禁藏篇）夫不法法則治房玄齡注云言不法者必以法正之故治法者天下之儀也所以決疑而明是非也百姓之所懸命也

（七法篇）不明於法而欲治民一衆猶左書而右息之

（法禁篇）故有國之君苟不能同人心一國威齊士義通上之治以爲下法則雖有廣地衆民猶不能以爲治也

（法法篇）雖有巧目利手不如拙規矩之正方圓也故巧者能生規矩不能廢規矩而正方圓雖聖人能生

法不能舍法而治國。

（明法篇）以法治國，則舉錯而已。是故有法度之制者，不可巧以詐僞；有權衡之稱者，不可欺以輕重；有尋丈之數者，不可差以長短。

右所舉者，皆管子極言法之於治國如此其急也。而其指歸則凡以正定人民之權利義務，使國家之秩序得以成立而已。故其釋法律令三者之作用曰：『法者所以興功懼暴也，律者所以定分止爭也，令者所以令人知事也。』（七主七臣篇）而法律何以能興功懼暴定分止爭？則管子又申言之曰：

（禁藏篇）凡人之情，得所欲則樂，逢所惡則憂，此貴賤之所同也。近之不能勿欲，遠之不能勿惡，人情皆然。而好惡不同，各行所欲，而安危異焉，然後賢不肖之形見也。夫物有多寡，而情不能等；事有成敗，而意不能同；行有進退，而力不能兩也。故立身於中，養有節。（中略）故意定而不營氣情，氣情不營，則耳目穀，耳目穀，則傒爭不生，怨怒無有，上下相親，兵刃不用矣。

荀子曰：『人生而有欲，欲而不得則不能無求，求而無度量分界則爭，爭則亂。』（禮論篇）愼子曰：『一兔走，百人追之，積兔於市，過而不顧，非不欲兔，分定不可爭也。』（今本闕，據馬氏意林引）此其義皆足與管子相發明。分也者，即今世法家所謂權利也。創設權利，必藉法律，故曰定分止爭也。民之所以樂有國而賴有法者，皆在此而已。

凡此皆汎論法之作用也。然國家既成之後，有國者不可不以法治精神行之，則管子猶有說焉。曰：

（權修篇）欲爲其國者，必重用其民；無以畜之，則往而不可止也；無以牧之，則處而不可使也。遠人至而不去，則有以畜之也；民衆而可一，則有以牧之也。見其可也，喜之有徵；見其不可也，惡之有刑。賞罰信於其所見，雖其所不見其敢爲之乎見其可也喜之無徵見其不可也惡之無刑賞罰不信於其所見而求其所不見之爲之化不可得也厚愛利足以親之明智禮足以教之上身服以先之審度量以閑之鄉置師以說道之然後申之以憲令勸之以慶賞振之以刑罰故百姓皆說爲善而暴亂之行無由至矣

（八觀篇）故形勢不得爲非則奸邪之人慤愿禁罰威嚴則簡慢之人整齊（中略）是故明君在上位刑省罰寡非可刑而不刑非可罪而不罪也明君者閉其門塞其途弇其迹使民無由接於淫非之地是以民之道正行善也若性然故罪罰寡而民以治矣

（正世篇）治莫貴於得齊制民急則民迫迫則窘窘則失其所葆緩則民縱縱則淫淫則行私行私則離公離公則難用故治之所以不立者齊不得也齊不得則治難行故治民之齊不可不察也

吾讀此而歎管子之學識誠卓越千古而莫能及矣泰西學者之言政術率分兩派其一則主張放任者其一則主張干涉者主張放任者謂一切宜聽民之自爲謀以國家而爲民謀所謂代大匠斲必傷其手也主張干涉者謂假使民各自爲謀而能止於至善則復何賴乎有國家民之所以樂有國家者正以幸福之一大部分各自謀焉而決不能得故賴國家以代謀之國家而一切放任則是自荒其職也且國家者非徒爲人民箇人謀利益而已又當爲國家自身謀利益故以圖國家之生存發達爲第一義而圖人民箇人之幸福次之苟箇人之幸福而與國家之生存發達不相容則毋寧犧牲箇人以裨益國家何也國家毀則箇人且無所麗而其幸福更無論也是故放任論者以國民主義爲其基礎者也干涉論者以國家主義爲其基礎者也放任論盛於十八世紀末與十九世紀初干涉論則近數十年始浡興焉行放任論以致治者英國與美國也行干涉論以致治者德國與日

本也斯二說者皆持之有故言之成理不容以相非然以今後大勢之所趨則干涉論必占最後之全勝蓋無疑矣彼近日盛行之社會主義又干涉論之最極端者也大抵人民自治習慣已成之國可以用放任人民自治習慣未成之國必須干涉對外競爭不烈之國可以放任對外競爭極烈之國必須干涉此其大較也我國之言政者大別爲儒墨道法四家道家則純主放任者也儒墨則亦畸於放任者也其純主干涉者則法家而已而歷觀數千年來其有政績可傳法於後者則未有舍干涉而能爲功者也此無他故焉管子所謂治莫貴於得齊非有以牧之則民不一而不可使齊也一也國家所以維持發達之最要條件也苟放任之而能致焉則放任容或可爲放任之而不能致焉則干涉其安得已也試觀我國今日政治之現象與社會之情態紀綱蕩然百事叢脞苟且媮惰習焉成風舉國上下頹然以暮氣充塞之而國勢隳於冥冥馴致不可收拾者何莫非放任主義滋之毒也故管子之言實治國之不二法門而施之中國尤藥之瞑眩而可以瘳疾者也

然則用法家之干涉主義而所謂齊者一者遂能必收其效乎管子則以爲必能其言曰『夫法之制民也猶陶之於埴冶之於金也故審利害之所在民之去就如火之於燥溼水之於高下』（禁藏篇）又曰『昔者堯之治天下也猶埴之在埏也唯陶之所以爲猶金之在鑪恣冶之所以鑄其民引之而來推之而往使之而成禁之而止故堯之治也善明法禁之令而已矣』（任法篇）此其言果信而有徵乎曰吾試徵諸近世勃興之德國彼德國者當三十年前欲舉其民皆爲優於兵戰之民而其民果爲優於兵戰之民矣近三十年來欲舉其民皆爲優於商戰之民而其民果又優於商戰之民矣夫民則猶是民也何以前此荼然見制於法者一旦而爲歐洲大陸第一雄武之國前此工藝品皆仰給於英者一旦而反爲全世界所仰給也是故苟有大政治家在上能善其干涉之術則

其於民也，刓之使圓。礪之使方。唯其所欲。無不如意。管子所謂如埴之從陶金之從冶者。洵不誣也。而非以法家之道行之。勢固不可得致。夫以一國處萬國競爭之渦中。而欲長保其位置。毋俾隕越。且繼長增高以求雄長於其儕。則必當先使其民之智德力。常與時勢相應。而適於供國家之所需。國家欲左則左之。欲右則右之。全國民若一軍隊然。令旗之所指。則全軍向之。夫如是乃能有功也。而欲致此。則舍法治奚以哉。

管子又言曰『爲國者反民性。然後可以與民戚。民欲逸而教以勞。民欲生而教以死。勞教定而國富。死教定而威行。』（修靡篇。案房注謂威行者行於外國也）又曰『夫至用民者。殺之危之。勞之苦之。飢之渴之。用民者將致之此極也。而民毋可與慮害己者。明王在上。道法行於國。民皆舍所好而行所惡。』（法法篇）夫管子全書之宗旨。在順民心。爲民興利除害。而此文云云者。非以民爲芻狗也。亦非與平昔所持之宗旨相矛盾也。蓋爲國家之生存發達起見。往往不得不犧牲人民一部分之利益。而其犧牲人民一部分之利益。實亦間接以增進人民全體之利益而已。治國家者。苟不能使人民忻然願犧牲其一部分之利益而無所怨。則其去致治之道遠矣。法治之效。則在是而已矣。

管子既言法治之必要。而所以舉法治之實。則尤在法立而必施。令出而必行。其言曰。

（君臣篇上）君道不明。則受令者疑。權度不一。則修義者惑。民有疑惑貳豫之心。而上不能匡。則百姓之與間猶揭表而令之止也。

（法法篇）令入而不出謂之蔽。令出而不入謂之壅。令出而不行謂之牽。令入而不至謂之瑕。牽瑕蔽壅之君。非杜其門而守其戶也。爲令之有所不行也。

（又）凡大國之君尊。小國之君卑。大國之君所以尊者何也。曰爲之用者衆也。小國之君所以卑者何也。曰爲之用者寡也。然則爲之用者衆則尊。爲之用者寡則卑。則人主安能不欲民之衆爲己用也。使民衆爲己用奈何。曰法立令行。則民之用者衆矣。法不立令不行。則民之用者寡矣。故法之所立令之所行者多。而所廢者寡。則民不誹議。民不誹議。則聽從矣。法之所立令之所行與其所廢者鈞。則國無常經。國無常經。則民妄行矣。法之所立令之所行者寡。而所廢者多。則民不聽。民不聽。則暴人起而姦邪作矣。

吾向者論主權之强弱與國家之强弱成比例。管子此言。蓋先我言之矣。今夫有一千萬人之國。而無一人不服從國家之命令。則爲其國家之所有者一千萬人也。有一千萬人之國。而服從國家之命令者僅十之一。則其國家所有者。亦僅一千萬人也已耳。寖假而服從國家之命令者僅百之一。則其國家所有者雖號稱一萬萬人。實乃一百萬人已耳。夫以一百萬人之國與一千萬人之國競。蔑不敗矣。故以大國挫屈於小國者。歷史上數見不鮮。昧者或駭爲怪現象焉。而不知考其實際。彼小者乃實大。而大者乃實小也。三百年前前明之所以屈於本朝。是其例矣。二十年前中國之所以屈於日本。又其例矣。夫所謂服從國家命令十之一百之一者。非必其餘之人悍然以抗命令云也。或陽奉陰違。而國家莫能糾察焉。或朝令暮改。而人民莫知適從焉。或行法之二三違其七八。而吏熟視無睹焉。凡此皆足以墜國家之威信。而褻其主權。威信墜。主權褻。則後此之法令。愈失其効力矣。是故雖有億兆之衆。而無百千人之用。夫以區區五千萬人之日本。而咄嗟之間。可以出能戰之兵數十萬。司農所入。一歲可至八萬萬。有事且能倍之。以堂堂五萬萬人之中國。而此兩者皆不逮彼十之一。豈非以彼則法無不立。令無不行。我則法之所立令之所行者寡。而所廢者多耶。夫比年以來。我國亦法令如牛毛矣。然曾無所謂法治精神者以貫注之。是以有法等於無法也。管子又曰。『國大而政小者。國從其政。國小而政大者。國益大。』霸言

篇　夫政之大小以何爲標準。亦曰法之立不立令之行不行而已矣。而天下古今之國家其得失之林。盡於是矣。故管子之爲敎也。曰『虧令者死。益令者死。不行令者死。留令者死。不從令者死。五者死而無赦。惟令是視』重令篇　非好爲深刻之言也。以爲非是則法治之目的不能達也。故又申言其理由曰『明王見必然之政。立必勝之罰。故民知所必就。而知所必去。推則往。召則來。如墜重於高。如瀆水於地。故法不煩而吏不勞。民無犯禁。故百姓無怨於上』七臣七主篇　又曰『以有刑至無刑者。其法易而民全。以無刑至有刑者。其刑煩而多姦。夫先易者後難。先難者後易。萬物盡然。明王知其然。故必誅而不赦。必賞而不遷者。非喜予而樂其殺也。所以爲人致利除害也』禁藏篇　是故法治者。以秋肅之貌。而行其春溫之心。斯則管子之志也。

第二節　法治與君主

論者曰。今世立憲國之言法治。凡以限制君權。而管子之言法治。乃務增益君權。此未得爲法治之眞精神也。應之曰。是誠有之。然不足爲管子病也。一國之中而有兩獨立機關以相維繫。獨立機關者謂非由他機關之委任而自能成立也專制君主國只有一獨立機關即君主是也立憲君主國則有兩獨立機關其一爲君主其他則國會也　此乃近世所發明。豈可以責諸古代。夫當代議制度未興以前。非重君主之威權。不足以致治。此事理之至易見者也。況管子時。乘古代貴族專政之舊。政出多門。而主權無所統一。其害國家之進步莫甚焉。昔在歐洲封建時代。亦嘗以此爲患。而能以君主壓服貴族者。則其國日以興。貴族專橫而無所制者。則其國日以亡。然則得失之林。既可覩矣。管子之獨張君權。非張之以壓制人民。實張之以壓制貴族也。管子非壓制人民說詳次節雖然．管子之法治主義．又非有所私於君主也．管子之所謂法．非謂君主所立以限制其臣民．實國家所立．而君主與臣民同受其限制者也．故曰『君臣上下貴賤皆從法．此之謂大治』（任法篇）又曰．『明君置法以自治．立儀以自正也．行法修制．先民服也』（房注云服行也先自行法以率人）又曰『禁勝於身．（房注云身從禁也）則令行於民矣』（俱法法篇）又曰『不為君欲變其令．令尊於君』（法法篇）凡此皆謂君主當受限制於法．然後法治之本原立也．

管子曰『地之生財有時．民之用力有倦．而人君之欲無窮．以有時與有倦養無窮之君．而度量不生於其間．則上下相疾也』（權修篇）夫所謂度量者何．則法而已矣．由此觀之．則法之所以限制君權者可見矣．

管子既極言法之期於必行．而謂法之有不行．其首梗之者必君主也．故曰『凡私之所起．必生於主』（七臣七主篇）又曰『有道之君．善明設法．而不以私防者也．而無道之君．既已設法．則舍法而行私者也．為人上者釋法而行私．則為人臣者援私以為公』（君臣上篇）又曰『為人君者．倍道棄法．而好行私．謂之亂』（君臣下篇）由此觀之．則管子之所謂法者．乃國家所立以限制君主．而非君主所立以限制臣民．其義益明．

管子重言曰．『聖君任法而不任智．故身佚而天下治』（任法篇）又曰『使法擇人．不自舉也．使法量功．不自度也』又曰『先王之治國也．不淫意於法之外．不為惠於法之內也．動無非法者．所以禁過而外私也』（俱明法篇）又曰『不知親疏遠近貴賤美惡．以度量斷之．其殺戮人者不怨也．其賞賜人者不德也．以法制行之．如天地之無私也．是以官無私論．士無私議．民無私說．皆虛其匈以聽於上．上以公正論．以法制斷．故任天下而不重也．今亂君則不然．有私視也．故有不見也．有私聽也．故有不聞也．有私慮也．故有不知也．夫私者．壅蔽失位之道也．上舍公法而聽私說．故羣臣百姓皆設私立方以教於國．羣黨比周以立其私．請謁任舉以亂公法．人用其心以幸於上．上無度量以禁之。是以私說日益。而公法日損。國之不治。從此始矣。』任法篇統觀管子全書。其於人主公私之辨。一篇之中三致意焉。所謂公者何從法而已矣。所謂私者何廢法而已矣。以君主而廢法者。管子所懸爲厲禁。猶之以君主而違憲者。立憲國所懸爲厲禁也。商君之言法。不過曰法行自貴近始。而猶未及於君主。而管子則必致謹於是焉。此所以爲法家之正宗也。

雖然。管子僅言君主之當奉法而不可廢法。然果由何道。能使君主必奉法而勿廢。管子未之及也。其言曰『有爲枉法。有爲毀令。此聖君之所以自禁也。』任法篇如斯而已。夫立於無人能禁之地。而惟恃其自禁。則禁之所行者僅矣。此管子之法治所以美猶有憾也。雖然。當代議制度未發明以前。則舍君主自禁外。更有何術以維持法制於不敝者。此豈足獨爲管子病也。卽在今世立憲國。其君主固以違憲爲大戒。然使其君主而有意必欲違憲。固亦未始不可矣。其所以不違者。鑒於利害安危之途而有所憚也。夫管子亦欲使人主鑒於利害安危之途而有所憚焉爾。是故不足爲管子病也。

第三節　法治與人民

無論何種之國家。必以人民爲統治之客體。故法治之效力。其所及者則人民也。管子以齊其民一其民爲治國之首務。故必以法部勒之。其所持之理由。旣如前述。然昧者猶或以芻狗其民爲疑。此於政治之原理。有所未瑩也。管子屢言『不爲愛民虧其法。法愛於民。』七法篇法法篇凡三見夫立法凡所以保民也。而謂愛民不如其愛法者何也。蓋愛民者莫如使之輯和於內而競勝於外。輯和於內。則民無攘奪相殺之恐。得以安其居樂其業。而生事日以豐矣．競勝於外．則民之所憑藉以自保自養者．不致爲人所蹂躪．而有百世之安矣．此兩者．國家之所當常務也．管子乃言曰．『計上之所以愛民者．爲用之愛之也．爲愛民之故．不難毀法虧令．則是失所謂愛民矣．（中略）故善用民者．軒冕不下儗．而斧鉞不上因．如是則賢者勸而暴人止．賢者勸而暴人止．則功名立其後矣．蹈白刃受矢石入水火以聽上令．上令盡行．禁盡止．引而使之．民不敢轉其力．推而戰之．民不敢愛其死．不敢轉其力．然後有功．不敢愛其死．然後無敵．進無敵．退有功．是以衆皆得保其首領．父母妻子．完安於內．故民未嘗可與慮始．而可與樂成功．』法法篇 此言可謂知本矣．蓋愛民之效．莫急於使其父母妻子得完安於內．而欲其完安．則非進無敵退有功焉不可也．欲其有功而無敵．非民皆爲用焉不可也．欲民皆爲用．非法必立令必行焉不可也．故曰法者民之父母也．夫孰知殺之危之勞之苦之飢之渴之之正以行其愛也．管子又言曰．『天不爲一物枉其時．明君聖人亦不爲一人枉其法．天行其所行．而萬物被其利．聖人亦行其所行．而百姓被其利．』白心篇 夫法治之目的．凡以使百姓被其利而已．

是故管子之教．法令不立則已．立則期以必行．而無所假借．『令一布而不聽者存．』法禁篇 管子以爲是取亡之道也．『令出自上．而論可與不可者在下．』重令篇 又管子所不許也．管子臚列聖王所禁者數十事．法禁篇 有一於此．罰所必及也．而有罪而赦．又管子所最不取也．其言曰．『凡赦者小利而大害者也．故久而不勝其禍．毋赦者小害而大利者也．故久而不勝其福．』法法篇 『明必死之路．開必得之門．』牧民篇 『有過不赦．有善不遺．』法法篇 此管子最要之訓條．而法治之精神．亦盡於是矣．

夫管子所以斷斷謹是者．非好爲操切也．凡以示信於人民而已．故曰．『信之謂聖．』四時篇 又曰．『賞罰莫若必成使民信之』禁藏篇又曰『令未布而民或爲之而賞從之則是上妄予也令未布而罰及之則是上妄誅也令已布而賞不從則是使民不勸勉令已布而罰不及則是敎民不聽號令必著明賞罰必信密此正民之經也』法法篇夫國家而不能得信用於其民則統治權將不可復施此管子所爲兢兢也

雖然管子者非濫用國家之威權而以壓制人民爲事者也故其言曰。

（法法篇）君有三欲於民三欲不節則上位危三欲者何也一曰求二曰禁三曰令求必欲得禁必欲止令必欲行求多者其得寡禁多者其止寡令多者其行寡求而不得則威日損禁而不止則刑罰侮令而不行則下陵上故未有能多求而多得者也未有能多禁而多止者也未有能多令而多行者也何故曰上苛則下不聽下不聽而强以刑罰則爲人上者衆謀矣爲人上而衆謀之雖欲毋危不可得也號令已出又易之禮義已行又止之度量已制又遷之刑法已錯又移之如是則慶賞雖重民不勸也殺戮雖繁民不畏也故曰上無固植下有疑心國無常經民力必竭

由此觀之則管子之不肯濫用法權可以見矣古人有言輕諾者必寡信夫惟期於必信者故不得不於諸之始焉愼之也管子之法期以必行故法權愈不得而濫用也故政策未定而孟浪設施以致終不能舉綜核之實者法家所大禁也嗚呼可以鑒矣

管子之政術雖主干涉而不主放任然必於其可干涉者而始干涉之非苟焉已也故發令之權雖操諸君主而立法之業必揆諸人民其言曰『民必得其所欲然後聽上聽上然後政可善爲也』五輔篇又曰『政之所興在順民心政之所廢在逆民心民惡憂勞我佚樂之民惡貧賤我富貴之民惡危墜我存安之民惡滅絕我生育之

能佚樂之則民爲之憂勞能富貴之則民爲之貧賤能存安之。則民爲之危墜。能生育之。則民爲之滅絕。』牧民篇夫管子所以能行干涉政略而有效者。皆恃此道也既以順民心使民得所欲爲目的。而欲達此目的其道何由。管子之論道也。曰『以天下之目視。則無不見也。以天下之耳聽則無不聞也。以天下之心慮。則無不知也。』九守篇其論政曰『先王善牧之於民者也夫民別而聽之則愚。合而聽之則聖。雖有湯武之德復合於市人之言。是以明君順人心安情性。而發於衆心之所聚。是以令出而不稽。刑設而不用。先王善與民爲一體。與民爲一體。則是以國守國以民守民也。』君臣篇上嗚呼吾讀此而信孔子之以如其仁如其仁譽管子爲不虛矣。如君臣篇所言。則今世立憲政治之大義所從出也。人民箇人之意志。必須服從於國家之意志。而國家之意志。則舍人民全體之意志。無由見也。此國會政治所由成立也。夫人民同是人民也。何以一旦聚諸國會。而以神聖視之也。以人民者別而聽之雖愚。合而聽之則聖也。能合民而聽之。則與民爲一體之實。眞克舉矣。國會之爲物。雖未能產於管子之時代乎。然其精神則固已具矣。

抑管子之所設施尤有與今世之國會極相近者。桓公問篇云。

桓公問管子曰。吾念有而勿失。得而勿亡。爲之有道乎。對曰。勿創勿作。時至而隨。毋以私好惡害公正。察民所惡以自爲戒。黃帝立明臺之議者。上觀於賢也。堯有衢室之問者。下聽於人也。舜有告善之旌。而主不蔽也。禹立諫鼓於朝。而備訊唉。湯有總街之庭。以觀人誹也。此古聖帝明王所以有而勿失。得而勿亡者也。桓公曰。吾欲效而爲之。其名云何。對曰。名曰嘖室之議。

嘖室之議者。人民監督政府之一機關也。此機關在當時果曾設立與否。今不可考。其內容組織若何。今更不可考。而要之管子深明此義而嘗倡此論則章章矣。

人民之監督政府管子所認爲神聖而不可侵犯者也。其言曰『丹青在山民知而取之。美珠在淵民知而取之。是以我有過爲而民無過命民之觀也察矣。不可遁逃。我有善則立譽我。我有過則立毀我。當民之毀譽也則莫歸問於家矣。故先王畏民』(小稱篇)『桓公曰我欲勝民爲之奈何。管子對曰此非人君之言也。勝民爲易。然勝民之爲道非天下之大道也。使民畏公而不見親禍亟於身雖能不久』(小問篇)由此觀之則管子之所以尊民權者可見矣。

由前之說則是立法之事業與民共之也。由後之說則是行政之責任惟民監之也。夫今世所謂立憲政治者。其重要之精神具於是矣。後世不察徒以其主張嚴刑峻法之故而指其言爲司空城旦書與李斯之督責論同類而並笑之是得爲知管子矣乎。

難者曰據吾子所稱引管子既以法峻治其民絲豪不肯假借而又敬畏其民謂爲神聖不可侵犯此二義者得無相衝突乎。應之曰不然。其所峻治者人民之箇人也。其所敬畏者人民之全體也。夫人民之在國家也常具兩種資格。一曰爲國家分子之資格。謂相結集以組成國家也。二曰爲國家機關之資格。謂從法律所規定而構成國家之一種機關也。(如任國會議員及選舉國會議員皆是)當其爲國家分子也。則受統治權之支配者也。當其爲國家之機關也。則執行統治權之一部者也。惟其受統治權之支配也。故奉法而不容假借。惟其行統治權之一部也。故神聖而不可侵犯。夫今世之立憲國則孰不神聖其民者。抑又曷嘗以神聖之故而謂奉法可以假借也。夫管子之法治精神亦若是則已耳而何衝突之與有。

第四節　立法

愼子曰。『法雖不善。猶愈於無法。』（西人亦有此言法學家常稱道之）此慰情勝無之論也。若語於圓滿之法治主義。決不能以是卽安也。管子法法篇曰。『不法法則事毋常。（房注不設法以法下故事無常）法不法則令不行。（房注雖復設法不得法之宜故令不行）令而不行。則令不法也。法而不行。則修令者不審也。』故管子之言法治主義。以得良法爲究竟者也。

然則欲得良法。其道何由。管子曰。『根天地之氣。寒暑之和。水土之性。人民鳥獸草木之生物皆均有焉而未嘗變也。謂之則。不明於則而欲出號令。猶立朝夕於運均之上。檐竿而欲定其末。』（房注云均陶者之輪也立朝夕所以正東西也今均旣運則東西不可準也檐擧也夫欲定末者必先靜其本今旣擧竿之本則其末不可定也）此管子對於法之根本觀念也。則者何。卽西儒所謂自然法又稱性法者是也。孟德斯鳩曰。『靡異不一。靡變不恆。』又曰。『物無論靈否。必先有其所以存。有其所以存。斯有其所以存之法。』（俱見法意卷一）此言自然法之性質也。吾中國古籍於此義最多所發明。詩曰。『有物有則。』孟子釋之曰。有物必有則。謂其則存於物之中也。詩又曰。『不識不知。順帝之則。』易象傳曰。『乾元用九。乃見天則。』繫辭傳曰。『天垂象。聖人則之。』春秋左氏傳曰。『易受天地之中以生。所謂命也。是以有動作威儀之則。以定命也。』凡以明此義也。吾國先哲謂自然法爲萬法之本。凡立法者不可不根據之。故易繫辭傳又云。『是故明於天之道。而察於民之故。是興神物以前民用。一闔一闢謂之變。往來不窮謂之通。見乃謂之象。形乃謂之器。制而用之謂之法。』管子所謂必明於則。然後能出號令。卽此意也。管子又曰。『事督乎法。法出乎權。權出乎道。』（心術篇上）此之謂也。

管子又曰。『凡物載名而來。聖人因而財之。（按財同裁）而天下治。實不傷。』（心術下篇）又曰。『修名而督實。按實而定名。名實相生。反相爲情。名實當則治。不當則亂。名生於實。實生於德。德生於理。理生於智。智生於當。』（九守篇）名實者。卽法之所由起也。而綜覈名實。卽法治之精神具矣。

管子之言立法。貴畫一而重簡易。故曰。『法不一。則有國者不祥。』（任法篇）又曰。『數出重法。而不克其罪。則姦不爲止。』（七臣七主篇）管子之言立法。貴適時而賤保守。故曰。『民不道法則不祥。國更立法以典民則祥。法者不可恆也。』（任法節）又曰。『古之所謂明君者。非一君也。其設賞有薄有厚。其立禁有輕有重。迹行不必同。非故相反也。皆隨時而變。因俗而動。』管子之言立法。以偏至爲大戒。故曰。『驟令不行。民心乃外。舉所美必觀其所終。廢所惡必計其所窮。』（版法篇）管子之言立法。最重平等。而不容有階級之分。故曰。『禁不勝於親貴。而求令之必行。不可得也。』（重令篇）管子之言立法。貴與人民程度相應。故曰。『智者知之。愚者不知。不可以教民。巧者能之。拙者不能。不可以使民。非一令而民服之也。不可以爲大善。非夫人能之也。不可以爲大功。』（乘馬篇）凡此皆管子立法之條件也。

第五節　法治與政府

凡法治國。莫貴乎有責任大臣。蓋君主之責任。非臣下所能糾問。糾問之則君主之威嚴損矣。然以行政之首長。而無人焉。敢糾問其責任。則國之危莫甚焉。故必委權於大臣。使之代負責任。此所以維持法治精神於不敝之道也。而管子則固已知之。故其言曰。『道德出於君。制令傳於相。主畫之。相守之。』（君臣上篇）又曰。『大夫比官中之事不言其外。而相爲常具以給之。（房注：具謂衆官之法制也）相總要者。（房注：相無常職所以總統百吏之要）君南面而受要是以上有餘日而官勝其任唯此上有法制。下有分職也。』（同上）又曰『君者執本相執要大夫執法以牧其羣臣。』（君臣下篇）此與今世立憲國內閣之制正相合相者總理大臣大夫則各部大臣也羣臣則下此之百司也。

管子又極言相權之必當尊重其言曰『故其立相矣陳功而加之以德。論勞而昭之以法。參伍相德而周舉之尊勢而明信之。』（君臣下篇）又曰『愼使能而善聽信之。使能之謂明。聽信之謂聖。』（四時篇）又曰『朝有疑相之臣。此國亂也。』（君臣下篇）此皆言相權之不可不尊。蓋必權尊然後責任乃可得而負也。

管子既論相權之尊又論君主之不可以下侵其權其言曰『心不爲五竅五竅治。君不爲五官五官治。』（九守篇）又曰『以上及下之事謂之矯。』（房注：及猶預也）又曰『爲人君者下及官中之事。則有司不任。』（俱君臣上篇）夫欲大臣之負責任其道必自君主無責任始。管子所謂有司不任。其深明此義矣。

愼子民雜篇云。

君臣之道臣有事而君無事也。君逸樂而臣任勞臣盡智力以善其事。而君無與焉仰成而已。事無不治治之正道然也。人君自任自務爲善以先天下。則是代下負任蒙勞也。臣反逸矣。故曰君人者好爲善以先下則下不敢與君爭善以先君矣。皆稱所知以自覆掩有過則臣反責君逆亂之道也。君之智未必最賢於衆也。以未最賢而欲善盡被下。則下不贍矣。若君之智最賢以一君而盡贍下則勞勞則有倦倦則衰衰則復返於人不贍之道也。是以人君自任而躬事。則臣不事事矣。是君臣易位也。謂之倒逆倒逆則亂矣。

此言君無責任而臣負責任之理。最爲深切足與管子相發明而管子言立相以總其要此尤通於治體者也。夫中國今日百政之不舉。豈非以君主代下負任蒙勞。而有司不任。反與有以自掩覆耶。忠於謀國者豈必遠求。率吾先民之教以行之。而治具固已畢張矣。

第六節　法治之目的

後之論史者。率以管子與商君同視。雖然。管子與商君之政術。其形式雖若相同。其精神則全相反。管子賢於商君遠矣。商君徒治標而不治本者也。管子則治本而兼治標者也。商君舍富國强兵無餘事。管子則於富國强兵之外。尤有一大目的存焉。其法治主義。凡以達此目的而已。其目的奈何。管子之言曰。『國多財則遠者來。地辟舉則民留處。倉廩實則知禮節。衣食足則知榮辱。上服度則六親固。四維不張。國乃滅亡。何謂四維。一曰禮。二曰義。三曰廉。四曰恥。』（牧民篇）此四者管子所最兢兢也。商君去六蝨（六蝨謂詩書禮樂修善孝弟誠信貞廉仁義非兵羞戰見商君書靳令篇）而管子謹四維。以此知管子賢於商君遠矣。

管子之種種設施。其究皆歸於化民成俗。蓋民爲國本。未有民俗窳敗而國能與立者。管子計之最審也。故權修篇曰。

凡牧民者。使士無邪行。女無淫事。士無邪行。教也。女無淫事。訓也。教訓成俗。而刑罰省數也。凡牧民者。欲民之正也。欲民之正。則微邪不可不禁也。微邪者。大邪之所生也。微邪不禁。而求大邪之無傷國。不可得也。……欲民之有禮。則小禮不可不謹。……欲民之有義。則小義不可不行。……欲民之有廉。則小廉不可不修。……欲民之有恥。則小恥不可不飾。……民之修小禮行小義飾小廉謹小恥禁微邪。治之本也。

由此觀之。則管子政術之根本。從可識矣。管子蓋有一理想的至善美之民俗。日懸於其心目中。而以爲欲使此理想現於實際。非厲行法治。其道無由。孔子曰。『道之以政。齊之以刑。民免而無恥。道之以德。齊之以禮。有恥且格。』此言法治之不如禮治也。管子則曰。『所謂仁義禮樂者。皆出於法。』（任法篇）此言夫非法治則禮治且無所施也。此兩者果孰合於眞理。請平心而論之。韓非子曰。

夫聖人之治國。不恃人之爲吾善也。而用其不得爲非也。恃人之爲吾善也。境內不什數。用人不得爲非。一國可使齊。爲治者用衆而舍寡。故不務德而務法。夫必恃自直之箭。百世無矢。恃自圜之木。千世無輪矣。自直之箭。自圜之木。百世無有一。然而世皆乘車射禽者何也。隱括之道用也。雖有不恃隱括而有自直之箭。自圜之木。良工弗貴也。何則。乘者非一人。射者非一發也。不恃賞罰而恃自善之民。明主弗貴也。何也。國法不可失。而所治非一人也。（顯學篇）

今有不才之子。父母怒之不爲改。鄉人譙之不爲動。師長敎之弗爲變。夫以父母之愛。鄉人之行。師長之智。三美加焉。而終不動其脛毛。不改。州部之吏。操官兵。推公法。而求索姦人。然後恐懼。變其節。易其行矣。故父母之愛不足以敎子。必待州部之嚴刑者。民固驕於愛。聽於威矣。（五蠹篇）

尹文子亦云。

今天地之間。不肖實衆。仁賢實寡。趨利之情。不肖特厚。廉恥之情。仁賢偏多。今以禮義招仁賢。所得仁賢者萬不一焉。以名利招不肖。所得不肖者觸地是焉。故曰禮義成君子。君子未必須禮義。名利治小人。小人不可無名利。（大道篇上）

商君書亦云。

夫不待法令繩墨而無不正者千萬之一也。故聖人以千萬治天下。故夫智者然後能知之。不可以爲法。民不盡智。賢者而後知之。不可以爲法。民不盡賢。（定分篇）

凡此皆法家之說。與管子相發明者也。平心論之。使道以德。齊以禮。而能使一國之民。盡化於德禮。豈非甚善。而無如德禮之力所能被者。惟在國中之士君子。而士君子則雖無以道之。無以齊之。而可以自淑者也。而此外一般之人民。則徒恃德禮之感化。而必無效者也。今語人以德禮之當率循。其率循與否。惟視各人之道德責任心。若其道德責任心薄弱。視之蔑如者。則將奈何。一國中能有完全之道德責任心者。萬不覯一。故徒恃德禮不足以坊之。明矣。故管子之爲教也。曰『邪莫如蚤禁之。』（法法篇）曰『愼小事微。違非索辯以根之。（房注謂有違非必尋索分辯得其根而止之也）則躁作姦邪僞詐之人不敢試也。』（君臣下篇）曰『閉其門。塞其塗。弇其迹。使民無由接於淫非之地。』（八觀篇）如是則民之日進於德而日習於禮也。皆法治之效使然也。故曰仁義禮樂。皆出於法也。

然管子又非徒恃法而蔑視道德之感化力爲無用也。其言曰『教訓習俗者衆。則君民化變而不自知也。』（八觀篇）又曰『漸也。順也。靡也。久也。服也。習也。謂之化。不明於化而欲變俗易教。猶朝揉輪而夕欲乘車也。』（七法篇）又曰『明智禮以教之。上身服以先之。審度量以閑之。鄉置師以說道之。然後申之以憲令。勸之以慶賞。振之以刑罰。故百姓皆說爲善。則暴亂之行無由至矣。』（權修篇）然則管子雖尊法治而不廢禮治。章章然矣。夫使民皆說爲善。此禮治之效也。使民無由接於淫非之地。而暴亂之行無由至。此法治之效也。

管子曰『國有經俗。』（重令篇房注云經常也）又曰『百姓順上而成俗。著久而爲常。犯俗離教者。衆共姦之。則爲上者佚矣。』（君臣上篇）管子最大之目的。蓋在於是。而求其所以致此之由。則曰『藏於官則爲法。施於國則成俗。』（法禁篇）此法治之所以爲急也。

管子曰『罪人不怨善人不驚曰刑正之服之勝之飾之必嚴其令而民則之曰政如四時之不忒如星辰之不變如宵如晝如陰如陽如月日之明曰法愛之生之養之成之利民不德天下親之曰德無德無怨無好無惡萬物崇一陰陽同度曰道』（正篇）又曰『期而致使而往百姓舍己以上爲心者教之所期也始於不足見終於不可及一人服之萬人從之訓之所期也未之令而爲未之使而往上不加勉而民自盡竭俗之所期也爲之而成求之而得上之所欲小大必舉事之所期也令則行禁則止憲之所及俗之所被如百體之從心政之所期也』（立政篇）法也刑也政也事也教也訓也俗也道也德也管子所認爲一貫而不可相離者也語至是而法治主義洵圓滿無遺憾矣

既知管子之學說請更言管子之事功

第七章　管子之官僚政治

近世言政者有官僚政治之一名詞焉官僚政治者謂社會中有一小部分人焉他無職業而以服官爲其專職此種政治最易釀腐敗之習然使有嚴密之法制以維持之又有賢君相以綜核名實於其上則以整齊一國之政爲效至捷今世諸國中其以非官僚政治而致富强者英國是也其以官僚政治而致富强者德國是也夫卽在立憲之國家苟能舉完全之官僚政治猶足以大助國家之進步而況乎在專制國舍官僚外更無可以共政治者乎故吾國數千年歷史中其有能整頓官僚者其政必小康否則廢弛以底滅亡然則改良官僚政治雖謂

爲中國政治家之第一義焉可也。洵如是也。請師管子。

管子曰『朝有經臣。國有經俗。民有經產。何謂朝之經臣。察身能而受官。不浮於上。謹於法令以治。不阿黨。竭能盡力而不尙得。犯難離患而不辭死。受祿不過其功。服位不侈其能。不以毋實虛受者。朝之經臣也。』重令篇 此管子之理想的官僚政治也。管子以爲若能舉完全之官僚政治。則如身使臂。如臂使指。而庶政乃以畢舉。故曰『上下之分不同任。而復合爲一體。』君臣上篇 又曰『墳然若一父之子。若一家之實。』君臣下篇

然則欲達此目的。其道奚由。管子以一言蔽之曰『選賢論材而待之以法。』而已。君臣上篇 其選賢論材奈何。管子之言曰『德義未明於朝者。則不可加於尊位。功力未見於國者。則不可授以重祿。臨事不信於民者。則不可使任大官。』立政篇 又曰『舉而得其人。坐而收其福。不可勝收也。官不勝任。奔走而奉其敗事。不可勝救也。而國未嘗乏勝任之士。上之明適不足以知之。是以明君審知勝任之臣者也。』君臣上篇 又曰『舉德以就列。不類無德。舉能以就官。不類無能。以德弇勞。不以傷年。』房注云有德者超於上列使在有功勞者之前故曰掩勞雖年未至而亦將用之不以年爲傷也君臣下篇 此管子言任用官吏之法也。

然管子官僚政治之特色。不徒在其登庸之得當。而尤在其綜覈之得宜。所謂待之以法是也。管子曰『百匿傷上威。姦吏傷官法。』七法篇 又曰『罰不嚴。令不行。則百吏皆喜。夫倍上令以爲威。則行恣於己以爲私。百吏奚不喜之有。』重令篇 凡此皆言非待之以法。則官僚政治將不勝其弊也。其待之以法奈何。其言曰『上有五官以牧其民。則衆不敢踰軌而行矣。下有五橫以揆其官。則有司不敢離法而使矣。』君臣下篇 所謂五橫者。卽待官之法也。又曰『論功計勞。未嘗失法律也。便辟左右大族尊貴大臣。不得增其功焉。疏遠卑賤隱不知之人。不忘其勞。』

七法篇此言乎法之當平等而普及也。又曰。『吏嗇夫任事。房注吏嗇夫謂檢束羣吏之官也人嗇夫任教。吏嗇夫盡有訾程事律。房注訾限也程準也事律謂每事據律而行也論法辟衡權斗斛文劾。不以私論。而以事爲正。如此則吏嗇夫之事究矣。』君臣上篇此言夫法之當綜核而有分限也。又曰『虧令者死。益令者死。不行令者死。留令者死。不從令者死。』重令篇此五者惟第五項所以待人民。其前四項皆所以待官吏也。又曰『凡將舉事。令必先出。賞罰之所加。有不合於令之所謂者。雖有功利。則謂之專制。罪死不赦。』乘馬篇凡此皆言乎法之明確而不可動也。而其爲效也。則『羣臣服教。百吏嚴斷。莫敢開私焉。』七法篇非信士不得立於朝。是故官虛而莫敢爲之請。君舉事。臣不敢誣其所不能。君知臣。臣亦知君之知己也。故臣莫敢不竭力俱操其誠以來。』乘馬篇『使民於不爭之官。使各爲其所長也。』牧民篇如是則官僚政治之弊無由生。而其效可以覩矣。諸葛武侯之治蜀。張江陵之治明。胡文忠之治鄂。士達因之治普。皆遵斯道也。管子又曰『天下不患無臣。患無君以使之。』牧民篇夫天之生材。非有所厚薄於一時代也。而或覺其有餘。或苦其不足。則所以使之者異其術故也。

立政篇曰。

分國以爲五鄉。鄉爲之師。分鄉以爲五州。州爲之長。分州以爲十里。里爲之尉。分里以爲十游。游爲之宗。十家爲什。五家爲伍。什伍皆有長焉。築障塞匿一道路。博出入。審閭閈。愼筦鍵。筦藏于里尉。置閭有司。以時開閉。閭有司觀出入者。以復于里尉。凡出入不時。衣服不中。圈屬羣徒不順於常者。閭有司見之。復無時。若在長家子弟臣妾屬役賓客。則里尉以譙于游宗。游宗以譙于什伍。什伍以譙于長家。譙敬而勿復。一再則宥。三則不赦。凡孝悌忠信賢良儁材。若在長家子弟臣妾屬役賓客。則什伍以復於游宗。游宗以復于里尉。里尉以復于州長州長以計于鄉師。鄉師以著於士師。凡過黨其在家屬。及于長家。其在長家。及于什伍之長。其在什伍之長。及于游宗。其在游宗。及于里尉。其在里尉。及于州長。其在州長。及于鄉師。其在鄉師。及于士師。三月一復。六月一計。十二月一著。凡上賢不過等。使能不兼官。罰有罪不獨及。賞有功不專與。孟春之朝。君自聽朝。論爵賞校官。終五日。季冬之夕。君自聽朝。論罰罪刑殺。亦終五日。正月之朔。百吏在朝。君乃出令布憲于國。五鄉之師。五屬大夫。皆受憲于太史。大朝之日。五都之師。五屬大夫。皆身習憲于君前。太史既布憲。入籍于太府。憲籍分于君前。五鄉之師出朝。遂于鄉官。致于鄉屬。及于游宗。皆受憲。憲既布。乃反致令焉。然後敢就舍。憲未布。令未致。不敢就舍。就舍謂之留令。罪死不赦。五屬大夫。皆以行車朝。出朝不敢就舍。遂行。至都之日。遂於廟致屬吏。皆受憲。憲既布。乃發使者致令。以布憲之日蚤晏之時。憲既布。使者以發。然後敢就舍。憲未布。使者未發。不敢就舍。就舍謂之留令。罪死不赦。憲既布有不行憲者。謂之不從令。罪死不赦。考憲而有不合于太府之籍者。侈曰專制。不足曰虧令。罪死不赦。

小匡篇又曰。

正月之朝。鄉長復事。公親問焉。曰。於子之鄉。有居處爲義。好學聰明。質仁慈孝於父母。長弟聞於鄉里者。有則以告。有而不以告。謂之蔽賢。其罪五。有司已於事而竣。公又問焉。曰。於子之鄉。有拳勇股肱之力。筋骨秀出於衆者。有則以告。有而不以告。謂之蔽才。其罪五。有司已於事而竣。公又問焉。曰。於子之鄉。有不慈孝於父母。不長弟於鄉里。驕躁淫暴。不用上令者。有則以告。有而不以告。謂之下比。其罪五。有司已於事而竣。於是乎鄉長退而修德進賢。桓公親見之。遂使役之官。公令官長期而書伐以告。且令選官之賢者而復之。曰。有人居我官。

有功休德維順端慤。以待時使。使民恭敬以勸。其稱秉言則足以補官之不善政。（謂此人所稱柄之言可以補不善之政）公宣問其鄉里而有考驗。乃召而與之坐。省相其質。以參其成功成事。可立而時設問國家之患而不肉。退而察問其鄉里。以觀其所能而無大過。登以爲上卿之佐。名之曰三選。高子國子退而修鄉。鄉退而修連。連退而修里。里退而修軌。軌退而修家。是故匹夫有善。故可得而舉也。匹夫有不善。故可得而誅也。政既成。鄉不越長。朝不越爵。罷士無伍。罷女無家。士三出妻。逐於境外。女三嫁。入於舂穀。是故民皆勉爲善。士與其爲善於鄉。不如爲善於里。與其爲善於里。不如爲善於家。是故士莫敢言一朝之便。皆有終歲之計。莫敢以終歲爲議。皆有終身之功。正月之朝。五屬大夫復事於公。擇其寡功者而譙之曰。列地分民者若一。何故獨寡功。何以不及人。教訓不善。政事其不治。一再則宥。三則不赦。公又問焉曰。於子之屬。有居處爲義好學。聰明質仁。慈孝於父母。長弟聞於鄉里者。有則以告。有而不以告。謂之蔽賢。其罪五。有司已事而竣。公又問焉曰。於子之屬。有拳勇股肱之力。秀出於衆者。有則以告。有而不以告。謂之蔽才。其罪五。有司已事而竣。公又問焉曰。於子之屬。有不慈孝於父母。不長弟於鄉里。驕躁淫暴。不用上令者。有則以告。有而不以告者。謂之下比。其罪五。有司已事而竣。於是乎五屬大夫退而修屬。屬退而修連。連退而修鄉。鄉退而修卒。卒退而修邑。邑退而修家。是故匹夫有善。可得而舉。匹夫有不善。可得而誅。

此當時實施之制度也。觀於此。則其綜核名實之精神可見一斑。而凡言官僚。政治者。皆當以爲模範矣。

第八章　管子之官制

管子之官制。見於各篇者。小有異同。其中央官制。立政篇所述。有虞師、干師、司空、由田、鄉師、工師、五官。而小匡篇則云『使鮑叔牙爲大諫。王子城父爲將。弦子旗爲理。寧戚爲田。隰朋爲行。』大約立政篇乃汎論制度所當然。小匡篇則其時之事實也。今以兩者參考之。則當時中央官制略如下表。

相

大諫	樞密顧問大臣
將	兵部大臣
理	法部大臣
田（虞師司空工師）	農工商部大臣
行	外務部大臣
鄉師	內務大臣

（附考）小匡篇不言命某人爲鄉師。然其前文言高子國子退而修鄉。則鄉師卽高國二子也。以非管子所新任命者。故不及之耳。

（又）君臣篇上言有五官以牧其民。則當時中央之官制。必分爲五部。而右表所列。凡有六官。或大諫之職。專在拾遺補闕。不入於五官之數歟。抑鄉師分任地方。不入於中央五官之數歟。未能點定。存之俟考。

君臣篇上云『制令傳於相。事業程於官。』又曰『相畫之官守之。』則五官之上。必有相以總之。如今立憲國內閣之有總理大臣。而當其職者。卽管子也。今世言行政法者。大約分爲內務行政。外務行政。財務行政。軍務行政。司法行政之五部。而以內務行政之範圍太廣。就中或分出其一部分爲經濟行政。而農務商務工務等別爲專官焉或分出其一部分爲教育行政而學務別爲專官焉就右表所列則有內務外務軍務司法而內務中之經濟行政亦有專官惟所缺者則教育行政與財務行政也教育行政全屬鄉師之責任觀前章所引小匡篇之文可知獨財務行政爲國家第一大事又爲管子所最注重者獨不見有專官頗不可解殆以此事重大故其權專屬諸宰相歟禮記王制言冢宰制國用而今世各國之制亦多以總理大臣兼度支大臣管子亦猶斯意也

管子政略之特色不在中央政府也而在地方自治其所論治國之大道曰『野與市爭民鄉與朝爭治』又曰『朝不合衆鄉分治也』又曰『有鄉不治奚待於國』（俱權修篇）此實政治上甚深微妙之格言措諸四海而皆準者也今所貴乎民權者厥有二事一曰參政權二曰自治權而自治權之切要過於參政權此政治學者所同認也管子於彼則靳之而於此則獎之殆應於當時國民程度斟酌而盡善者也

管子之地方官制立政篇與小匡篇所述亦微有異同立政篇之文已具前引其小匡篇云

管子曰昔者聖王之治其民也參其國而伍其鄙定民之居成民之事以爲民紀桓公曰參國奈何管子曰制國以爲二十一鄉商工之鄉六士農之鄉十五公帥十一鄉高子帥五鄉國子帥五鄉參國故爲三軍公立三官之臣市立三鄉工立三族澤立三虞山立三衡制五家爲軌軌有長十軌爲里里有司四里爲連連有長十連爲鄉鄉有良人五鄉一帥桓公曰五鄙奈何管子對曰制五家爲軌軌有長六軌爲邑邑有司十邑爲率率有長十率爲鄉鄉有良人三鄉爲屬屬有帥五屬一大夫武政聽屬文政聽鄉各保而聽毋有淫佚者

此文所舉國與部之制度有差別者吾國古書之國字有廣狹二義其廣義則指普通之所謂國家也其狹義則指有城郭之都邑也周禮士師三曰國禁注城中也又太宰以佐王治邦國注邦之所居曰國孟子曰在國曰市

井之臣。在野曰草莽之臣。以國與野對舉。野者即此文所謂鄙也。今世東西各國之地方自治。則市制與村制恆小示區別。蓋事理所當然也。

泰西之社會以人爲單位。泰東之社會以家爲單位。蓋家族政治實東方之特色也。管子所畫之自治案。上下相屬。與來喀瓦士之治斯巴達者略同。然來氏以國中有九千人。故分爲九十區。管子則起點於家。等而上之。累數級而分爲二十一鄉五屬。此亦羣治根本之異點也。管子之治。寓兵於民。故自治制亦兼軍政民政二事。所謂武政聽屬文政聽鄉是也。今以家爲單位。以國爲最高位。圖其統系如左。

家——軌（五家）
- （都邑之制）里（十軌）——連（四里）——鄉（十連）——屬（三鄉）
- （郊野之制）邑（六軌）——率（十邑）——鄉（十率）——屬（三鄉）

——國

蓋在都邑。則以二百家爲一鄉。六百家爲一屬。在郊野則以三百家爲一鄉。九百家爲一屬也。其地方自治所辦之事業。則互見各章中。今不專敍。

第九章　管子內政之條目

管子之內政。以理財治兵敎育爲三大綱領。其餘條目。千端萬緒。纖悉周備。不能縷舉。書中有「問」一篇。言治國者所應問之事。即所謂調查也。統計也。夫爲政者非熟知其國之現狀。則其政策必不能悉當。而國之現狀隨時變遷。非常調查之。則必有不相應者。今東西各國政治家。汲汲於是。良有以也。管子問篇。其條件極纖悉。而罔不關於大體。今錄其全文。以觀先民文理密察之治績焉。（篇中有文義奧古者錄房注其房注有誤謬者以鄙意釋之別加一按字）

凡立朝廷。問有本紀。爵授有德。則大臣興義。祿予有功。則士輕死節。上帥士以人之所戴。則上下和。授事以能。則人上功。審刑當罪。則人不易訟。（中略）國有常經。人知終始。此霸王之術也。然後問事。事先大功。政自小始。問死事之孤。其未有田宅者有乎。問少壯而未勝甲兵者幾何人。問死事之寡。其餼廩何如。（死事之孤謂死王事者之子孫寡謂其妻（按）此可見其待死事之孤寡極優） 問國之有功大者。何官之吏也。（按）官各分業而久於其職故問何官之吏 問州之大夫也。何里之士也。今吏亦何以明之矣。問刑論有常以行。不可改也。今其事之久留也何若。（按）此謂查訟獄之何故稽留 問五官有度制。官都有常斷。今事之稽也何待。（官都謂總攝諸司者也） 問獨夫寡婦孤寡疾病者幾何人也。問國之棄人。何族之子弟也。（棄人謂有過不齒者也（按）古代有階級制度故篇中屢問何族） 問鄉之良家。其所牧養者幾何人矣。（按）此謂查所畜奴隸也 問邑之貧人。債而食者幾何家。問理園圃而食者幾何家。人之開田而耕者幾何家。（按）謂墾荒也 士之身耕者幾何家。問鄉之貧人。何族之別也。問宗子之收昆弟者。以貧從昆弟者幾何家。（按）謂能有力以收養昆弟者或無力而從昆弟以求養者各幾何家也古代爲宗法社會故於宗子調查尤詳 餘子仕而有田邑。今入者幾何人。（謂收入其稅者） 子弟以孝聞於鄉里者幾何人。餘子父母存。不養而出離者幾何人。士之有田而不使者幾何人。吏惡何事。（不使謂不用其吏不惡此等當惡何事） 士之有田而不耕者幾何人。身何事。君臣有位而未有田者幾何人。外人之來從而未有田宅者幾何家。（按）古代患民少故來歸者給以田宅 國子弟遊於外者幾何人。貧士之受責於大夫者幾何人。（按）責古債字謂舉債於豪右者也 官賤行書。身士以家臣自代者幾何人。（其人居官乃賤自行文書身任士職輒以家臣自代） 官承吏無田餼而徒理事者幾何人。（承吏謂攝官無俸而空理事） 羣臣有位事。官大夫者幾何人。（謂羣臣自有位事乃左官於大夫（按）古代有公室之臣有家臣故云然外人來遊在大夫之家者幾何人。鄉子弟力田爲人率者幾何人。國子弟之無上事。衣食不節。率子弟不田弋獵者幾何人。既無上事乃率子弟不田農但弋獵男女不整齊亂鄉子弟者有之乎。問人之貸粟米有別劵者幾何家。別劵謂分契也問國之伏利其可應人之急者幾何所也。人之所害於鄉里者何物也。問士之有田宅身在陳列者幾何人。餘子之勝甲兵有行伍者幾何人。問男女有巧伎能備利用者幾何人。處女操工事者幾何人。宂國所開口而食者幾何人。問一民有幾年之食也。問兵車之計幾何乘也。牽家馬軶家車者幾何乘。處士修行足以敎人可使帥衆莅百姓者幾何人。士之急難可使者幾何人。工之巧出足以利軍伍。處可以修城郭補守備者幾何人。城粟軍糧其可以行幾何年也。吏之急難可使者幾何人。大夫疏器甲兵兵車旌旗鼓鐃帷幕帥車之載幾何乘。疏藏器弓弩之張。衣夾鋏鉤弦之造。戈戟之緊。其厲何若。其宜而不修者故何視而造修之官。出器處器之具。宜起而未起者何待。鄉師車輜造修之具。其繕何若。工尹伐材用。毋於三時。羣材乃植而造器定冬完良。備用必足。工尹工官之長三時謂春夏秋伐材必以冬也人有餘兵詭陳之行。以慎國常。行伍也時簡稽帥牛馬之肥瘠。其老而死者皆舉之。其就山藪林澤食薦者幾何。出入死生之會幾何。按會即統計表也若夫城郭之厚薄。溝壑之淺深。門閭之尊卑。宜修而不修者。上必幾之。幾察也守備之伍。器物不失其具。淫雨而各有處藏。問兵官之吏。國之豪士。其急難足以先後者幾何人。（中略）問所以敎選人者何事。問執官都者其位事幾何年矣。所辟草萊有益於家邑者幾何矣。所封表以益人生利者何物也。所築城郭修牆閉絕通道阸闕深防溝以益人之地守者何所也。所捕盜賊除人害者幾何矣。（按）執官都者謂地方長官也以下四問皆課長官之考成也（下略）

此篇所舉。纖悉不漏。錯雜互明。而其精神之貫注彌滿。可想見矣。『事先大功政自小始』二語。可謂盡爲政之要領。觀於今世各國之警察行政。益信此義之不誣。

第十章　管子之教育

管子之教育方針。專以整齊一國之民爲主。前第七章第六節所稱述者皆是也。軍事教育。又其重要之一精神。於第十三章別論之。此所論者其分科教育之法也。

教育事業。全責諸地方官吏。前第八章所引小匡篇之文是也。小匡篇又云。

桓公曰。定民之居成民之事奈何。管子對曰。士農工商四民者。國之石民也。不可使雜處。雜處則其言哤。其事亂。是故聖王之處士必於閒燕。處農必就田墅。處工必就官府。處商必就市井。今夫士。羣萃而州處。閒燕則父與父言義。子與子言孝。其事君者言敬。長者言愛。幼者言弟。旦夕從事於此。以教其子弟。少而習焉。其心安焉。不見異物而遷焉。是故其父兄之教不肅而成。其子弟之學不勞而能。夫是故士之子常爲士。今夫農。羣萃而州處。審其四時。權節具備其械器用。比耒耜穀芨。及寒擊槁除田。以待時乃耕。深耕均種疾耰。先雨芸耨。以待時雨。時雨既至。挾其槍刈耨鎛。以旦暮從事於田墅。稅衣就功。別苗莠。列疏遫。首戴苧蒲。身服襏襫。沾體塗足。暴其髮膚。盡其四支之力。以疾從事於田野。少而習焉。其心安焉。不見異物而遷焉。是故其父兄之教不肅而成。其子弟之學不勞而能。是故農之子常爲農。樸野而不慝。其秀才之能爲士者。則足賴也。故以耕則多粟。以仕則多賢。是以聖王敬畏戚農。今夫工。羣萃而州處。相良材。審其四時。辨其功苦。權節其用。論比計制斷器。尚完利。相語以事。相示以功。相陳以巧。相高以知事。旦昔從事於此。以教其子弟。少而習焉。其心安焉。不見異物而遷焉。是故其父兄之敎不肅而成。其子弟之學不勞而能。夫是故工之子常爲工。今夫商羣萃而州處。觀凶飢。審國變。察其四時。而監其鄉之貨。以知其市之賈。負任擔荷。服牛軺馬。以周四方。料多少。計貴賤。以其所有易其所無。買賤鬻貴。是以羽旄不求而至。竹箭有餘於國。奇怪時來。珍異物聚。且昔從事於此。以敎其子弟。相語以利。相示以時。相陳以知價。少而習焉。其心安焉。不見異物而遷焉。是故其父兄之敎不肅而成。其子弟之學不勞而能。夫是故商之子常爲商。相地而衰其政。則民不移矣。

此實一種奇異之敎育制度。管子諸政策中所最不可解者也。夫其所謂習而安之。則敎易成。此固甚合於敎育原理。無所容難。而其古代階級制度之下。民各世其職業。則所謂士之子常爲士。農之子常爲農者。亦無足怪。所最可怪者。謂士農工商。不可使雜處。必畫分而限定之。此豈非禁民之遷徙自由乎。其干涉之程度。得毋太過乎。且其所云制國爲二十一鄉。商工之鄉六。士農之鄉十五。夫士農之鄉。何以能無工商。工商之鄉。何以能無士農。豈古代之社會。誠有此等怪現象耶。或管子舉其多數者以名之耶。姑存之以備考。

要之管子敎育之根本。在整齊其民。壹其道德。使無由接於淫非之地。大本既立。其條理則因時變遷。不必刻舟以求也。

管子復有弟子職一篇。實爲小學敎育之條目。其言精粹切實。皆所以導子弟於規則秩序。後世儒者多稱之。今不具引。

第十一章　管子之經濟政策

管子爲大理財家。後世計臣多宗之。雖然。管子之理財。其所注全力以經營者。不在國家財政也。而在國民經濟。國民經濟發達。斯國家財政隨之。管子之所務在於是。故有以桑弘羊孔僅劉晏比管子者。非知管子者也。

管子言爲政之本首在富民。書中昌明此義者屢見不一見。今次而論之。

（治國篇）凡治國之道。必先富民。民富則易治也。民貧則難治也。奚以知其然也。民富則安鄉重家。安鄉重家則敬上畏罪。敬上畏罪。則易治也。民貧則危鄉輕家。危鄉輕家。則敢陵上犯禁。陵上犯禁。則難治也。是以善爲國者。必先富民。然後治之。

（牧民篇）國多財則遠者來。地辟舉則民留處。倉廩實則知禮節。衣食足則知榮辱。

（權修篇）無以畜之。則往而不可止也。

（立政篇）民不懷其產。國之危也。

（版法篇）民不足。令乃辱。民苦殃。令不行。

（八觀篇）民偷處而不事積聚。則囷倉空虛。而攘奪竊盜殘賊進取之人起矣。故曰。觀民產之所有餘不足。而存亡之國可知也。

（修靡篇）足其所欲。贍其所願。則能用之耳。今使衣皮而冠角。食野草。飲野水。孰能用之。

（五輔篇）夫民必得其所欲。然後聽上。聽上。然後政可善爲也。

以上所論。皆以發明治國必先富民之義。而陳其理由。約有三端。一曰民貧則散亡不能禁。二曰民貧則敎育不能施。三曰民貧則法令不能行。而此三者又遞相因果。蟬聯而至。故管子用是兢兢也。

管子又推原民所以貧之故。略有數因。一曰由生產之不饒。二曰由君上之掊克。三曰由豪强之兼幷。四曰由習俗之侈靡。五曰由金融之凝滯。六曰由財貨之外流。明此數因而思所以救治之。則管子之經濟政策也。

第一節　國民經濟之觀念

經濟學之成爲專門科學。自近代始也。前此非獨吾國無之。卽泰西亦無之。（雖稍有一二不成爲科學）自百餘年前。英人有亞丹斯密者起。天下始翕然知此之爲重。然斯密之言經濟也。以箇人爲本位。不以國家爲本位。故其學說之益於人國者雖不少。而弊亦隨之。晚近數十年來。始有起而糾其偏匡其缺者。謂人類之欲望。嬗進無已時。而一人之身。匪克備百工。非羣萃州處通功易事。不足以互相給。故言經濟者不能舉箇人而遺羣。而羣之進化。由家族而宗法而部落以達於今日之國家。國家者羣體之最尊者也。是故善言經濟者。必合全國民而盈虛消長之。此國民經濟學所爲可貴也。此義也直至最近二三十年間。始大昌於天下。然吾國有人焉於二千年前導其先河者。則管子也。

管子曰『欲爲天下者必重用其國。（按重用謂不妄用也）欲爲其國者。必重用其民。欲爲其民者。必重盡其民力。』（權修篇）又曰『財不蓋天下。不能正天下』（七法篇）又曰『利然後能通。通然後成國。』（侈靡篇）又曰『爲國不能來天下之財。致天下之民。則國不可成。』（輕重甲篇）全書之中。如此之論。不可殫舉。要之管子之言經濟也。以一國爲一經濟單位。合君民上下皆爲此經濟單位中之一員。而各應其分、戮其力以助一國經濟之發達。而挾之以與他國競。管子一切政治之妙用皆基於是。今請條舉以證明之。

第二節　獎厲生產之政策

孔子曰。生財有大道。生之者衆。凡善言經濟者。未有不首以生產爲務者也。昧於經濟學理者。往往以金銀與富力爲同物。汲汲焉思所以積之。而壅其出。歐洲前代諸國。蹈此覆轍者。不知凡幾也。管子則異是。其言曰。『時貨不遂。金玉雖多。謂之貧國也。』（八觀篇）故管子之政策。惟藉金銀以爲操縱百貨之具。而不肯犧牲國力以徇金銀。其最要者。則使全國之民。皆爲生產者而已。故曰。『一農不耕。民或爲之飢。一女不織。民或爲之寒。』（輕重甲篇）又曰。『天下之所生。生於用力。用力之所生。生於勞身。』（八觀篇）凡此皆以言夫生產之不可以不力也。

夫人生而有自利之心。有自利之心。則自能黽勉以從事生產。以養其欲而給其求。然則有國家者。似宜聽民之自爲。而無取諰諰然代大匠斲。此說也。實斯密氏一派所張皇以號於衆者也。而管子則不謂爾。其言曰。『天下不患無財。患無人以分之。』（牧民篇）又曰。『官不理則事不治。事不治則貨不多。』（乘馬篇）又曰。『萬物之於人也。無私近也。無私遠也。巧者有餘。而拙者不足。』又曰。『不告之以時。則民不知。不道之以事。則民不爲。與之分貨。則民知得正矣。審其分。則民盡力矣。』（乘馬篇）又曰。『民欲逸而敎之以勞。勞敎定而國富。』（侈靡篇）蓋管子之意。以爲國家若不有道焉以干涉之獎厲之。則民或惰而不務生產。或務矣而不知所以生產之道。或知其道矣。而爲天然之不平等所限制。不能舉自由競爭之實。是故非以國力行之。不爲功也。

然則其獎厲生產之道奈何。管子曰。

（小問篇）力地而動於時。則國必富矣。

(五輔篇)明王之務在於强本事去無用。然後民可使富。

(牧民篇)不務天時。則財不生。不務地利。則倉廩不盈。野蕪曠。則民營。文巧不禁。則民乃淫。　積於不涸之倉者務五穀也。藏於不竭之府者養桑麻育六畜也。

(立政篇)一曰山澤不救於火。草木不植成。國之貧也。二曰溝瀆不遂於隘。鄣水不安其藏。國之貧也。三曰桑麻不植於野。五穀不宜其地。國之貧也。四曰六畜不育於家。瓜瓠葷菜百果不備具。國之貧也。五曰工事競於刻鏤。女事繁於文章。國之貧也。

(又)脩火憲。敬山澤林藪積草。夫財之所出。以時禁發焉。使民於宮室之用。薪蒸之所積。虞師之事也。決水潦。通溝瀆。修障防。安水藏。使時水雖過度。無害於五穀。歲雖凶旱。有所秎(扶門反)穫。司空之事也。相高下。視肥墝。觀地宜。明詔期。前後農夫以時均脩焉。使五穀桑麻皆安其所。由田之事也。行鄉里。視宮室。觀樹藝。簡六畜。以時鈞脩焉。勸勉百姓。使力作毋偷。懷樂家室。重去鄉里。鄉師之事也。論百工。審時事。辨功苦。上完利。監壹五鄉。以時鈞脩焉。使刻鏤文采毋敢造於鄉。工師之事也。

(五輔篇)辟田疇。利壇宅。修樹藝。勸士民。勉稼穡。修牆屋。此謂厚其生。發伏利。輸滯積。修道途。便關市。愼將宿。此謂輸之以財。導水潦。利陂溝。決潘渚。潰泥滯。通鬱閉。愼津梁。此謂遺之以利。

(八觀篇)行其田野。視其耕耘。計其農事。而飢飽之國可以知也。其耕之不深。芸之不謹。地宜不任。草田多穢。耕者不必肥。荒者不必墝。以人猥計其野。(猥衆也以人衆之多少計其野之廣狹也)草田多而辟田少者。雖不水旱。飢國之野也。若是而民寡。則不足以守其地。若是而民衆。則國貧民飢。以此遇水旱。則衆散而不收。彼民不足以守者。其城不固。民飢者不可以使戰。衆散而不收。則國爲丘墟。故曰。有地君國而不務耕耘。寄生之君也。行其山澤。觀其桑麻。計其六畜之產。而貧富之國可知也。夫山澤廣大。則草木易多也。壤地肥饒。則桑麻易植也。薦草多衍。則六畜易繁也。（薦茂草也）山澤雖廣。草木不禁。壤地雖肥。桑麻毋數。薦草雖多。六畜有征。（征賦）閉貨之門也。課凶飢。計師役。觀臺榭。量國費。而實虛之國可知也。凡田野。萬家之衆。可食之地。方五十里。可以爲足矣。萬家以下。則就山澤可矣。萬家以上。則去山澤可矣。彼野悉辟。而民無積者。國地小而食地淺也。田半墾。而民有餘食。而粟米多者。國地大而食地博也。國地大而野不辟者。君好貨而臣好利者也。辟地廣而民不足者。上賦重流其藏者也。故曰。粟行於三百里。則國無一年之積。粟行於四百里。則國無二年之積。粟行於五百里。則衆有飢色。其稼亡三之一者。命曰小凶。小凶三年而大凶。大凶則衆有大遺苞矣。什一之師。什三無事。則稼亡三之一。稼亡三之一而非有故蓋積也。則道有損瘠矣。什一之師。三年不解。非有餘食也。則民有鬻子矣。故曰。山林雖廣。草木雖美。禁發必有時。國雖充盈。金玉雖多。宮室必有度。江海雖廣。地澤雖博。魚鱉雖多。罔罟必有正。非私草木愛魚鱉也。惡廢民於生穀也。故曰。先王之禁山澤之作者。博民於生穀也。彼民非穀不食。穀非地不生。地非民不動。民非作力。毋以致財。

以上所舉。實管子獎厲生產政策之一斑也。其大旨主於盡地利。勸農事。與尋常政家之論旨無以異。但其條理極詳密耳。夫農爲百業之本。無論何國。皆宜重之。況我國爲天然農國者哉。雖然。管子非如極端之重農主義。以農業爲國民獨一無二之職業。寧犧牲他業以行過度之保護者也。通管子全書。其言獎厲工業者。不可枚舉。（輕重諸篇其文極多避繁不錄）而商業又其所最重也。其言曰。『市者。天地之財具也。而萬人之所和而利也。關者。諸侯之陬隧也。

而外財之門戶也。』問篇又曰『市者可以知治亂。可以知多寡。而不能爲多寡。』乘馬篇又曰『市也者勸也。勸者所以起本。』修靡篇按本謂農也言有商然後可以勸農也蓋管子未嘗輕商也。而其政策在以商業操縱天下。故不欲使私人得專其利。此實管子一種奇異之政策而與今世學者所倡社會主義有極相類者。次節別論之。

管子言市可以知多寡而不能爲多寡。可謂名言。商業爲社會所不可缺。然不能謂之爲生產事業。全社會之富量。不以商業之有無盛衰爲增減也。此義近儒非里坡維治最能言之。足正斯密之誤。

『桓公問管子曰。無可以爲有。貧可以爲富乎。管子曰。舉國而一則無貲。舉國而十則有百。吾將以徐疾御之。』輕重丁篇此其所以神其用者。則商業也。五輔篇云『發伏利輸滯積。』明乎發伏利之義。則農業政策工業政策備矣。明乎輸滯積之義。則商業政策備矣。此所以能以無爲有以貧爲富也。

第三節　均節消費之政策

有生產必有消費。無消費則生產亦不能以發達。此稍治經濟學者所能知也。然消費貴與國民富力相應。宜量費其所贏而毋耗其母財。此勤儉貯蓄主義所以爲可尊也。管子書中多爲強本抑末之言。非有惡於末業也。惡其長奢侈之風。而將爲國民病也。故於崇儉之旨。三致意焉。其言曰。

（八觀篇）國侈則用費。用費則民貧。民貧則奸智生。奸智生則邪巧作。故奸邪之所生。生於匱不足。匱不足之所生。生於侈。

（又）商敗而不務本貨。則民偷處而不事積聚。

（權修篇）凡牧民者．以其所積者食之．不可不審也．其積多者其食多．其積寡者其食寡．無積者不食．或有積而不食者．則民離上。有積多而食寡者．賤民不力．有積寡而食多者．則民多詐．有無積而徒食者．則民偷幸．

按食卽食之者寡之食經濟學上所謂消費也積者貯蓄也積多而食寡者謂所蓄之財產不能自供消費之用也積寡而食多者卽所謂奢侈也

此管子奬厲勤儉貯蓄之說也．疇昔之論者．或以爲民俗奢則所需之物品多．而生產之業．緣此得以發達．若人人嗇於用財．則貧者無所資以贍其生．於是有奢非惡德之說起焉．殊不知奢俗一行．則一國之財．宜以爲生產之資本者．將揮霍而無所餘．資本涸．則產業未有能興者也．管子嘗辯之矣．其說曰．

（事語篇）桓公曰．秦奢敎我曰．帷蓋不修．衣服不飾．則女事不泰．俎豆之禮不致牲．則六畜不育．非高其臺榭美其宮室．則羣材不散．此言何如．管子曰．非數也．壤狹而欲擧與大國爭者．非有積蓄．不可以用人．非有積財．無以勸下．泰奢之數．不可用於危隘之國．

管子之意．以爲若使天下能爲一家．則財之挹於此者．還注於彼．雖稍奢而不爲害．若猶有國界．與他國競爭．則一國之母財．必期於豐．而母財豐生於積蓄．積蓄生於儉．故以奢爲大戒也．

雖然奢與儉無定形．必比例而始見．夫所入二百金而費及百金焉．則爲奢矣．所入萬金而僅費百金焉．則不爲儉而爲吝矣．奢固害母財．而吝亦非所以勸民業也．故管子曰．『儉則傷事．侈則傷貨．貨盡而後知不足．是不知量也．事已然後知貨之有餘．是不知節也．不知量．不知節．不可謂有道．』（乘馬篇）貨盡者謂母財匱也．事已者謂生產業中止也．夫兩者皆非國民經濟之福明矣．管子用是兢兢也．

第四節　調劑分配之政策

泰西學者恆言曰昔之經濟政策注重生產今之經濟政策注重分配吾以為此在泰西為然耳若吾國則先哲之言經濟者自始已謹之於分配故孔子曰不患寡而患不均均無貧又曰財聚則民散財散則民聚而管子一書於此尤三致意焉其言曰『貧富無度則失』（五輔篇）又曰『甚富不可使甚貧不知恥』（侈靡篇）又曰『今君鑄錢立幣民通移人有百十之數然而民有賣子者何也財有所并也』（輕重甲篇）又曰『歲有凶穰故穀有貴賤令有緩急故物有輕重然而人君不能治故使蓄賈游市乘民之不給百倍其本分地若一強者能守分財若一智者能收智者有什倍人之功（按謂以一取什也）愚者有不賡本之事（按賡猶續也謂資本不能回復循環也）然而人君不能調故民有相百倍之生也（按謂不能調均之則貧富之懸隔生）夫民富則不可以祿使也貧則不可以罰威也法令之不行萬民之不治以貧富之不齊也然則人君非能散積聚鈞羨不足（按鈞同均羨餘也）分并財利而調民事也則君雖強本趣耕（按本謂務農趣讀為促）而日為鑄幣而無已乃今使民下相役耳惡能以為治乎』（國蓄篇）

管子之意以為政治經濟上種種弊害皆起於貧富之不齊而此致弊之本不除則雖日日獎厲生產廣積貨幣徒以供豪強兼并之憑藉而民且滋病此事也吾國秦漢時嘗深患之泰西古代希臘羅馬時嘗深患之而今世歐美各國所謂社會問題者尤為萬國共同膏肓不治之疾而所以藥之之法在我國儒家言其主復井田孔子孟子荀子所倡與夫漢唐以來之均田口分田限民名田等政策皆是也在泰西社會主義學派則主土地國有其尤甚者主一切財產皆歸國有其意亦與吾國之井田略相近雖然「私有權」之為物隨世界文明之進化而起相沿既久而欲驟廢之其不能見諸實行不待智者而決也若管子均貧富之政策則舉有異於是其策奈何管子曰

（國蓄篇）五穀食米民之司命也黃金刀幣民之通施也故善者執其通施以御其司命故民力可得而盡也

（又）凡輕重之大利以重射輕以賤泄平萬物之滿虛隨財准平而不變衡絕則重見人君知其然也故守之以准平使萬室之都必有萬鍾之藏藏繈千萬使百室之都必有千鍾之藏藏繈百萬春以奉耕夏以奉耘耒耜械器種饟糧食畢取贍於君故大賈蓄家不得豪奪吾民矣然則何君養其本按謂君何以養本也本謂資本謂君從何得此資本謹也春賦以斂繒帛夏貸以收秋實房注云方春蠶家闕乏而賦與之約收其繒帛方夏農人闕乏亦賦與之約取其穀實是故民無廢事而國無失利也

（又）凡五穀者萬物之主也穀貴則萬物必賤穀賤則萬物必貴按此語似極戾於經濟學理然當管子時自有其特別之理由下文論之兩者爲敵則不俱平故人君御穀物之秩相勝房注云秩積也按房說非是當同迭字耳而操事於其不平之間

（又）夫物多則賤寡則貴散則輕聚則重人君知其然故視國之羨不足而御其財物穀賤則以幣予食布帛賤則以幣予衣視物之輕重而御之以准故貴賤可調

（又）歲適美則市糶無予按謂穀不值錢故無所予而獲糶也而狗彘食人食歲適凶則市糴釜十繈謂一釜之粟值十繈而道有餓民然則豈壤力固本也不足而食固不贍也哉夫往歲之糶賤狗彘食人食故來歲之民不足也物適賤則半力而無予民事不償其本謂民所興殖之事業不能償其所出資本物適貴則什倍而不可得民失其用然則豈財物固寡而本委不足也哉夫民利之時失而物利之不平也故善者委施於民之所不足操事於民之所有餘夫民有餘則輕之故人君斂之以輕民不足則重之故人君散之以重斂積之以輕散行之以重故君必有什倍之利而財之櫎可

得而平也。管子之言治財多用櫎字注家不得其解按說文櫎下云所以庋器也李善文選注云櫎者門窗上之櫎之通名然則櫎也者物之所憑藉也又物之所以貲以流通也吾求諸今世之名詞則經濟學上之術語所謂金融者即此物也

（山國軌篇）然後調立環乘之幣。田軌之有餘於其人食者。按軌蓋數量之意謹置公幣焉。大家衆。小家寡。謂該地之田所產足供其地民食而有餘者置幣以劑之也山田閒田。曰終歲其食不足於人若干。則置公幣焉。以滿其准重。山田閒田所產少不終其地之民食察其所不給者若干置幣以補足之歲豐年穀登。謂高田即有餘之田軌之萌民也曰。無所寄幣於子者若干。鄉穀之櫎若干。請爲子什減三。穀爲上。幣爲下。高田撫閒田。山田被穀十倍。山田以君寄幣。振其不贍。振謂振濟振救未淫失也。高田以時撫於主上。坐長加十也。此處當有訛脫不能悉解其意蓋謂於䏶田春田之區各置幣以酌盈劑虛值豐穰之歲則以幣收穀於䏶田之區而隨時市諸瘠田之區使以幣償值也寄幣者謂受人所貸之錢也長加十者價漲倍也十女貢織帛苟合於國奉者。皆置而券之。以鄉櫎市准曰。上無幣有穀。以穀准幣。國奉蓋合於國家法程之意女有貢中程之帛者國家宜償以幣但已出幣以買高田之穀故當收其帛時先給以券後乃以穀作爲幣而償之也環穀而應筴。國奉決穀。反准賦軌幣。穀廩重有加十。疑有訛脫謂大家委貲家曰。富家也上且修游人出若干幣。古代君主游燕則索貢獻於富民此文殆謂是謂鄰縣曰。有實者。實穀也皆勿左右不贍。則且爲人馬假其食。告各鄰各縣之民使勿賤賣其穀君所至則人馬須借食也借食必酬以值民鄰縣四面皆櫎穀。坐長而十倍。國幣之九在上。一在下。幣重而萬物輕。斂萬物應之以幣。幣在下。萬物皆在上。萬物重十倍。府官以市櫎出萬物。隆而止。國軌布於未形。據其已成。乘令而進退。無求於民。謂之國軌。大意蓋謂初時將全國貨幣收之於上物價自然低落低落時乃散幣而收之物價自騰騰則復散之也

（又）泰春泰夏泰秋泰冬。按此蓋言每季之某數日也不知所指者爲何日此皆民所以時守也。此物之高下之時也。此民之所以相幷兼之時也。君皆廩之。無貲之家皆假之器械公衣。已無歸功折券。故力出於民。而用出於上。

（山至數篇）君有山。山有金。以立幣。以幣准穀而授祿。故國穀斯在上。穀賈即價字什倍。農夫夜寢蚤起。不待

見使。五穀什倍。士半祿而死君。言穀價昂則士所得者多雖受半祿而肯爲君死也彼善爲國者。不曰使之。使不得不使。不曰用之。使不得不用。

（又）桓公問管子曰。請問幣乘馬。管子對曰。始取夫三大夫之家。方六里而一乘。二十七人而奉一乘。幣乘馬者。方六里。田之美惡若干。穀之多寡若干。穀之貴賤若干。凡方六里用幣若干。穀之重用幣若干。故幣乘馬者。布幣於國。爲一國陸地之數。謂之幣乘馬。桓公曰。行幣乘馬之數奈何。管子對曰。士受資以幣。大夫受邑以幣。人馬受食以幣。則一國之穀貲在上。幣貲在下。房注云貲價也國穀什倍。數也。萬物財物去什二。筴也。皮革筋角羽毛竹箭器械財物。苟合於國器君用者。皆有矩券於上。房注云常券也君實鄉州藏焉。曰某月某日。苟從責者。房注云責讀爲債鄉決州決。故曰就庸一日而決。國筴出於穀。軌國之筴。貨幣乘馬者也。房注云言應合受公家之所給皆予之幣則穀之價君上權之其幣在下故穀倍重其有皮革之類堪於所用者所在鄉州有其數若今官曹簿帳人有負公家之債若未耜種糧之類者官司如要器用若皮革之類者則與其准納如要功庸者（按謂力役）令就役一日除其債責此蓋君上一切權之也詳輕重之本指摧抑富豪兼并之家隘塞利門則與奪貧富悉由號令故可易爲理也今刀布藏於官府。巧幣萬物輕重。幣重而萬物輕。幣輕而萬物重。按輕謂價賤重謂價貴也人君操穀幣金衡。而天下可定也。

（輕重丁篇）桓公曰。齊西水潦而民飢。齊東豐庸而糴賤。欲以東之賤被西之貴。爲之有道乎。管子對曰。今齊西之粟釜百泉。則鏂二十也。五鏂爲釜每釜值百錢故每鏂值二十錢也齊東之粟釜十泉。則鏂二泉也。請以令籍人三十泉。籍稅也得以五穀菽粟決其籍。若此則齊西出三斗而決其籍。齊東出三釜而決其籍。然則釜十之粟皆實於倉廩。言君下令使每人納稅三十錢但照時價以穀代納則齊西之民僅出三斗已盈其數齊東之民須出三釜乃盈其數是國庫可以得每釜十錢之粟也西之民飢者得食。寒者得衣。無本者予之陳。無種者予之新。本資本也新陳指穀言若此則東西相被。遠近之準平矣。

（輕重乙篇）桓公曰吾欲殺正商賈之利而益農夫之事爲之有道乎管子對曰粟重而萬物輕粟輕而萬物重兩者不衡立故殺正商賈之利而益農夫之事則請重粟之價金（按此當是釜字）三百若是則田野大辟而農夫勸其事矣桓公曰重之有道乎管子對曰請以令與大夫城藏使卿諸侯藏千鍾令大夫藏五百鍾列大夫藏百鍾富商蓄賈藏五十鍾內可以爲國委外可以益農夫之事

（輕重丁篇）桓公曰寡人多務令衡籍吾國之富商蓄賈稱貸家以利吾貧萌農夫不失其本事反此有道乎管子對曰惟反之以號令爲可耳桓公曰行事奈何管子對曰請使賓胥無馳而南隰朋馳而北寧戚馳而東鮑叔馳而西四子之行定夷吾請號令謂四子曰子皆爲我君視四方稱貸之間其受息之氓幾何千家以報吾鮑叔馳而西反報曰西方之氓者帶濟負河菹澤之萌也漁獵取薪蒸而爲食其稱貸之家多者千鍾少者六七百鍾其出之鍾也一鍾其受息之萌九百餘家賓胥無馳而南反報曰南方之萌者山居谷處登降之萌也上斲輪軸下采杼栗田獵而爲食其稱貸之家多者千萬少者六七百萬其出之中伯伍也其受息之萌八百餘家寧戚馳而東反報曰東方之萌帶山負海若處上斷福漁獵之萌也治葛縷而爲食其稱貸之家丁惠高國多者五千鍾少者三千鍾其出之中鍾五釜也其受息之萌八九百家隰朋馳而北反報曰北方之萌者衍處負海煑沸爲鹽梁濟取魚之萌也薪食其稱貸之家多者千萬少者六七百萬其出之中伯二十也受息之萌九百餘家凡稱貸之家出泉參千萬出粟參數千萬鍾受子息民參萬家四子已報管子曰不棄我君之有萌中一國而五君之正也然欲國之無貧兵之無弱安可得哉桓公曰爲此有道乎管子曰惟反之以號令爲可請以令賀獻者皆以鏤枝蘭鼓則必坐長什倍其本矣君之棧臺之職亦坐長什倍請以令召稱貸之

家。君因酌之酒。太宰行觴。桓公舉衣而問曰。寡人多務。令衡籍吾國。聞子之假貸吾貧萌。使有以終其上。令寡人有鏃枝蘭鼓。其賈中純萬泉也。願以爲吾貧萌決其子息之數。使無券契之責。稱貸之家皆齊首而稽顙曰。君之憂萌至於此。請再拜以獻堂下。桓公曰。不可。子使吾萌春有以倳耜。夏有以決芸。寡人之德子無所寵。若此而不受。寡人不得於心。故稱貸之家曰。皆再拜受。所出棧臺之職。未能參千純也。而決四方子息之數。使無券契之責。四方之萌聞之。父教其子。兄教其弟曰。夫墾由發務。上之所急。可以無庶乎。君之憂我至於此。此之謂反準。

（七臣七主篇）政有緩急。故物有輕重。歲有敗凶。故民有義不足。房注云。歲既敗凶。雖有義事。不足以行其禮。（按）房說謬也。義字乃美之訛耳。美餘也。美與不足對舉。書中屢見敗字。疑亦訛。當爲歲有賑凶。賑者豐也。時有春秋。故穀有貴賤。房注云。春穀貴。秋穀賤。按此訓雖不甚謬。然管子之意殆不如是。輕重乙篇云。歲有四秋。而春夏秋冬各居一焉。秋者卽書經乃亦有秋之秋。謂成熟也。成熟之時謂之秋。則力作之時謂之春。時有春秋。不外今世學者所謂金融季節。而上不調淫。房注云。淫過也。按謂調御其過度也。故游商得以什伯其本也。房注云。得什伯之贏。以棄其本也。按此訓非是。謂田商所贏得十百倍於其資本耳。百姓之不田。貧富之不訾。房注云。訾限也。皆用此作。

（輕重乙篇）桓公問於管子曰。衡有數乎。管子對曰。衡無數也。衡者使物一高一下。不得常固。桓公曰。然則衡數不可調耶。管子對曰。不可調。調則澄。澄則常。常則不貳。不貳則萬物不可得而使。桓公曰。然則何以守時。管子對曰。夫歲有四秋。而分有四時。大春農事且作。請以什伍農夫賦耜鐵。此之謂春之秋。大夏且至。絲纊之所作也。此之謂夏之秋。而大秋成。五穀之所會。此之謂秋之秋。大冬營室中。女事紡績緝縷之所作也。此之謂冬之秋。故曰。歲有四秋。而分有四時。已有四者之序。發號出令。物之輕重相什而相伯。故物不得有常固。

此卽管子所謂輕重之說。其一切分配政策。皆由此起。而調御國民經濟之最大作用也。考其樞紐所在。不外操貨幣以進退百物蓋貨幣價格之騰落與物價之貴賤成反比例而貨幣流通額之多寡又與其價格之騰落成反比例故貨幣流通之狀態近世學者取泉流布布之義名之曰金融卽管子所謂財櫎者是也金融之或寬或緊同一地也因時而有差別同一時也因地而有差別其原因皆各有所自來而其結果則影響於國家財政與全國民生計者至捷且鉅故今世各國大政治家之謀國未有不致謹於此者也而中國能明此義者厥惟管子管子知貨幣之爲物凡以供交易媒介之用其數量不能太少而亦不可太多也故先斟酌全國所需貨幣之多少準其數而鑄造之命之曰公幣山國軌篇所謂謹置公幣者是也然則全國所需貨幣多少何從測之管子以爲貨幣之職務在於爲百物之媒介而已綜稽全國民互相交易之物品共有幾何其總值幾何則其所以媒介之之物應需幾何略可得也故先察一國之田若干其所產穀若干復舉一國所有穀類以外之一切器械財物（如山至數篇所舉皮革筋角羽毛竹箭器械財物等）而悉簿籍之準其數以鑄幣則幣常能與國民之供求相劑而無羨不足之患矣山至數篇所謂幣乘馬者也此術也以今世之經濟政策衡之誠覺其局滯而不適蓋國民之生產力消費力隨時伸縮而其所從起之原因極複雜轇轕不能執一端而盡之故以現在全國民所有財產泐爲簿籍而準之以求所需貨數之數爲法未免疏略其缺點一也同一貨幣之數而緣夫流通之遲速行用度數之多寡而其資民利用之效力強弱懸殊比例於現有財產而固定其量則貨幣伸縮之用不顯其缺點二也經濟無國界故貨幣與貨物常互相流通於國際之間雖準本國所有財產以鑄幣然幣之一出一入不期然而然鑄幣雖多未必能長葆存於國中鑄幣雖少而外國所有者常能入而補其缺今僅以本國財產爲標準其缺點三也由此言之則管子所謂幣乘馬之策決非完備而可以適用者也雖然凡讀史當論其世以今世經濟情狀律古代不可也古代機

器未興。民業不繁。國民生產力之變遷。不能甚劇。其消費力之變遷。亦緣此不能甚劇。而信用機關交通機關皆未發達。故貨幣流通遲速之率。多寡之度。略有一定。而國際間貨幣之轉移。萬不能如今日之便。以此之故。管子比例全國民財產以置公幣之策。實能適於其時代之要求。而爲經國之一妙用。蓋章章矣。

夫貨幣價格之高下。既與百物價格之高下成反比例。而貨幣數量之增減。由政府操其柄。故貨幣之價格。政府常能操縱之。此無異一切貨物之價格。悉由政府操縱之也。管子所謂執其通施以御其司命者此也。

雖然。欲明管子輕重主義之眞相。更有最當研究者一物焉。則穀是也。古代金屬貨幣之用未廣。人民恆以穀帛爲貨幣。而穀爲尤重。（孟子所謂以粟易械器。粟即一種之貨幣也。）故古代之穀。所以與今異者。今之穀專爲交易之目的物。而古之穀則兼爲交易之媒介物也。而穀之所以與金屬貨幣異者。金屬貨幣專爲交易之媒介物。而穀則兼爲交易之目的物也。（所謂交易之目的物者。謂交易之目的期於得此物而止。如吾輩今日以錢買穀。其所欲得者即穀也。交易之媒介物者。謂借此爲媒介。以間接求得其他之目的物。如農夫售穀而得錢。其所欲得者非在錢也。以有錢則可持之以買得他物耳。貨幣之性質。所以與他物異者。全在於此。）然則穀也者。以一物而兼此兩種職務。而其兩職務之性質。又互相衝突。是以極轇轕而至難御也。管子之言曰。幣重而萬物輕。幣輕而萬物重。此卽幣價與物價成反比例之義。通諸東西古今而無二者也。夫既曰萬物。則穀亦與居一焉。幣價貴則穀與百物之價俱賤。幣價賤則穀與百物之價俱貴。此易明之理。而今世各國共通之現象也。（若因豐凶而穀價之劇變。逸出常軌。此則偶然之事。不足以破此例。此不徒穀爲然。卽百物亦有然矣。）乃管子之言又曰。穀貴則萬物必賤。穀賤則萬物必貴。此語也。以今日之經濟現象衡之。殆適得其反。吾初讀之而不解其所謂。及潛心以探索其理。乃知當時之穀。兼含兩種性質。一曰爲普通消費目的物之性質。二曰爲貨幣之性質。當其爲普通消費目的物也。其價格固與百物同。爲貨幣之價格所左右。當其爲貨幣也。則反是。而其價格常能左右百物之價格。夫金屬貨幣價格之變動。其原因已極複雜。在今世之治經濟學者。猶以此爲全部學科中最奥衍之理。況夫以一穀而兼此兩性。而其物又爲人生日用須臾不可缺之品。在一切消費目的物中效力爲最強。而其數量之多寡。又常因自然力而變遷。如年歲之豐凶非盡由人力所得左右。此實古代人民所最困之一問題也。夫交易之媒介物。太多太少。皆足以病國民生計。今以日用所不可缺之穀。兼充此職務。偶值年豐穀多。則民食之外。尙有餘粟。其所餘則盡以爲幣材。而一國之幣遂供過於求矣。偶值年凶穀少。則以全國之穀盡供民食。猶苦不足。更無餘裕以充幣材。而一國之幣。遂供不逮求矣。此古代以幣權物之政策所以難施也。夫今世之金屬貨幣。專以爲交易媒介之用。不以爲交易目的之用。而各國政治家所以酌盈劑虛之術。猶且戛戛然共以爲難。而況乎管子之輕重主義。不徒以單一性質之貨幣即金屬貨幣爲樞機。而更須以複雜性質之貨幣即穀爲樞機焉。故今世之貨幣政策則一而已。一者何。以幣權物是也。管子之貨幣政策。其條件有三。以幣權物一也。以穀權物二也。以幣權穀三也。此管子之輕重主義。所以其術彌神。而其理彌奥也。

是故管子之調御國民經濟也。既約定全國所需貨幣大概之數。而謹置之。於是將此貨幣。隨時伸縮其流通額。使與國民所需要相應。有時金融太緩漫。事業有萎靡之憂。則將貨幣收回於中央金庫。山國軌篇所謂國幣之九在上。一在下是也。有時金融緊迫。生計呈恐慌之象。則將貨幣散布之於市場。所謂幣在下。萬物皆在上是也。而其或收回之。或散布之。非以威力相強也。因物價之自然。而棄人人之所取。取人人之所棄云爾。故曰民有餘則輕之。人君斂之以輕。民不足則重之。人君散之以重也。

然則其以幣御穀之術奈何。穀爲百物之一。彼其以幣御物之術。其影響不得不波及於穀。固無論矣。雖然。當時之穀。兼充幣材。徒以普通御物之術御之不得也。吾觀管子調和金穀之策。竊嘆其與今世各國調和實幣與紙幣之策若合符節也。今世之貨幣。以金銀銅等金屬品充之。此實幣也。然實幣既不便攜帶。且其獲得之與行用之皆須有所犧牲。滋弗便也。於是乎爲紙幣以代之。然發行紙幣。必須儲實幣以爲兌換之備。故紙幣之多寡。恆與所儲實幣相劑。此不易之理也。管子之所以調和金穀者亦然。前此人民以穀爲幣。而其不適於媒介之用者既甚多。管子乃廣鑄金幣以代之。（吾考中國用金屬爲貨幣實始於管子前此雖或有之而其勢力蓋甚微弱）故穀則猶今日之實幣也。金屬貨幣。則猶今日之紙幣也。今各國中央銀行所以能握全國金融之樞機者。皆由實幣與紙幣調劑得宜。既能以幣御物。又能以紙幣御實幣。管子之政策亦猶是也。時而使穀在上幣在下。時而使幣在上穀在下。此猶各國實幣有時貯之於中央銀行。有時散之於市場。凡以劑其平廣其用而已矣。

一國金融之緊緩。各地不同。斂之於緩之地。而散之於緊之地。此政策之妙用也。輕重丁篇所言調齊東齊西之穀價者。操此術也。

一年金融之緊緩。各時不同。泰西學者謂之金融季節。斂之於緩之時。而散之於緊之時。此又政策之一妙用也。山國軌篇所謂泰春泰夏泰秋泰冬爲百物高下之時。輕重乙篇所謂歲有四秋分有四時物之輕重相什相百者。蓋指此也。

然則管子所謂輕重之術可知矣。其樞紐不外以幣與穀權百物。而復以幣與穀互相權。而其所以能權之者。則當幣重物輕之時。斂物而散幣。當幣輕物重之時。斂幣而散物。當穀重物輕之時。斂物而散穀。當穀輕物重之時。斂穀而散物。當幣重穀輕之時。斂穀而散幣。當幣輕穀重之時。斂幣而散穀。質而言之。則以政府爲全國最大之商業家。而國中百物交易之價格。皆爲政府所左右也。遵是道也。則全國商業之自由。極受束縛。以今世之經濟原則衡之。其利誠不足以償其弊。然在古代信用機關交通機關兩未發達之時。商業上之自由不甚有效。雖無政府以束縛之。民未必遂蒙其利也。而徒使人民之生產者。或供多而不遇求。使人民之消費者。或求多而不遇供。故毋寧以政府立乎其間。其力足以盡求全國之所供。其力足以盡供全國之所求。苟獎厲干涉得其宜。而於助長全國民經濟之發達。蓋甚有效也。

然管子之政策。其效猶不止此。夫金融有緩緊。而物價有貴賤。在力薄之小民。固受其支配而莫可如何也。然而豪強素封之家。則其力足以乘多數貧民之急而壟斷其利。管子謂物有高下之時。即人民相兼幷之時。誠篤論也。而彼豪強者。非徒因物之高下。以弋取殊利而已。且常能左右物價。使之隨己意爲高下。夫物價自然之高下。本由全社會公共經濟之現象所造成。專其利於少數之人。固已非當。況復以人力而矯揉之。使隨己意爲高下。而因以制多數人之死命。而自罔其利者哉。此雖命之曰盜賊之行可也。管子之意。以爲物價之有高下。而用人棄我取。人取我與之術。常能博奇利。此經濟現象之所必至。無能遏止者也。而此種奇利。則當歸諸國家。而不當歸諸少數之私人。歸諸國家。家還用以獎厲民業。則其利均諸全國人民。歸諸少數之私人。則一國財力所在。遂成偏枯。一方有餘而一方不足。所謂病尰而苦蹶盭也。管子所以必以國家操此權者。蓋爲是也。

夫商業之自由放任過甚。則少數之豪強。常能用不正之手段。以左右物價。苦人民而獨占其利。此徵諸今世之產業組織而可知也。近世有所謂卡特爾者。Kartell 有所謂託辣斯者皆 Trust 起於最近一二十年間。而其力足以左右全國之物價。甚者乃足以左右全世界之物價。識者謂其專制之淫威。視野蠻時代之君主殆有甚焉。而各國大政治家。方相率宵旰焦慮。謀所以對待之。而未得其道也。於是乎有所謂社會主義一派之學說。欲盡禁商業之自由。而舉社會之交易機關。悉由國家掌之。此其說雖非可遂行於今日。然欲爲根本救治。舍此蓋無術也。而此主義當二千年前有實行之者焉。吾中國之管子是也。

古代之政治家所以抑制豪強兼幷之術。往往有禁民之貸金取息者。亦有以法律限息率不許過高者。吾國漢唐以來相沿行之。而息率之限。今大清律例尚存其文。泰西則希臘羅馬以來皆有此制。中世各國限制尤嚴。直至十九世紀始漸廢之。然猶未能絕也。夫富民貸而取重息。誠爲朘削貧民之一顯弊。有國牧民者固不容坐視。雖然。貧民之貣焉者。必有其大不得已者存。禁貸而絕貣。以是爲保護貧民。而不知益以困絕之也。若夫以法規定息率。視彼禁絕貸貣者爲道固稍進。然貧民之忍重息而舉債也。必亦有其大不得已者存。貣者多而貸者寡。求過於供。息率勢不得不昂。強以法律限制之。則貸者於普通息率之外。更須索犯法之保險費。然後肯出貸。是欲輕之而反以重之也。故善謀國者不爲此下愚之策。惟設法以立完備之金融機關。使一國現有之資本流通捷而效力增。而將來之資本緣而增殖。則息率之日下。不期而自致焉。各國現行之政策是也。而管子則深明此義者也。故民之貸金取息者。非惟不禁。且獎厲之。而取息多寡。亦未嘗一爲干涉。惟將金融之樞紐握諸政府。使民之欲貣者不必仰鼻息於豪強。而政府得隨時以濟其困。卽此今世銀行所盡之職務也。夫銀行應由政府辦理與否。其利害固當別論。然以二千年前之人。而知銀行爲匡濟生民之要具。其識見之度越尋常。豈可思議耶。

第五節　財政策

財政與國民經濟關係極密切。苟財政辦理失當。則國民經濟必緣此而萎悴。而國民經濟既已萎悴。欲求財政之豐。決不可得。孔子曰。百姓足君孰與不足。百姓不足君孰與足。是也。吾今請語管子之財政策。

聚斂之臣之治財政也。惟求國庫之充實而已。而管子則異是。其言曰。

（權修篇）地之生財有時。民之用力有倦。而人君之欲無窮。以有時與有倦養無窮之君。而度量不生於其間。則上下相疾也。故取於民有度。用之有止。國雖小必安。取於民無度。用之不止。國雖大必危。

此管子理財之根本觀念。一方面與其法治主義之精神相應。一方面與其國民經濟政策之精神相應者也。管子又言曰。

（輕重甲篇）事再其本。（按）謂人民生產事業所獲之贏能倍於其資本也下仿此則無賣其子者。事三其本。則衣食足。事四其本。則正籍給。（按）籍謂租稅事五其本。則遠近通。今事不能再其本。而上之求焉無止。是使姦涂不可獨行。遺財不可包止。隨之以法。則是下艾民。食三升。則鄉有正食而盜。（按）謂僅得三升之食則有盜也下仿此食二升。則里有正食而盜。食一升。則家有正食而盜。今操不反之事。（按）謂事業不能償有資本一擲而無從回復故曰不反之事而食四十倍之粟。（按）謂穀價四十倍也而求民之毋失。不可得矣。且君朝令而求夕具。有者出其財。無有者賣其衣屨。農夫糶其五穀。三分賈而去。（按）謂將其所有賤而售之僅得價十分之三也是君朝令一怒。字疑訛布帛流越而之天下。（按）之往也謂流往外國也君求焉而無止。民無以待之。走亡而棲山阜。持戈之士。顧不見親。家族失而不分。疑有訛奪民走於中。而士遁於外。此不待戰而內敗。

此極言財政失當之弊。充其量可以亡國也。近世言財政學者。謂國家之取於民。當量其力所能負擔。故其收所得稅也。取其生計必需之最少額免除之。凡以使民不病也。不特北也。各種租稅皆絜人民歲入之羨餘可以充日常消費之用者。然後取之。其方爲母財資以殖子息者。則不之取也。此何以故。蓋欲求租稅之豐。必先涵養稅源。何謂稅源。國民之資本是也。必使一國資本悉投諸生產事業。常能孳殖子息。然後國民生計日有餘裕。而租稅之源。可以汩汩繼續而無竭。而不然者。涔蹄之水。一汲而盡矣。夫租稅過重。則必至稅及資本。資本不能回復。則全國生產力。遂日耗月蝕。而無復存。國之亡可立而待也。管子所謂不反之事者此也。

管子之財政策。以不收租稅爲原則。以收租稅爲例外。此實一種最奇之財政計畫也。吾名之曰無稅主義。今舉其說。

（國蓄篇）以室廡籍。（按）籍者稅也 謂之毀成。以六畜籍。謂之止生。以田畝籍。謂之禁耕。以正人籍。房注云正數之人若丁壯也（按）此即後世之丁稅 謂之離情。以正戶籍。謂之養贏。房注云贏謂大賈蓄家也正數之戶既避其籍則至浮浪爲大賈蓄家之所役屬增其利耳 五者不可畢用。故王者徧（按）當作偏 行而不盡也。

（又）今君籍求於民。曰十日而具。則財物之賈（按）同價 什去一。令曰八日而具。則財物之賈什去二。令曰五日而具。則財物之賈什去半。朝令而夕具。則財物之賈什去九。先王知其然。故不求於萬民。

（又）民予則喜。奪則怒。民情皆然。先王知其然。故見予之形。不見奪之理。故民愛可洽於上也。租藉者。所以強求也。租稅者。所慮而請也。房注云慮計也 王霸之君。去其所以強求。廢其所慮而請。故天下樂從也。

此管子無稅主義之大概也。考其所以持此主義之理由。其一則以爲租稅妨害國民生產力也。其二則以爲租稅奪國民之所得也。其三則以爲租稅買國民之嫌怨也。此三者皆持之有故。言之成理。即今世言財政學者。亦不能具斥其非也。雖然。國家舍租稅而欲得歲入。其道何從。則請畢管子之說。

（海王篇）桓公問於管子曰。法欲藉於臺雉何如。管子對曰。此毀成也。吾欲藉於樹木。管子對曰。此伐生也。吾欲藉於六畜。管子對曰。此殺生也。吾欲藉於人何如。管子對曰。此隱情也。桓公曰。然則吾何以爲國。管子對曰。唯官山海爲可耳。桓公曰。何謂官山海。管子對曰。海王之國。謹正鹽筴。桓公曰。何謂正鹽筴。管子對曰。十口之家十人食鹽。百口之家百人食鹽。終月。大男食鹽五升少半。大女食鹽三升少半。吾子食鹽二升少半。房注云吾子謂小男小女此其大曆也。房注云曆數也鹽百升而釜。（按）謂以百升爲一釜令鹽之重升加分彊。釜五十也。房注云分半也今使鹽官稅其鹽之重每一升加半合而取之則一釜得五十合升加一彊。釜百也。升加二彊。釜二百也。鍾二千。十釜爲鍾十鍾二萬。百鍾二十萬。千鍾二百萬。萬乘之國。人數開口千萬也。禺筴之商日二百萬。房注云禺讀爲偶偶對也商計也（按）此謂一國有千萬人者其鹽稅平均計之每日可得二百萬錢十日二千萬。一月六千萬。萬乘之國。月人三十錢之藉。（按）十字疑衍爲錢三千萬。今吾非藉之諸君吾子。房注云諸君謂大男大女也而有二國之藉者六千萬。（按）謂若抽丁稅每月僅得三千萬今不抽丁稅而所得能倍之也房注所解非是今不采之使君施令曰。吾將號於諸君吾子則必囂號。今夫給之鹽筴。則百倍歸於上。人無以避此者數也。（按）謂若君施令日將抽丁稅則民必鼓譟今專賣鹽而收其贏民雖欲脫稅而不可得也今鐵官之數曰。一女必有一鍼一刀。若其事立。房注云若猶然後耕者必有一耒一耜一銚。若其事立。行服連房注云當作輦軺輂者必有一斤一鋸一錐一鑿。若其事立。不爾而成事者。天下無有。令鍼之重加一也。三十鍼一人之藉也。房注云鍼之重每十分加一分爲彊而取之則一女之藉得三十鍼也矣刀之重加六。五六三十。五刀一人之藉也。耜鐵之重加七。三耜鐵一人之藉也。其餘輕重皆准此而行。然則舉臂勝事。無不服藉者。（按）謂凡成丁者無不納稅也桓公曰。然則國無山海不王乎。管子曰。因人之山海。假之名有海之國。讎鹽於吾國。（按）讎即售字言彼國有鹽而售諸吾國也釜十五。吾受而官出以百。（按）謂彼國鹽價每釜值十五錢官悉買之而轉售於吾民則每釜取百錢我未與其本事也。受人之事。以重相推。此人用之數也。

此管子財政策之中堅也。以今語釋之。則曰。鹽與鐵皆歸政府專賣而已。鐵官之置。使人民生事之具日嗇。其法非良。故後世行之不勝其敝。若鹽則自秦漢以迄今日。皆以爲國家最大之稅源。雖屢更其法。卒莫能廢。卽今世所謂文明國。其學者雖以鹽稅爲惡稅。倡議廢止。然廢者不過二三國。豈非以每人所課者極微。而政府所得者極豐乎。秦西各國之國稅。前此皆以直接稅爲中堅。今則殆皆以間接稅爲中堅。蓋負擔之普及。收稅費之節省。人民之不感苦痛。皆間接稅之特長。若鹽又間接稅中最良之稅品也。而首發明此策者。則管子也。後世鹽法屢變。至今日而政府專賣之下。復有專賣商之一階級。故正供益絀。而民病益甚。管子之法。則純粹之政府專賣法。而與今世東西各國之制。大致相合者也。

產鹽之國。固可以行鹽專賣。卽不產鹽之國。亦能行之。今歐洲各國多此類也。管子所謂受人之事以重相推也。

漢武帝之鐵政。置官以行鼓鑄。其令曰。敢私鑄鐵器者。鈦左趾。管子之法則不然。試舉其說。

（輕重乙篇）桓公曰。衡謂寡人曰。請以令鼓山鐵。可以毋籍而用足。管子對曰。不可。今發徒隸而作之。則逃亡而不守。發民則下疾怨上。邊竟有兵。則懷宿怨而不戰。未見山鐵之利。而內敗矣。故善者不如與民量其重計其贏。民得其十。君得其三。

然則桑孔之鐵稅。徵之於其成器。卽輕重乙篇所述衡之說管子之鐵稅。徵之於其原料。夫徵之於成器。則民之得器也益難。而見阨於政府也益甚。故管子之術。優於桑孔也。

管子又立礦產國有之政策。其言曰。

（地數篇）山上有赭者。其下有鐵。上有鉛者。其下有銀。上有丹沙者。其下有金。上有慈石者。其下有銅。此山之見榮者也。苟山之見榮者。謹封而爲禁。

管子又立森林國有之政策。其言曰。

（輕重甲篇）爲人君而不能謹守其山林菹澤草萊。不可以立爲天下王。山林菹澤草萊者。薪蒸之所出。犧牲之所起也。故使民求之。使民籍之。因以給之。

（山國軌篇）宮室器械非山無所仰。然後君立三等之租於山。曰握以下者爲柴楂。把以上者爲室奉。（按宮室之奉也）三圍以上爲棺槨之奉。柴楂之租若干。室奉之租若干。棺槨之租若干。

然則管子之財政策。以鹽鐵爲主。而以礦產森林輔之。卽財政學所謂官業收入者是也。前此東西各國之財政。大率以租稅收入爲中堅。其租稅又以直接稅爲中堅。近今則非徒租稅中之間接稅代直接稅而興也。而官業收入且駸駸乎奪租稅收入之席。德國及澳洲聯邦導其先路。俄羅斯日本等國步其後塵。若國有鐵路國有森林鹽專賣煙專賣酒專賣等。其條目也。此類之收入日增。則各種租稅可以漸減。管子所謂無籍而國用足者。庶幾見之矣。德國碩儒華克拿氏之論財政。極贊歎官業收入之善。謂勝於以租稅爲財源。其說雖未免偏畸。然大勢所趨。固不可遏矣。而我國之管子。則於二千年前已實行此政策。使華克拿見之。其感歎又當何如。

管子於前此所舉數種官業之外。更有一業焉。爲國家莫大之財源者。則商業是矣。其言曰。

（國蓄篇）凡五穀者。萬物之主也。穀貴則萬物必賤。穀賤則萬物必貴。兩者爲敵。則不俱平。故人君御穀物之秩相勝。而操事於其不平之間。故萬民無籍。而國利歸於君也。中歲之穀糶石十錢。大男食四石。月有四十之籍。大女食三石。月有三十之籍。吾子食二石。月有二十之籍。歲凶穀貴。糴石二十錢。則大男有八十之籍。大女有六十之籍。吾子有四十之籍。是人君非發號令收嗇而戶籍也。房注云嗇斂也（按）嗇即穡字（彼人君守其本委謹。房注云委謂所委積之物也謹嚴也而男女諸君吾子無不服籍者也。一人廩食十人得餘。十人廩食百人得餘。百人廩食千人得餘。視物之輕重而御之以准。故貴賤可調。而君得其利。

按此亦一種之間接稅。而變其形以爲官業者也。其法蓋當豐穰之歲。穀價極賤。粒米狼戾。委積而無所得值。政府則以幣予民。而易其粟以斂之。及至中歲粟每石值十錢。凶歲每石值二十錢。政府則照時價而糶粟與民。是民當豐歲。不至以餘粟爲苦。而當中歲凶歲。亦不慮無所得食。於民甚便。而政府每石得十錢或二十錢之利。不必直接收稅。而與收稅無異也。且此術不徒施之於穀而已。凡百物之爲民用者。莫不權乎其輕重之間而斂散之。質而言之。則全國最大之商業。掌於政府。而取其贏以代租稅也。管子之財政。以不收租稅爲原則。雖然亦有例外焉。時或收租稅。則借之以爲均劑分配之一手段也。輕重丁篇云『請以令籍人三十泉。齊西出三斗而決其籍。齊東出三釜而決其籍。』全文見前節此因各地方之豐凶不同而借此以均之也。又山國軌篇云

去其田賦。以租其山。巨家重葬其親者服重租。小家菲葬其親者服小租。巨家美修其宮室者服重租。小家爲室廬者服小租。如國民之貧富。加之以繩。（按）原文云去其田賦重葬其親者服重租小家菲以租其山巨家葬其親者服小租巨家美修其宮室者服重租小家爲室廬者服國民之貧富如加之以繩小租文義全不可解蓋古書傳寫訛奪百出而後人讀書之所以難也今以鄙意顛倒校正之如右未嘗增減一字雖不敢謂即合於古本然失之當不遠矣試更以今語釋其意義蓋謂免田賦而不征惟征之於山林巨家厚葬及美宮室者皆使納重租而小家則反之其課稅之目的物則構宮室製棺槨之材木也租之輕重以國民之貧富爲衡如以繩正之也

財政學家論租稅之原則。謂必當測國民之納稅力。使各各適應之。以均其負擔。蓋富者負擔宜加重。貧者負擔宜遞輕。故其於直接稅也。則行累進稅法。而生計必要之最小額。概予豁除。其於間接稅也。則重課奢侈品。而日

用必需品則免之凡所以使貧民不病而富民得應於其力以荷國費之大部分也管子所謂如國民之貧富加之以繩卽此義也

華克拿曰昔之租稅專以充國庫之收入爲目的今則於此目的之外更有其他之一重要目的焉卽借之以均社會之貧富是也管子之租稅政策則與華氏不謀而合者也

管子之財政策此外尙有一妙用焉則將國費之負擔轉嫁於外國人民是也此當於次節別論之

第六節　國際經濟政策

管子曰『國之存也鄰國有焉國之亡也鄰國有焉』霸言篇我國自秦漢以後爲大一統之國者千餘年環列皆小蠻夷其文物勢力不足與我相競故謀國者於對外政略莫或厝意焉卽有交涉亦不過攻掠戰爭之事若夫經濟力之一消一長能影響於一國之興亡此則秦漢以後之政治家外交家所未嘗夢見也歐洲則不然彼自千年以來皆列國並立勢均力敵境壤相接交通夙開故其人之奮於商戰也視兵戰爲尤力而其政治家所以指導之者尤一刻不敢懈昔者英之克林威爾法之哥巴近者德之俾斯麥英之張伯倫皆竭畢生之精力以從事於此者也是故自由貿易保護貿易之論辨喧於野關稅同盟關稅報復之政策鬨於朝豈不以一國之存其原因發自鄰國者至夥且鉅而所以對待之者不可不愼乎哉若我管子則深明此意者也

管子嘗論國勢與經濟之關係曰

（國蓄篇）前有萬乘之國而後有千乘之國謂之抵國前有千乘之國而後有萬乘之國謂之距國壤正方

四面受敵謂之衢國。以百乘衢處。謂之託食之君。千乘衢處。壤削少半。萬乘衢處。壤削大半。何謂百乘衢處託食之君也。夫以百乘衢處危懾圍阻千乘萬乘之間。夫國之君不相中。舉兵而相攻。必以爲扞格蔽圉之用。有功利不得鄉。（按）古鄕字大臣死於外。分壤而功列陳。（按）古陣字謂分地以賞列陣者之功也繫累獲虜。分賞而祿。是壤地盡於功賞。而稅臧殫於繼孤也。（按）臧古藏字謂稅帑悉爲撫卹軍人遺族之用也是特名羅於爲君耳。無壤之有。號有百乘之守。而實無尺壤之用。故謂託食之君。然則大國內款小國用盡。何以及此。曰百乘之國。官賦軏符。乘四時之朝夕。（按）朝夕者盈虛之義御之以輕重之准。然後百乘可及也。千乘之國。封天財之所植。械器之所出。財物之所生。視歲之滿虛。而輕重其祿。然後千乘可足也。萬乘之國。守歲之滿虛。乘民之緩急。正其號令。而御其大准。然後萬乘可資也。

（山至數篇）有山處之國。有氾下多水之國。有山地分之國。（按）謂山谷與平原各半也有水泆之國。有漏壤之國。此國之五勢。人君之所憂也。山處之國。常藏穀三分之一。氾下多水之國。常操國穀三分之一。山地分之國。常操國穀十分之三。水泉之所傷水泆之國。常操國穀十分之二。漏壤之國。謹下諸侯之五穀。與工雕文梓器。以下天下之五穀。（按）言當獎厲工業與外國以工藝品而易取其穀也此准時五勢之數也。

此汎論國勢與經濟之關係。言各國所處地位不同。其經濟政策。亦當隨之而異。然苟得其術以御之。則雖得天較薄之國。猶足以圖存而致強也。此其說徵諸世界現勢而可信也。彼荷蘭比利時。皆以蕞爾國。當列強之衝。而其天然之恩惠又極薄。而顧以富聞於天下者。經濟政策得宜故也。卽如彼英國。其國內之農產物。曾不足以資其國三月之民食。而不以爲病者。彼能以其工藝下天下之五穀也。

夫管子所用之齊。其國勢非得天獨厚者也。『管子問於桓公曰。齊方幾何里。桓公曰。方五百里。管子曰。陰雍長城之地。其於齊國三分之一。非穀之所生也。㳅龍夏。其與齊國四分之一也。朝夕外之所墆。齊地者五分之一。非穀之所生也。然則吾非託食之主耶』（輕重丁篇）然則以齊之國勢。宜其永爲諸侯弱。而管子乃能用之以致富強匡天下者何也。則所以善用對外經濟政策者得其道也。今請言管子之對外經濟政策。

（輕重丁篇）善爲國者。守其國之財。湯之以高下。注之以徐疾。一可以爲百。未嘗籍求於民。而使用若河海。此謂守物而御天下也。

（揆度篇）善爲國者。如金石之相舉。重鈞則金傾。故治權則勢重。治道則勢羸。今穀重於吾國。輕於天下。則諸侯之自泄。如原水之就下。故物重則至。輕則去。有以重至而輕處者。我動而錯之。天下已卽於我矣。

（地數篇）桓公問於管子曰。吾欲守國財而毋稅於天下。（按稅於天下者謂國財爲外國所攘如納稅於人也）而外因天下。可乎。管子對曰。可。夫水激而流渠。令疾而物重。先王理其號令之徐疾。內守國財而外因天下矣。桓公曰。其行事奈何。管子曰。昔者武王有巨橋之粟貴糴之數。桓公曰。爲之奈何。管子曰。武王立重泉之戍。令曰。民自有百鼓之粟者不行。民舉所最粟（房注云最聚也）以避重泉之戍。而國穀二什倍。巨橋之粟亦二什倍。（按謂穀價漲二十倍）武王以巨橋之粟二什倍而市繒帛。軍五歲毋籍衣於民。以巨橋之粟二什倍而衡黃金百萬。終身無籍於民。准衡之數也。桓公曰。今亦可以行此乎。管子曰。可。夫楚有汝漢之金。齊有渠展之鹽。燕有遼東之煮。此三者亦可以當武王之數。十口之家。十人咶鹽。百口之家。百人咶鹽。凡食鹽之數。一月丈夫五升少半。婦人三升少半。嬰兒二升少半。鹽之重。升加分耗而釜五十。升加一耗而釜百。升加十耗而釜千。君伐菹薪。煮沸水爲鹽。正而積之三萬鍾。至陽春。請籍於時。桓公曰。何謂籍於時。管子曰。陽春農事方作。令民毋得築垣牆。繕冢墓。治宮室。立臺榭。北海之衆毋得聚庸而煮鹽。然則鹽之價必四什倍。君以四什倍之價。修河濟之流。南輸梁趙宋衛濮陽。惡食無鹽則腫。守圉之本其用鹽獨重。君伐菹薪。煮沸水以籍於天下。然則天下不減矣。

（輕重甲篇）管子曰。陰王之國有三。而齊與在焉。桓公曰。若此言可得聞乎。管子曰。楚有汝漢之黃金。而齊有渠展之鹽。燕有遼東之煮。此陰王之國也。苟有操之不工。用之不善。天下倪而是耳。使夷吾能居楚之黃金。吾能令農毋耕而食。女毋織而衣。今請君煮水爲鹽。正而積之。桓公曰。諾。十月始征。至於正月。成鹽三萬六千鍾。召管子而問曰。安用此鹽而可。管子對曰。孟春既至。農事且起。大夫無得繕冢墓理宮室立臺榭起牆垣。北海之衆毋得煮鹽。房注云本意禁人煮鹽託以農事慮有妨奪先自大夫起欲人不知其機斯爲權術若此則鹽必坐長而十倍。桓公曰。善。行事奈何。管子曰。請以令糶之於梁趙宋衛濮陽。桓公曰。諾。乃以令使糶之。得成金萬一千餘斤。桓公召管子而問曰。安用金而可。管子曰。請以令使賀獻出正籍者（按）正征也籍稅也必以金。金坐長而百倍。運金之重。以衡萬物。故用若挹於河海。此陰王之業。

此管子對外經濟政策之第一著也。其要點在奬厲本國特長之產物。以人力造成獨占價格。而吸其羸於外國。夫無論何國。皆緣其氣候壤質民業之異。而各有其特長之產物。如英國之煤鐵。中國之絲茶。印度之綿花鴉片美國之菽麥等類是也。凡此等產物。不能善用之。則其利漸爲人所攘奪。苟能善用之。則持此可以稱霸於天下。而春秋時代之齊國。則以鹽爲其特長之產物者也。故管子首利用之。其利用之之策如何。凡所謂一國特長之產物者。必其物爲他國所無有。或雖有之。而其質與量皆不及我。或其生產費之廉不能如我者也。夫如是故可以造成獨占價格。獨占價格者。其價格之高下。惟吾所欲。惟吾所命也。凡物之能造成獨占價格者。其要件有三。

一曰其物之全部或大部分爲我所獨有。二曰其物爲人生日用所必需。三曰其物之生產總額能以人力限制之。故有競爭而生產太多。則獨占價格不成立。欲造獨占價格。必先杜絕競爭限制生產。及夫獨占之勢既成。則全世界之欲得此物者。不得不俯伏以丐諸我。我雖十倍其值。而人莫能靳矣。此術也。泰西諸國近十餘年來大行之。現在徧美國之託辣斯。其代表也。其法先兼併同業者。使之就我範圍。次乃察全國或全世界消費此物之總額約共幾何。如其數以製造之。使求常過於供。而價自不得不騰。而利遂常歸於己。美國產業所以以雷霆萬鈞之力。震壓歐洲。使歐洲諸先進國恐慴而困於防禦者。皆以此也。夫此等手段。以道德之原則律之。其爲不正。固無待言。然在列國並立之世。「國際無道德」一語。已深中於人心。弱肉強食。何國蔑然。苟有可以利吾國者。遑恤其病及人國。此實現今列國商戰之慘狀。我國人所蘧然未嘗覺者也。而豈知發明此術實行之而灼著成效者。乃在管子。管子之治鹽也。知其物爲齊所獨有。又知其爲梁趙宋衞濮陽所必需。乃限制其生產額而昂其價。坐收十倍之利。此卽今世託辣斯所用之手段。所至辟易而莫能禦者也。特託辣斯之利。私人占之。管子則由國家行之耳。夫以現今歐洲各國之產業家。猶不能敵美國一私人之託辣斯。況當管子之時。各國之政府人民無一解經濟上之原理者哉。以之與管子遇。直如卵之見壓於泰山而已。此管子之所以奏全勝也。

抑獨占價格者。又非必吾所自產之物而始能行之也。卽吾所本無之物。亦能行之。蓋有資本則能盡籠百貨使歸於己。令天下之欲得貨者。不能舍我而他求。則價之高下。又惟我所命矣。此謂買賣獨占是也。管子既以獨占鹽利之故。一舉而攫他國之金萬餘斤。資本之豪。既舉世莫敵。於是復相時變察物情。以斂輕散重之術行諸他物。而其第二次所獨占者卽金也。天下所有金本不多。其產額之增加。更不能驟。當時之金。蓋天然具有能獨占之性質者也。金之大部分。已在齊政府。齊政府鑰之不使出。金價固已騰貴矣。而彼復令民之賀獻出征籍者必用金。則齊國境內之金價愈騰。而各國民之有金者。競輸之於齊以求利。若水就下。此必然之勢也。此又徵諸現今之實例而可知也。今英國之英倫銀行。若因紙幣準備金缺乏之故。而欲吸收正金。則抬高其利率。使出他國之上。則德法美俄各國之金。滔滔而注入英國。若水就壑。其於金也。欲抬之來則來。欲麾之去則去。惟英倫銀行所欲。無不如意也。不解經濟學理者驟聞之。鮮不以爲奇。不知此乃一定之原則。如一加一之必爲二也。管子惟深明此理。故能以術盡籠天下之金。使歸於齊。夫至天下之金既歸於齊。則各國皆以乏金之故。其金價之昂。必與齊等。或視齊更甚焉。然金價之漲落。恆與物價之漲落成反比例。各國之金價大騰。則各國之物價大賤必矣。於是管子又得施其輕重之術。

管子第三次所獨占者則穀也。穀爲人生日用必需之品。其爲力固已至偉。而當時兼用之爲貨幣。故其影響於國民經濟。視今爲尤重。天下之金既聚於齊國政府。則無論在齊國在外國。而百物之價。皆不得不賤。穀亦其一也。然穀以兼爲貨幣之故。則雖對於金而見爲賤者。對於他物而猶見爲貴。於斯時也。管子則利用其金以謀獨占天下之穀。先出政府之金。以購境內之穀。使齊國境內之穀價。高於鄰國。則鄰國民之趨利者。自相率輦其穀而輸諸齊。故其言曰『滕魯之粟釜百。(言每釜值百錢)則使吾國之粟釜千。滕魯之粟。四流而歸於我。若下深谷。』(輕重乙篇)又曰『彼諸侯之穀十。(言其價爲十也)使吾國穀二十。則諸侯穀歸於吾國矣。』(山至數篇)夫齊政府既盡籠天下之金。即出其一部分以市穀。其金固未散盡。其優勢固猶足以制天下也。而一轉圜間。天下大部分之穀。又爲齊所獨占。故以瀉鹵之齊。(史記貨殖列傳云齊地瀉鹵)其地不產穀者四之一。而常能以多穀雄於天下。齊政府既握金穀之二大權。時其盈虛以操縱天下百物。天下百物之價。遂成爲齊政府之獨占價格。高下悉惟其所命矣。

然此種政策。非一度用之而遂可以永保優勢也。必須賡續常用而罔或失其機宜。管子又言曰。

（地數篇）夫本富而財物衆。不能守則稅於天下。（稅於天下義見前）五穀興豐。巨錢而天下貴。則稅於天下。然則吾民常爲天下虜矣。夫善用本者。若以身濟於大海。觀風之所起。天下高則高。天下下則下。天下高我下。則財利稅於天下矣。

（輕重乙篇）衡者使物。一高一下。不得常固。

（輕重甲篇）輕重無數。物發而應之。聞聲而乘之。

（山權數篇）軌守其數。准平其流。動於未形。而守事以成。物一也而十。是九爲用。徐疾之數。輕重之筴也。一可以爲十。十可以爲百。引十之半而藏四。以五操事。在君之決塞。

（輕重甲篇）萬物通則萬物運。萬物運則萬物賤。萬物賤則萬物可因矣。知萬物之可因而不因者。奪於天下。

（地數篇）夫齊衢處之本。通達所出也。游子勝商之所道。人求本者。食吾本粟。因吾本幣。出令有徐疾。物有輕重。然後天下之寶。壹爲我用。善者用非有。使非人。（按謂非我之所有者而我能用之非我之人民而我能使之也）

要而論之。管子之經濟政策。不外以金穀御百物。而復以金與穀互相御。此政策一面用以對內。一面用以對外。其用之對內也。凡以爲對外之地也。以管子之識。管子之才。既自造此優勢。而復自乘之。因以控制天下。天下各國人民養生送死之具。其柄無不操自管子。予之奪之。貧之富之。皆惟管子所命。然則各國欲不爲齊役也得乎。

「桓公問管子曰。請問用兵奈何。管子對曰。戰衡戰准戰流戰權戰勢。五戰而至於兵。」（輕重甲篇）然則管子所以能九合諸侯一匡天下者豈有他哉。本對外經濟政策之成功而已。今請舉其成功之跡。

（輕重戊篇）桓公曰。魯梁之於齊也。蠭螫也。齒之有脣也。今吾欲下魯梁何行而可。管子對曰。魯梁之民俗爲綈。公服綈令左右服之。民從而服之。公因令齊勿敢爲。必仰於魯梁。則是魯梁釋其農事而作綈矣。桓公曰。諾。卽爲服於泰山之陽。十日而服之。管子告魯梁之賈人曰。子爲我致綈千匹。賜子金三百斤。什至而金三千金。則是魯梁不賦於民財用足也。魯梁之君聞之。則敎其民爲綈。十三月而管子使人之魯梁。魯梁郭中之民。道路揚塵。十步不相見。絏繑而踵相隨。車轂齺騎連伍而行。管子曰。魯梁可下矣。公曰。奈何。管子對曰。公宜服帛。率民去綈。閉關毋與魯梁通使。公曰。諾。後十月。管子令人之魯梁。魯梁之民餓餒相及。應聲之正無以給上。（應聲之正謂急速之賦正音征）魯梁之君卽令其民去綈修農。穀不可以三月而得。魯梁之人糴十百（穀斗千錢）齊糴十錢（穀斗十錢）二十四月。魯梁之民歸齊者十分之六。三年。魯梁之君請服。

（又）桓公問於管子曰。萊莒與柴田相并。爲之奈何。管子對曰。萊莒之山生柴。君其率白徒之卒。鑄莊山之金以爲幣。重萊之柴賈。萊君聞之。告左右曰。金幣者人之所重也。柴者吾國之奇出也。以吾國之奇出盡齊之重寶。而齊可并也。萊卽釋其耕農而治柴。管子卽令隰朋反農。二年。桓公止柴。萊莒之糴三百七十。齊糴十錢。萊莒之民降齊者十分之七。二十八月。萊莒之君請服。

（又）桓公問於管子曰。楚者山東之強國也。其人民習戰鬬之道。舉兵伐之。恐力不能過。兵弊於楚。功不成於周。爲之奈何。管子對曰。卽以戰鬬之道與之矣。公曰。何謂也。管子對曰。公貴買其鹿。桓公卽爲百里之城。使人之楚買生鹿。楚生鹿當一而八萬。管子卽令桓公與民通經重藏穀什之六。令左司馬伯公將白徒而鑄錢於莊山。令中大夫王邑載錢二千萬求生鹿於楚。楚王聞之。告其相曰。彼金錢人之所重也。國之所以存。明王之所以賞有功。禽獸者羣害也。明王之所以棄逐也。今齊以其重寶貴買吾羣害。則是楚之福也。天且以齊私楚也。子告吾民急求生鹿。以盡齊之寶。楚民卽釋其耕農而田鹿。管子告楚之賈人曰。子爲我致生鹿二十。賜子金百斤。什至而金千斤也。則是楚不賦於民而財用足也。楚之男子居外。女子居涂。隰朋教民藏粟五倍。楚以生鹿藏錢五倍。管子曰。楚可下矣。公曰。奈何。管子對曰。楚錢五倍。其君且自得而修穀。錢五倍。是楚強也。桓公曰。諾。因令人閉關。不與楚通使。楚王果自得而脩穀。穀不可三月而得也。楚糴四百。齊因令人載粟處芊之南。楚人降齊者十分之四。三年而楚服。

(又)桓公問於管子曰。代國之出何有。管子對曰。代之出狐白之皮。公其貴買之。管子曰。狐白應陰陽之變。六月而壹見。公貴買之。代人忘其難得。喜其貴買。必相率而求之。則是齊金錢不必出。代民必去其本而居山林之中。離枝聞之。必侵其北。離枝侵其北。代必歸於齊。公因令齊載金錢而往。桓公曰。諾。卽令中大夫王師北將人徒載金錢之代谷之上。求狐白之皮。代王聞之。卽告其相曰。代之所以弱於離枝者。以無金錢也。今齊乃以金錢求狐白之皮。是代之福也。子急令民求狐白之皮以致齊之幣。寡人將以來離枝之民。代人果去其本。處山林之中。求狐白之皮。二十四月而不得一。離枝聞之。則侵其北。代王聞之大恐。則將其士卒葆於代谷之上。離枝遂侵其北。王卽將其士卒願以下齊。齊未亡一錢幣。修使三年而代服。

(又)桓公問於管子曰。吾欲制衡山之術。爲之奈何。管子對曰。公其令人貴買衡山之器械而賣之。燕代必從公而買之。秦趙聞之。必與公爭之。衡山之械器必倍其賈。天下爭之。衡山械器必什倍以上。公曰諾。因令人之衡山求買械器。不敢辯其貴賈。齊修械器於衡山十月。燕代聞之。果令人之衡山求買械器。燕代修三月。秦國聞之。果令人之衡山求賣械器。衡山之君告其相曰。天下爭吾械器。令其賈再什以上。衡山之民釋其本修械器之功。齊卽令隰朋漕粟於趙。趙糴十五。隰朋取之石五十。天下聞之。載粟而之齊。齊修械器十七月。修糴五月。卽閉關不與衡山通使。燕代秦趙卽引其使而歸。衡山械器盡。魯削衡山之南。齊削衡山之北。內自量無械器以應二敵。卽奉國而歸齊矣。

此管子以商戰滅人國之成效也。由今觀之。其道雖若近於滑稽。然實有至理存焉。近世之言國民經濟學者。皆謂一國之中。必須各種產業。同時發達。萬不可有所偏廢。就中如日常生活必需之品。尤當自產之。而不可仰給於外人。卽如現在英國。惟務工商。農業日廢。雖已富甲天下。而國中有識者。猶憂之。當英國廢止穀物條例時。（事在西曆千八百四十六年）其反對黨昌言曰。今國之民食。仰諸鄰封。一旦有事。敵國閉關不與我通。我勢不得不乞降。是明毀政治之獨立。而使我民爲人虜也。云云。幸而英國穀食。非專仰給於一國。其海軍力又常能優制海權耳。不然。則此一事。固足以病英矣。（前年海運調查官蘇伯里氏猶以此問題質諸當局）而當拿破崙盛時。聯歐洲大陸以行保護貿易。合縱擯英。英且幾蹶。此亦前事之師矣。夫以甲國所生產之物。而專仰消費於乙國。苟乙國一旦停止其需要。則甲國必蹶。以乙國所消費之物。而專仰生產於甲國。苟甲國一旦停止其供給。則乙國必蹶。此自然之理也。在今日各國發達交通盛開。且各國人民互市之自由。以條約規定之。不能以政府之力任意閉關。且一國所生產之物。非必仰需要於一國。而常有多數國與之競爭。一國所消費之物。又非必仰給供於一國。而亦常有多數國與之競爭。則夫欲以經濟政策弱亡人國者。其手段不能如管子之簡易。此無待言。然使我國突然禁鴉片入口。則其影響於印度者何如。使暹羅緬甸突然禁米出口。我國突然禁豆出口。則其影響於日本者何如。是知一國之產業。苟有所偏畸。則敵人既得乘我所豐者以困我。又得乘我所乏者以困我。此保護貿易政策所以爲今世諸國所同趨也。明乎此理。則知當時管子之能行此政策以弱四鄰。必非夸而誕矣。後人多有疑輕重諸篇爲僞書者。孔沖遠黃東發皆極力指摘之。一由此諸篇訛奪特多。幾不能讀。一由其所言經濟學理極爲奧衍。我國此學向不發達。故讀者不能索解。即如此段所列諸條。後人謂爲必無是理。豈知其爲事所必至理所固然者哉。

管子雖用金幣以操縱天下。然其籌國民經濟也。以金幣爲手段。而不以之爲目的。蓋以金幣與財富。截然不同物也。此義也。歐洲學者直至十七世紀以後。始能知之。而管子則審之至熟者也。又貨幣價格之與物價必成反比例也。貨幣數量之與物價必成正比例也。此義直至斯密亞丹始發明之。而管子則又審之至熟者也。夫以當時並世之人。無一人能解此理。無一人能操此術。而惟管子以宏達之識。密察之才。其於百物之情狀。視之洞若觀火。而躬筦其機以開闔之。安得不舉天下而爲之役哉。

第十二章　管子之外交

管子生列國並立之世。而欲以區區之齊稱霸於天下。則外交其不可不謹也。管子之外交。首在審天下之大勢。觀己國所處之位置。何如然後應之以施政策焉。其言曰。

（霸言篇）強國衆。合強以攻弱以圖霸。強國少。合小以攻大以圖王。強國衆而言王勢者。愚人之智也。強國少而施霸道者。敗事之謀也。夫神聖視天下之形。知輕重之時。視先後之稱。知禍福之門。強國衆先舉者危。後舉者利。強國少先舉者至後舉者亡。

此管子泛論形勢之言也。而當春秋之時代。則衆強並立。勢鈞力敵。管子以爲是當稱霸道之時。故曰

（樞言篇）有制人者。有爲人之所制者。有不能制人人亦不能制者。人衆兵強而不以其國造難生患。天下有大事。而好以其國後。如此者。制人者也。人不衆。兵不強。而好以其國造難生患。恃與國。幸名利。如此者。人之所制也。人進亦進。人退亦退。人勞亦勞。人佚亦佚。進退勞佚。與人相胥。如此者。不能制人人亦不能制也。

管子既持此宗旨。故桓公初政屢議征伐。而管子皆力沮之。凡不欲以其國先天下也。既知己矣。又當知彼。其知彼之術奈何。

（小匡篇）使隰朋爲行。曹孫宿處楚。商容處宋。季勞處魯。徐開方處衛。匽尚處燕。審友處晉。又游士八千人。奉之以車馬衣裘。多其資糧財幣。使出周游四方。以收求號召天下之賢士。飾玩好。使出周游四方。鬻之諸侯。以觀其上下之所貴好。

凡此皆所以審敵情而謀對之之策也。然管子之制天下也。以商戰而不以兵戰。故觀各國上下所貴好。爲其最要之手段。其對外經濟政策之所以能施者。皆以此也。

此言其外交之大略。至其征伐會盟之事。當於末章別論之。

第十三章　管子之軍政

管子言五戰然後至於兵。則軍事似非其所甚重。然管子之論兵術與治軍政。皆有非後人所能及者。請更述之。

管子之治兵。皆務不戰而屈人。非待戰而後屈人者也。其言曰。

（七法篇）爲兵之數。存乎聚財而財無敵。存乎論工而工無敵。存乎制器而器無敵。存乎選士而士無敵。存乎政教而政教無敵。存乎服習而服習無敵。存乎徧知天下而徧知天下無敵。存乎明於機數而明於機數無敵。故兵未出境。而無敵者八。是以欲正天下者。財不蓋天下。不能正天下。財蓋天下而工不蓋天下。不能正天下。工蓋天下而器不蓋天下。不能正天下。器蓋天下而士不蓋天下。不能正天下。士蓋天下而教不蓋天下。不能正天下。教蓋天下而習不蓋天下。不能正天下。習蓋天下而不徧知天下。不能正天下。徧知天下而不明於機數。不能正天下。

故聚天下之精財。論百工之銳器。春秋角試。以練精銳爲右。成器不課不用。不試不藏。收天下之豪傑。有天下之雄駿。故舉之如飛鳥。動之如雷電。發之如風雨。莫當其前。莫害其後。獨出獨入。莫敢禁圉。

此其言雖若老生常談。然軍政之本。盡於是矣。今日中國之言治兵者。財政紊亂而不思理。兵器皆仰給於人而不能自製造。法令廢弛不一整頓。人才消乏不思蓄養。世界大勢。懵無所知。而日日以練兵爲言。其視管子抑何遠哉。管子又曰。

（九變篇）凡民之所以守戰至死而不德其上者。有數以至焉。曰大者親戚墳墓之所在也。田宅富厚足居也。不然則州縣鄉黨與宗族足懷樂也。不然則上之教訓習俗慈愛之於民也厚。無所往而得之。不然則山林澤谷之利足生也。不然則地形險阻易守而難攻也。不然則罰嚴而可畏也。賞明而足勸也。不然則有深怨於敵人也。不然則有厚功於上也。此民之所以守戰至死而不德其上也。

（兵法篇）舉兵之日而境內貧。戰不必勝。勝則多死。得地而國敗。此四者用兵之禍者也。舉兵之日而境內不貧者。計數得也。戰而必勝者。法度審也。勝而不死者。教備器利敵不敢校也。得地而國不敗者也。因其民也。

（七法篇）凡攻伐之爲道也。計必先定於內。然後兵出乎境。是故張軍而不能戰。圍邑而不能攻。得地而不能實。三者見一焉。則可破毀也。故不明於敵人之政。不能加也。不明於敵人之情。不可約也。不明於敵人之將。不先軍也。不明於敵人之士。不先陳也。是故以衆擊寡。以治擊亂。以富擊貧。以能擊不能。以教卒練士擊毆衆白徒。故百戰百勝。

（霸言篇）故善攻者。料衆以攻衆。料食以攻食。料備以攻備。以衆攻衆。衆存不攻。以食攻食。食存不攻。以備攻備。備存不攻。釋實而攻虛。釋堅而攻脆。釋難而攻易。

（兵法篇）五教者。一曰教其目以形色之旗。二曰教其身以號令之數。三曰教其足以進退之度。四曰教其手以長短之利。五曰教其心以賞罰之誠。

以上所舉。皆兵事上之格言。兵家所當服膺者也。書中尙多。不具鈔。

然則管子所實施之軍政何如。

（小匡篇）桓公曰。吾欲從事於天下諸侯。其可乎。管子對曰。未可。君若欲正卒伍修甲兵。則大國亦將正卒伍修甲兵。君有征戰之事。則小國諸侯之臣。有守圉之備矣。然則難以速得意於天下。公欲速得意於天下諸侯。則事有所隱。而政有所寓。公曰。爲之奈何。管子對曰。作內政而寄軍令焉。爲高子之里。爲國子之里。爲公里。三分齊國以爲三軍。擇其賢民使爲里君。鄉有行伍卒長。則其制令。且以田獵因以賞罰。則百姓通於軍事矣。

桓公曰善。於是管子乃制五家以爲軌。軌爲之長。十軌爲里。里有司。四里爲連。連爲之長。十連爲鄉。鄉有良人。以爲軍令。是故五家爲軌。五人如伍。軌長率之。十軌爲里。五十人爲小戎。里有司率之。四里爲連。故二百人爲卒。連長率之。十連爲鄉。故二千人爲旅。鄉良人率之。五鄉一師。故萬人一軍。五鄉之師率之。三軍。故有中軍之鼓。有高子之鼓。有國子之鼓。春以田曰蒐。振旅。秋以田曰獮。治兵。是故卒伍政定於里。軍旅政定於郊。內教既成。令不得遷徙。故卒伍之人。人與人相保。家與家相愛。少相居。長相遊。祭祀相福。死喪相恤。禍福相憂。居處相樂。行作相和。哭泣相哀。是故夜戰其聲相聞。足以無亂。晝戰其目相見。足以相識。驩欣足以相死。是故以守則固。以戰則勝。君有此教士三萬人。以橫行天下。誅無道。以定周室。天下大國之君。莫之能圉也。

此管子軍政之組織。而後世學者多能道之者也。其所謂事有所隱。而政有所寓者。此自當時交通未盛。謹守秘密之一妙用。非可以適用於今日。至其所以養成軍國民之精神者。則百世下猶當師之也。昔希臘之斯巴達。以武德震耀古代。其敎民也。使之共卓而食。及其從軍。則共食者共死生焉。近日日本以各師團各隊。大率以各縣各郡之民分隸之。使其民當未爲兵以前。固已相習。既爲兵。而愛情日以固結。則於其戰也。其互保名譽。互捍患難之情更熾。管子所謂驩欣足以相死也。夫兵之所以強。以愛國心爲第一義。固無論矣。然常人之情。愛國心恆不如愛鄉心愛親友心之烈。既已激發其愛國心矣。而復利用其愛鄉心愛親友心以爲之導。則其感發愈速。而收效愈神。曾胡羅李諸公之治湘軍。其將校士卒之所以冒百險而不辭。經屢敗而不悔者。其發於急公赴義之誠。不過十之一二。而其急父兄師友戚鄙之難者。乃什而八九也。此實深得管子之遺意者也。

（小匡篇）三歲治定。四歲敎成。五歲兵出。有敎士三萬人。革車八百乘。諸侯多沈亂。不服於天子。於是乎桓公東救徐州，分吳半，存魯蔡陵，割越地，南據宋鄭，征伐楚，濟汝水，踰方地，望文山，使貢絲於周室，成周反胙於隆嶽，荆州諸侯莫不來服。中救晉公，禽狄王，敗胡貉，破屠何，而騎寇始服。北伐山戎，制泠支，斬孤竹，而九夷始聽，海濱諸侯莫不來服。西征攘白狄之地，遂至於西河，方舟投柎，乘桴濟河，至於石沈，縣車束馬，踰太行與卑耳之貉，拘秦夏，西服流沙西虞，而秦戎始從。兵一出而大功十二，故東夷西戎南蠻北狄中諸侯國莫不賓服。與諸侯飾牲爲載書，以誓要於上下薦神，然後率天下定周室，大朝諸侯於陽穀。故兵車之會六，乘車之會三，九合諸侯，一匡天下。

嗚呼，管子之功偉矣，其明德遠矣。孔子稱之曰：如其仁，如其仁。又曰：微管仲，吾其被髮左衽矣。太史公曰：管仲之爲政也，善因禍而爲福，轉敗而爲功，將順其美，匡救其惡，故上下能相親也。是以齊國遵其政，常強於諸侯。嗚呼，如管子者，可以光國史矣。

飲冰室專集之二十九

雙濤閣日記

宣統二年庚戌日記

正月

一日

除夕欲次東坡湖字韻爲一詩。迄不能佳。遂棄去。然坐此竟夕不成寐矣。晨起。率兒曹遙祝高堂年禧。禮畢。寫心經一卷以爲親壽。

二日

摹孔宙碑龍藏寺各半葉。臨聖教序半葉。摹聖教序已七過。臨始於此日。擬日課半葉。

三日

摹孔宙碑龍藏寺各半葉。臨聖教序半葉。午後。偕覺頓。芹甫。嫻兒。如神戶。欲買杜鵑花作供。先詣領事館小坐。張隱南出所藏書畫相示。流連展玩。既而遇雪。遂廢看花之約。在領事館晚食乃歸。隱南藏有趙松雪著色山水畫十軸。極佳。余不嫻賞鑒。覺頓謂非贋鼎也。從隱南處借錢東澗有學集鈔本。及王荆公詩集李註本歸。　枕上讀有學集。盡四卷。以上四日補記

四日

摹孔宙碑龍藏寺各半葉。臨聖教序半葉。　發秉三擎一書各一。　得擎一君勉書。擎一書言滬上紛傳我已歸滬且在太和館有大書飲冰室主人定座者聲影相映不審其意何居

東報言。昨日有美國觀光團至蘇州。被兵士數百圍而狙之。負傷者數人。茲事卽不起交涉。亦損威重矣。小民排外不足異。所異者乃在兵士也。

午後復過覺頓作葉子戲。十一時始歸。據李註本校所藏荊公集。盡七卷。　新年自放逸。游戲數日。至今日爲止。

一時半就榻。枕上讀有學集。

五日

十一時起。　摹孔宙碑半葉。　讀報紙。

江西鐵路已收股份銀八十萬兩。今復決議再募社債二百萬兩。若應募足額。則竣工可望云。此事前途如何。實不敢言。蓋我國資本之枯竭。今日實已達極點。不賴外債。幾於一事不能舉矣。

荷蘭國會忽然有擴張軍備之議案。各國莫不駭詫。蓋以今日之荷蘭。雖竭其力以治兵。終不能與列强頡頏。此盡人所能知矣。然則今次之議案。其必爲被動。而非自動。無可疑者。客臘喧傳德皇貽書荷蘭女皇。促以治軍。各報館嚚然論其眞意所存。而德人極力自辨。謂無此事。今議案既布。則人言其信矣。夫德人之眈眈以窺荷蘭。既非一日。蓋德人欲執世界之牛耳。其政策首宜挫英。年來汲汲擴張海軍。其心已路人皆見。雖然。其國內無一良軍港。戰端一開。海權悉爲英所握。英雄無所用武爲德人計。惟得荷蘭境內菴士的丹安特和布埃謨丁諸港。庶

足以固其希利哥侖之根本。（希利哥侖者德人新投三千萬馬克築之以爲海軍根據地者）而自英人觀之。則荷蘭若歸敵掌握。而蘇格蘭之門戸圮矣。故自維廉鑑特以來。（英國百年前名相）常以擁護荷蘭爲備大陸之第一義。良非偶然。蓋英德之爭荷蘭。若楚漢之於滎陽成臯也。前此道路流言。謂德人警告荷蘭使整軍備。否則一旦有事德國爲自衞計必當占領之。此說風傳有年。使英人劇心怵目。然猶以爲離間之言。不甚介意也。今此事既現於實。則歐洲外交上之大波瀾。或當從此而起。將來荷蘭或不堪德國之威偪而加入聯邦之一乎。或與比利時相結。而乞庇於英國宇下乎。二者必居一於是。

午後爲嫻兒作藝蘅館文卷第一集敍。 臨聖教序半葉。 梁山舟頻羅庵論書云。帖教人看不教人摹。當臨寫時手在紙。眼在帖。心則往來於帖與紙之間。如何得佳。縱逼肖。亦是有耳目無氣息死人。吾今臨聖教。亦覺手眼闊隔。心馳兩端。頗以爲苦。第欲學書終非痛下臨摹之功不可。吾輩手如野馬。下筆結體。無一合於古人義法。此如孫子教吳宮美人戰。非施以强有力之節制。安能就範。但包慎伯言所臨之字斷不可多。每帖取數十字。多至百言已足。此確是不二法門。蓋字少則心眼與之相習也易。不致馳鶩多失。而此百數十字既爛熟。而實有諸己。則未有不能舉一反三者也。吾喜臨全帖。欲裝成帙以自程。恨未能用包氏法耳。

得擘一碧泉慧儒書。俱卽覆。（按林碧泉林慧儒皆任公先生同鄉）夜作國會期限問題一篇。二千言。十二時成。 校荊公詩自第八卷至第十三卷。 一時就榻。 枕上讀有學集。凡盡兩卷。 三時成寐。

六日 十五日火曜

九時起。 摹孔宙碑半葉。 讀報紙。

東報記廣東新練軍五大隊兵變。城門晝閉。袁海帥方命提督李準。率舊軍防勦。且調桂軍東下云。禍機所發。爲大爲小。未可知。念之忡忡。

昨報蘇州兵戕外人事。其原因乃由看劇兵士欲强闌入劇場。閽者拒之。遂滋鬧。日日言練兵。而所練之兵如此。可爲一哭。

日本審問前此刺殺伊藤博文之韓人安重根。訖。斷以死刑。其同謀三人。監禁三年一年有差。重根曾留學美國。智深勇沈。其刺伊藤。尾之數千里。一擊而殪之。就逮數月。審判累次。今始告終。判官嘗問以當時行刺既成後。何爲不逃。將被逮時何爲不自殺。重根言身爲匡復軍一中將。安有逃理。此身一息尚存。要當留以爲故國之用。豈肯效匹夫自經於溝瀆。且吾正欲使日本之强暴。暴於天下耳。及聞死刑宣告。顏色不變。雖日人亦爲之起敬云。嗚呼。可謂奇男子也已矣。

英國新議會既召集。政府所提出之議案。第一爲去年上院否決之豫算案。第二爲上院改革案。初愛爾蘭國民黨要求首提愛爾蘭自治案。今見此兩案先出。不無怨言。旋經首相阿士喀與愛爾蘭黨領袖列德門協商。卒相提攜云。此次議會。政府黨不能占大多數。愛爾蘭黨舉足左右。便有輕重。今之列德門。猶格蘭斯頓執政時之巴尼爾也。英人謂之爲不冠宰相。

臨聖教序半葉。　摹龍藏寺碑半葉。

作美國最近東方政略記千言。未成　荷公相過。小酌微醺。遂不能屬文。案荷广湯覺頓號　校荆公詩卷十四至十六。二時就榻。枕上讀有學集。

七日十六日水曜

是日德猷自東京至。按德猷任公先生堂弟　覺頓相邀爲人日讌集。遂復游戲竟日。除摹孔宙碑半葉外。一切課皆輟。鬭葉戲將達旦。殊可恥也。　枕上讀外交時報。八日補記

八日十七日木曜

十二時起。　摹孔宙碑半葉。　讀報紙。

廣州之兵變。據日本領事所報告其爲革命黨之陰謀無疑。然發難廑半日而首領已潛逃無蹤。卒至一鬨而散。其志行薄弱。亦可驚也。嗚呼吾國今日無論何種社會皆無人焉

韓俠安重根之母傳語其子曰。汝其死於芳潔。無玷名門。重根聞之感極而泣云。嗚呼不圖亡國之餘。迺見孟博母子。韓於是爲不亡矣。

英國此次再提出之豫算案。必仍遭上院反對。實意中事。聞現內閣。欲仿一千八百三十二年之例。請國王置新貴族。使入上院。以圖制勝云。然以現在形勢觀之。所置新貴族非在百名以外。不能以壓敵黨。此問題之解決。眞不容易。恐不免爲第二次解散議會也。

東報稱自洮南府至伯都訥一帶土地。近頃爲英美俄三國人紛紛買占。蓋以錦愛鐵路將開。欲博重利也。吾因此生兩種感觸。一曰浪擲巨資以開此路之無益。一曰地價差增稅不可不急行。

續撰美國最近東方政略記千言。未成　晚寫書譜半葉。　復作葉子戲達旦。

九日十八日金曜

午後一時始起荒嬉極矣。讀報後摹孔宙碑一葉。第六次摹本卒業。

客臘曾上書南海先生有所規諫其言戇直無禮今日得先生復示反覆曉譬。前事釋然。轉增悚息。先生復寄示二律云。

人間不如意愛念造因微。懽喜生煩惱。功名有是非。青山且面壁。明月自漁磯。宜釋寃親否。從嗟晏歲歸。（原注一有所愛凡重國重君愛家愛人必生仇怨而起無限寃親）

泛舟渺無住。現世亦多更。癡怒猶人相。盈虛觀我生。菜從肉邊煮。藕自淤中橫。無礙蓮花色。清涼自火坑。（原注順受其正隨喜所適何所逃耶不染不捨）

又己酉臘感懷一首云

流亡海外一星周。自笑更生十二秋。得失興亡親歷歷。險巇情僞與由由。閉門種菜英雄老。握髮非人心事休。神傷不敢看時報。花下籐牀播白頭。

先生復以去年在埃及之開羅。所影相見寄。其相乃以全身入埃及人所用石棺中。僅露頭目。洵達人之所爲也。繫以詩云。

蓋棺論定是何人。後死斯文話刦塵。了盡人天偶乘化。此身未死死心新。

是日作美國東方政略記二千言。（未成）論錦愛鐵路問題五千餘言。橫濱商會會報發刊辭千言。自向晚至次日朝暾初上時。凡成八千餘言。固有春蠶食葉之樂。然不規則亦甚矣。

十日十九日土曜

午後三時起。臨聖教序四行。讀報。

英國政界老雄統一黨領袖張伯倫氏以今日躬出席於議會行宣誓禮。老態紛綸。升降須人扶掖。見者無不感動起敬云。英國之例凡議員必須宣誓後乃得投票。張君今年八十四歲。四年前八十榮壽時已置酒別親友。謂將退隱不復聞國事。今茲以忠於關稅改革主義。故去臘今春總選舉時前後四月間演說累三百二十餘度。舌强聲嘶而不肯休。數年來君雖挂名議會。恆不出席。聞今茲將常出席。際重大議案採決時自行投票云。嗚呼鞠躬盡瘁死而後已。張君見之矣。吾專制國民又豈知雍容坐論中有馬革裹屍之烈也。

贖回安徽銅官山事。聞英人允以五萬二千磅準贖云。此事交涉已經年矣。

連得南海三書。開示大道及所以自處者。益恍然自失。即作復

客臘薄有所寄以濟蜕广之急。得復書述伯嚴二小詩以相示。致可誦。錄之。

　窮餓故人常滿眼。未有如公徹骨貧。掌大雪花走相看。科頭呵氣已噤人。

十口虛懸反過之。强搜囊篋以相遺。而翁賸句猶能誦。我且無聊汝可知。

飧後荷广過談至九時。作去年世界大事記跋二千言。作美國東方政略記後論七百言。三時就榻。

十一日二十日日曜

九時半起。有雜客憧擾竟日。是日初摹張遷碑。得兩葉。葉八十四字。夜分校荊公詩。自第十七卷至第二十七卷。

頃巴黎開一萬國摩洛哥公司。專承辦摩洛哥各種事業。擬集資本金二百佛郎。法人占十之五。德人占十之三。

其餘則凡參列於亞基士拉條約諸國分占之。德法兩國政府。要求以法人爲社長。德人爲副社長。近數年來世界之趨勢。强者務相讓而協以謀弱者。此事亦其一見端也。美國滿洲鐵路中立提案。卽利用此種心理。但時機未熟耳。中國將來可怖之境遇。莫過於此。　一時半就榻。

十二日　二十一日月曜

九時起。摹張遷碑一葉。讀報紙。

駐藏幫辦大臣溫宗堯電告政府。謂達賴喇嘛與俄國訂結協約。請政府牒告各國使臣。謂該約非經中國皇帝認可。則作爲無效云云。此固屬亡羊補牢之一種辦法。然其能有所補救與否。實不敢言。蓋西藏已曾於數年前與英國結約。而中國竟不能撓。今茲俄人其有辭矣。就令此約果能以中國皇帝之名義締結之。然將來糾轕之問題。伏根於此者。正不知凡幾。又可斷也。當前年達賴在京時。吾嘗建議謂當設法圈留之。勿使回藏。法當在都別創一莊嚴之寺。一宏壯之達賴府第以居之。崇以國師之號。使其以時入宮說法。以示優禮。而令蒙藏人民欲禮國師者。咸詣京師。一面移練軍一鎭。歸駐藏大臣調遣。以鎭撫其衆。則達賴不至有所憑藉以生事。國初二祖三宗所以馭蒙藏者。皆由斯道。而今日俄人圖藏。亦全襲此故智耳。今前機旣失。不可追矣。此後若猶思維繫西陲。仍非固守列聖之政策而善用之不可。苟當軸得人。亦未始無法可設。惜乎肉食者不足以語此也。

近頃以黑龍江禁米出口。各國公使團向我政府抗議。我國以遏糴爲救荒之一種政策。此自春秋戰國以來。深入人心。牢不可破者。在前此交通未開時。此策或非得已。及今日則生計無國界。無論何種物品。苟需要過於供給。則四方輦而致之者。若水就下。但使人民有金錢足以求諸市。則食之乏。斷非所患也。况我國無一製造品可以出口所恃以易人之財者。惟此區區農產物。此而禁之。何異飲鴆。乃致以此煩交涉。其頑冥眞可哀也。嗚呼。常識之不可以已也如是夫。

今日英國政界現象或稱之爲小黨制大黨之時代。蓋自由統一兩大政黨。其所占議院席相去僅一票。（正月總選舉之結果自由黨得二百七十二名統一黨得二百七十一名）故愛爾蘭國民黨及勞傭黨之兩小黨者。舉足左右。便有輕重。兩大黨皆不得不思所以結其懽心。故曰小黨制大黨也。據近數日所報。則愛爾蘭黨。勞傭黨。提出種種條件以要求現內閣。現內閣不堪其脅逼。殆將與之分張。果爾。則現內閣之蹶。可立而待也。雖然。以吾度之。愛爾蘭黨所持愛爾蘭自治主義。與統一黨所持大帝國主義。恰立於反對之兩極端。而統一黨之分子。以貴族富族爲中堅。與勞傭黨之利益更不相容。故此兩小黨。欲自結於統一黨以達其目的。無有是處。而愛爾蘭黨與自由黨之親交。已閱二十年。而現內閣之重鎮。埒特佐治。又與勞傭黨有特別之關係。故吾料此兩小黨必不至與現內閣分攜。今所持以要挾者。終當交讓以解決。而政府所提諸案。在下院當無甚難關。其苦現內閣者。仍在上院耳。上院頑抗不屈。必再解散而行選舉。其時則現內閣之運命所攸決也。

午後爲嫺兒輩講說文解字敍。　摹龍藏寺碑半葉。唐以前諸碑帖。其結體皆雄偉。有龍跳虎臥之概。吾書溺俗已久。結體直無一與古人合。故愈弄姿而愈增其醜。今後惟當於此痛下苦功。

發碧泉柳隅若海子堅各一書。　二時就榻。

十三日　二十二日火曜

今日爲今上萬壽節。以大喪未滿二十五月。罷朝賀。

十一時起。寫張遷碑二葉。第一通畢業讀報紙。埃及首相敎特拉。爲其國民黨所刺。近世以軍隊警察日發達。暴動極不易。而暗殺歲必數報。亦可謂一時代之現象也。

午後作一長箋上南海。並附箋與鏡如。遂休暇。

夕慶聖節。聚家人羣飮。有醉意。遂相將作葉戲。

二時就榻。酒上腦不成寐。枕上見隱南見寄人日感懷詩。次韻和之。五時乃成。

中年更哀樂。稍解惜流光。百歲幾燈夕。天涯一草堂。好春仍到眼。輕夢似還鄕。作意酬佳節。花前累十觴。

料得巒巢內。華星照夜堂。有人浮大白。伴婦織流黃。覓句勝消瘦。逃禪得坐忘。誰能問時事。復取惱詩腸。

五時半復就榻。

十四日二十三日水曜

十一時起。寫張遷碑一葉半。讀報紙。

戴鴻慈死去。庸庸厚福。此公爲最矣。

午後爲人强拉赴宴。往神戶。卽宿於商旅別所。十五日補記

十五日二十四日木曜

七時起。往書坊購書數種。十時返寓。

寫張遷碑二葉。復君勉子芝各一箋。

南海先生以詩見寄。

讀後漢書樊宏陰識傳。嫺兒讀史欲爲劄記而苦無津逮舉此似之

樊重欲作器物。先種梓漆。時人嗤之。然積以歲月。皆得其用。向之笑者。咸求假焉。凡欲成大業者。必不可有見小欲速之心。蓋人類所以異於禽獸。文明人所以異於野蠻者。以其能知有將來而已。所見將來愈遠。則其成就也亦愈大。治生經世。其道一也。德國人最號遲重。每舉一事。常責效於百數十年以後。今世各國所行義務教育之制。國民皆兵之制。皆德人創之於十九世紀之初。而舉世共嗤以爲迂者也。及十九世紀末。則向之笑者咸相師矣。豫章之木生七年而後可識。其所以自爲榮養者。固非朝菌之所得而喻也。

樊重營理產業。物無所棄。課役童隸。各得其宜。生計學之妙用。盡於是矣。今西國所以致富者。其道亦在無棄物而已。至於賑贍宗族。恩加鄉閭。臨終舉素所假貸數百萬。焚削文契。所謂富好行其德者非耶。其後之克昌宜矣。

佛說盛道因果報應。而易亦言積善之家必有餘慶。積不善之家必有餘殃。或疑造物者日稽人簿籍。課其功罪。而一一予以相當之果報。無乃不憚煩。而豈知不然。凡積善者自有致慶之由。積不善者自有召殃之由。自業自得。固不必假手於造物也。若樊氏宗族。先免於湖陽之難。後免於赤眉之難。豈必有鬼神呵護其間。恩德及人。人自不忍見害耳。而不然者。則左傳所謂吾殺人子多矣。能無及此乎。其亡身而禍中子孫。乃必至之符。非必由天奪其魄也。故傳曰天道遠。人道邇。又曰善言天者必有驗於人。

范蔚宗論樊重。所見者大。可誦。

沛王輔事發。貴戚子弟多見收捕。惟樊鯈獲免。非有幸有不幸也。鯈清靜自保之效耳。此亦吾向者天道人道之

說也。詩曰自求多福。

樊梵樊準並推產以讓兄子。家風之美數世不替。盛矣哉。後漢讓產之舉史不絕書。雖由光武明章獎厲節義所致。抑樊氏所以風天下者。亦與有力焉。移風易俗。匹夫有責。蓋謂是也。

樊準請昌明儒學一疏。於東漢風俗所以懿美之故。眞能推見本原。文氣之排奡磅礴。亦至可學。此以賦體入文也。

將樊陰傳與史記田竇傳並讀。感慨係之。此亦兩漢風俗之代表也。

二時就榻。

十六日二十五日金曜

十時半起。寫張遷碑一葉。讀報紙。

加拉吉達電稱達賴喇嘛爲我兵所逼出奔印度。大約將爲寓公於彼地云。果爾則他日之憂正未有艾。微論我現在兵力不足以鎮壓全藏也。藉曰能之。而迷信宗敎之民。終非可純以力取。彼英俄兩國之爭居達賴爲奇貨。皆深知此中消息者也。嗚呼自去年放達賴出京。吾知我對藏政策之無能爲矣。

讀後漢書劉趙淳于江劉周趙傳。爲嫺兒程式

此孝義傳也。後史率別標孝義之名。范書則否。此正以見孝之大也。孝爲庸德。孝而別標傳。則忠也廉也皆宜別標傳矣。傳中諸賢其從政蒞民。皆卓卓有可表見。所謂錫類不匱也。豈徒獨善其身而已。夫能獨善則未有不能兼善者。不能兼善。斯所謂獨善者。亦有未可信矣。

蔚宗論毛義薛包二子。誦其推至誠以爲行。行信於心。而感於人。可謂知本。孟子曰。至誠而不動者。未之有也。不誠未有能動者也。此其效豈僅在一身一家哉。

劉平與賊期約。猶不肯欺。所謂以身殉義。非矯飾所能爲也。其以身代孫萌受刃。此資父事君之明驗。苟有血氣。皆將感動。賊之起敬。非偶然也。

淳于恭見偷刈禾者。恭念其愧。因伏草中。盜去迺起。凡重名節者。亦必重人之名節。斯乃眞錫類之義也。先高祖毅軒公平生行誼類此者甚多。蓋一由施恩於人不願人知。一由諱人之短。不欲人愧。非安仁之仁者。不能如是也。吾行將述一家傳備輶軒之采以厲末俗焉。

復子芝書。答問日本關稅法。　復碧泉書。

擬次韻酬南海先生贈詩先成第三首。

故入泥犂示報身。住胎說法幾千春。經過影事留蠶紙。不斷芳心擣麝塵。隱几可能吾喪我。陟隍方歎國無人。苦求解脫成何事。繙曰因緣合受辛。

飧後過荷庵小談。　歸寓摹龍藏半葉。聖教序半葉。臨聖教序四行。　爲嫻兒批點日記。

作官制與官規千言。未成　一時半就榻。　枕上讀天台四教儀講義。織田得能著已成寐。爲重衾所蒸。遽然而覺。起和南海先生詩。復得二章。將五時矣。

觚棱回首是河梁。十二年中各遯荒。難以焦頭完火宅。枉將奇夢發明王。出生入死行何畏。轉綠回黃究可傷。靑史恐隨弓劍盡。鼎湖西望最淒涼。

年年歲歲見恆河。童耄侵馳意若何。夢後天涯芳草謝。別來淨土落花多。逝將去汝翔寥廓。何事千人有網羅。

萬法本來毛孔現。百年況是隙中過。

十七日（二十六日土曜）

昨夜竟夕不成寐。晨間臥聽嫻兒讀書。久之睡去。

十時起。寫張遷碑一葉。讀報紙。

加拉吉達電報稱達賴出奔印度。愬吾之暴於英。而英國各報。咸責前此撤兵之非計。度此次英之干涉。未有已也。吾國統治西藏策。一誤於光緒三十二年。聽達賴與英結約而不過問。再誤於去年之放達賴出京。今茲殆不可收拾矣。趙氏兄弟此舉。其英斷實可佩（度必有主之者。吾揣得一人焉。未敢斷也）惜乎其於覘鄰之道未察也。近來大吏舉措差强人意者有二事。一曰錦愛鐵路。二曰撻伐西藏。皆政治上一種大計畫。而外交上皆緣此多事。甚矣常識之不易也。

土耳其與布加利亞宣戰。巴爾幹半島五十年來迄無寧歲。滋可厭也。抑可鑒也。

仲策塡一詞壽我。仲策詞大進。吾甚畏之。

齊天樂（壽伯兄　庚戌正月）

東風已着柔條綠。烟斂翠微重見。青眼迎春。寒窗嚼雪。誰識當年幽怨。蓬萊乍淺。認怨葉題紅。桃花人面。幾度凝眸。高樓飛入故巢燕。　天涯鷗鷺去遠。相思誰見得。夢魂沈斷。夜汐還崖。春波入海。空憶東華紅軟。柔情一線。倩燕燕丁寧。莫愁歸雁。打疊閑情。歲華殊未晚。

竟一日之力成次韻奉酬南海先生六章全錄如下.

觚棱回首是河梁.十二年中各遜荒.難以焦頭完火宅.枉敎奇夢發明王.出生入死行何畏.轉綠迴黃究可傷.青史恐隨弓劍盡.鼎湖西望最淒涼.

年年歲歲見恆河.童耄侵馳意若何.夢後天涯芳草歇.別來淨土落花多.逝將去汝翔寥廓.何事千人有網羅.萬法本來毛孔現.百年況是隙中過.

故入泥犂示報身.住胎說法幾千春.經過影事留蠶紙.不斷芳心擣麝塵.隱几可能吾喪我.陟隍方歎國無人.苦求解脫成何事.齏臼因緣合受辛.

樹蕙滋蘭糅衆香.驪虬乘鷖更翺翔.吉凶同患誰能謝.煢獨無媒忽自傷.未戢垂天供鵩嘆.每循歧路泣羊亡.早知愛業懺難盡.悔向雲山禮道場.

嘗聞九折臂成醫.塡海移山亦我師.履道本來君子坦.睨鄉無那僕夫悲.馬牛呼我我何有.結轖思君君不知.四海少人多豺虎.高飛黃鵠欲安之.

抗懷結想大同時.無佛無魔盡遠離.卻斷因根緣自淨.本無我相彼何其.見灰壺子更奚卵.示疾維摩故大悲.只是諸恩報未盡.忘情太上亦相思.

是日舍作詩外更無他課.　夕飲頗醉.過荷弇談至十二時.　爲嫻兒批點日記.　一時就榻.

十八日　二十七日日曜

九時起.　寫張遷碑一葉.　讀報紙.

十六日上諭將達賴喇嘛革職。（據諭則達賴之逃在正月初三）命駐藏大臣。別選靈實幼童。擇立以爲達賴云。達賴託胎轉生之信仰今已漸薄。別立一人未始不可要在將來所以籠絡之者何如耳英國喀桑氏在上議院向印度事務大臣約翰摩黎質問此事始末及政府辦法。摩黎答以未知詳細。英政府對於此事當嚴守中立。惟達賴喇嘛爲宗教上之高位者統治者受印度數百萬臣民之尊敬英政府必以相當之禮殷勤待之且此次中國舉動實出人意外英必將與中國政府交涉云云。此事爲將來外交上一難題固在意中。我大吏當發難伊始當亦早已計及其所以對英者必有辭矣。但願他日切勿見脅於外而復達賴之職。且勿託詞而罪首事之人則國體庶可以維繫也。

俄羅斯藉口於錦愛鐵路有妨東清鐵路。乃別要求由張家口至庫倫及恰克圖之一路。以爲償云。此事吾早言之矣已失去之權利。不能緣此而恢復分毫所贏得者。更媵以未失之權利耳

聞錦愛鐵路款前此擬借美金五千萬者。今將增爲一萬萬。未知信否。日本報紙言我政府借款之意。並不計及此路之利害何如。惟欲得此款以便挪用耳。此殆最能道破政府諸公之隱衷者。果爾則吾黨日日與論形勢眞搔不着癢處也。

東報又稱英國有要求派兵屯駐廣東省城。保護租界一事。未知信否。以我國之內治日趨腐敗。此等警報。將來續至者。當未有已也。

日本此次借換內債。著著成功。且將形之於外債。以現在全世界金融緩漫之極。各國中央銀行。紛紛引下利子。誠借換公債一絕好時機。惜吾國人懵無所知。不能利用之也。

午后，偕家人往須磨寺訪梅，梅雖非佳，然散策亦致樂也。　寫龍藏寺碑一葉。　前許寫白石詞爲仲弟壽，今日始業。

晚作西藏戡亂問題一篇，二千五百餘言，即寄上海，令趕登第三期報。　二時就榻。

十九日二十八日月曜

十二時起。昨夜不成寐，侵曉始合眼　寫張遷碑一葉。　讀報。

吳郁生繼戴鴻慈後爲軍機大臣，此眞擬議所不及者。官界分野，未易測算也。

英國輿論囂然，訾我對藏政策之橫暴，即其政府大臣宣言於議院，亦謂我此次舉動爲可駭，此眞蔽於感情，不審事理之言也。光緒三十二年中英續訂藏印條約第一款云：『中英兩國必盡力設法使一千九百四年九月七日即光緒三十年七月二十八日所訂之條約得以實行。』夫我之與英，嘗於光緒十九年訂有藏印條約，徒以藏僧屢梗朝命，不能實行，以致英國有侵入拉薩之役。藏僧之所以敢於梗命者，徒以朝廷向示懷柔，而中央權力不能圓滿以施於其地耳。然則我國爲履行條約上之義務起見，安得不强制達賴，使就範圍。苟不爾者，英人能無責言乎？故此次之舉，非特行使我國法上統治權固有之權利，抑亦於國際法上而忠實以行我義務也。英國政府無論若何辯詞巧說，終不能得有干涉之口實。若强欲干涉，是無禮於我國而已。我政府其知之，我國民其知之。

寫白石詞半葉。　寫聖教序半葉。　晚邀荷广小飲，有酒無肴，乃爾醺醉，竟談至十二時。　爲嫻兒輩批點日記。

作籌還國債問題一篇，僅草創大意，成數百言，覺倦憊，亦二時矣，遂就榻。

二十日三月一日火曜

十一時起。寫張遷碑一卷。讀報紙。御史江春霖以劾慶邸免職。此宣統朝譴黜言官之第一次也。追想去年今日。感慨係之。聖彼得堡電。達賴復有書乞援於俄。彼狡悆謾已極。然我外交當局苟有人。英且無辭干涉。俄更何有。寫白石詞二葉。爲國風報作廣告一通。晚寫聖教序一葉。作『籌還國債問題』未成。爲嫻兒輩改所作隗囂竇建德合論。竟至徹夜。復爲批點日記。六時就榻。

二十一日二日水曜

晨間朦朧似夢似覺。枕上聽嫻兒讀書良久。前奉寄南海先生詩第二首芳草謝之謝字。初用盡字。又欲用少字。總覺不安。枕上覆誦。乃改爲歇字。眼前語。竟苦索數日不得。可笑也。愈知學詩當用多改之功也。

九時起。寫張遷碑一葉。第二通竟。讀報。數日來銀價驟大落。前兩月中倫敦行情。大率來往於二十四辨士十六分之三。（銀一安士所值）前日一落而爲二十三辨士十六分之三。昨日更爲二十三辨士八分之三。日金一圓。至値上海銀一兩。正金匯豐諸銀行。皆停止中國匯兌。洵生計上一奇變也。暴落之原因。蓋由印度增課銀塊入口稅。蓋世界之銀塊。供過於求久矣。前此恃印度爲尾閭。自光緒二十九年。印度停止銀幣之自由鑄造。需要日少。然究以境內銀多。民間私鑄甚盛。印政府不得已。乃重課其稅。遏其流入云。然經此次後。銀價恐終無恢復至二十四辨士之日。只有每下愈況耳。而中國則不惟對外貿易。刻刻戒嚴。而外債磅虧。其負擔之增重。殆不知所屆。此猶不思速採金本位制。何異束手待斃耶。

土耳其亦擴張海軍。可謂東家效顰。與中國無獨有偶。

英公使以西藏事件質我外務部。部答以達賴謀叛。故黜之。吾國對於西藏政治。無所變更云。（東報電所述如此。恐有未盡。）又理藩部奏請特派專使往印度與英督交涉。未知所欲交涉者爲何事。竊以爲專爲說明理由。無須派使往印。英國既宣稱嚴守中立。則其禮待達賴。原可置之不問。無爲爲此僕僕也。

達賴兩愬於英俄。英俄方睦。若協以謀我。各於蒙藏交換利益。則旰食之日方長矣。今茲安危之機。全視外交矣。

午後假寐兩小時許。過荷广小談。

晚寫聖教序半葉。憊甚。十時遂臥。

二十二日 三日木曜

八時半起。讀報。作書數函。寫張遷碑半葉。爲嫻兒輩補批昨日日記。

英國政府本擬先提出豫算案。然後及他案。今忽變其戰略。集全力以攻擊上院。其攻擊上院也。本擬先提出上院改造案。今忽先提出上院否決權廢止案。其英斷實可驚。此皆由政府黨不能得大多數。故以此要買愛蘭黨及勞傭黨之歡心也。蓋愛蘭黨之大政綱在愛蘭自治。然此事必爲上院所厄。洞若觀火。苟非從上院否決權爲根本之解決。則其目的終無得達之時。愛蘭黨恐現政府財政案通過以後。將置此於不問。故要求先提此案。否則決不肯爲政府之功狗。勞傭黨對上院之態度。亦大略同之。政府之徇其意。實不得已也。今首相阿咯士宣言。謂將視此案之成否爲去就。其在下院。則自由。愛蘭。勞傭三黨同心敵愾。其得百一十餘名之多數。必能制勝無疑。右在上院則眞與狐謀其皮也。此次或遂屈上院而成爲憲法上一大革命乎。或再解散下院以致政府總辭職乎。二者必居一。於是吾輩又拭目以觀快劇也。

在野黨首領張伯倫宣言謂緊要之財政案不吝協贊。不以小意見誤國家萬機云云。其恢廓之度。與其政治上之德義。實可欽佩。此英之憲政所以爲萬國冠也。然英政府現方以財政案爲第二義。則安知在野黨非以退爲進。得集全力以抗爭上院否決權一案耶。

加拉吉達電稱印度佛敎徒擬舉空前之盛儀。以歡迎達賴。今方在準備中云。是殆有主之者。其野心固可憤。然以奇貨授人誰之責也。

美國海軍部提出製艦案於國會。擬造三萬二千噸之戰艦二艘。每艘須製造費一千八百萬打拉云。卽此二艦已須七千餘萬圓矣。我國今日而欲與海軍猶卻克欲與慶忌競走。寧不可笑。

二十三日四日金曜

是日下午因劉滇生廣東巡警道到神戶。約往相見。遂如神戶盤桓兩日。

二十四日五日土曜　返寓

二十五日六日日曜

昨夕徹夜成國民籌還國債問題一篇。凡七千餘言。是日午前八時始就榻。午後一時起。子芝由長崎來。是日將明治財政史十五巨冊。託劉君棣茂帶交秉三。是日作西藏戡亂問題二千言未成。夜四時就榻。

二十六日七日月曜

十時起。是日爲余初度兒女列隊奉祝。催人老矣。子芝遠道來臨存之致可感也。按子芝李端棨字竟日與親友作戲。除寫張遷碑一葉外。無他課。是日寄國風報第四號稿往上海。以上四日皆二十七日補記

二十七日八日火曜

十時半起。寫張遷碑半葉。讀報。

美國費爾特費之勞傭者約十二萬人。擬爲大同盟罷工。現方著著準備。決於本來復六日陽歷三月十二日實行。屆實行時。則市中一切給役凡需人工者當悉停止。全市黑暗騷擾之象可以想見。據勞傭黨之計畫非至勝敗決定後斷不中餒云。各國報紙咸稱此舉爲有史以來最大之勞傭戰爭。有心人亟欲觀其後效也。

是日偕子芝荷广及家人往大阪觀劇。夜宿神戶。

二十八日九日水曜

二十九日十日木曜　以上二月一日補記。

二月

一日十一日金曜

七時半起。讀報。寫張遷碑一葉。讀日人所著西藏通覽全部。略涉獵一過。下午游戲。

十二時復作張恰鐵路問題三千餘言。未成二時就榻。

連日子芝在此相與談戲。除寫字外。百課俱廢。

四日 十四日月曜

七時起。讀報。寫張遷碑一葉。第三通畢業 龍藏寺碑半葉。昨夕飲酒過度。覺頭痛。十時假寐。至十二時乃愈。是日子芝返長崎。始復理常課。讀政治官報。

讀官報。發鈔江侍御春霖。連劾馮汝騤朱家寶張人駿。朋比謾欺。及專劾慶親王老奸竊位。多引匪人諸摺。慨然想見其爲人。摺中引包拯奏議。彈章有至七上。得請而後已者。謂區區之心。竊願效之。議者或謂僅對於一二人之事。刺刺不休。未免小題大做。甚且誚其欲沽直名。此皆非能知侍御者也。侍御摺有云。方今國會未開。諭旨又禁言官毛舉細故。臣慮言路諸臣。小者謂不必言。大者又不敢言。仗馬寒蟬。習爲容默。而二十二省之憲政。倚辦疆臣之手。敷衍文書。無人舉發。頒布憲法。期以八年。恐未至八年。而天下事已敗壞於督撫之手。而不可收拾也。又云樞臣賢否。實爲治亂攸關。又云敢懇聖明。攬天下才極一時選。古人夢卜求賢。版築屠釣。皆立作相。欲建非常之業。必用非常之人云云。綜觀諸摺。所言皆關大體。而字字是血。句句是淚。洵至誠憂國君子之言也。不圖餔糟啜醨之世。尚有此朝陽鳴鳳。臺垣有光矣。今侍御去矣。宋明諫官之批劾權貴。雖廷杖瘐斃。相接而繼起不衰。所謂往車雖折。來軫方遒。而國之傾而未顛。決而未潰。恆賴乎此。嗚呼。侍御去矣。臺諫諸公。寧讓侍御獨爲君子耶。

日本人之論。每謂中國欲行憲政。當廢都察院。而我國學子。亦多有附和其說者。夫以法理論之。則立憲國有國會與政府相對峙。政府事事須對於國會而負責任。誠無取都察院以厠於其間。而臺諫動以餚人無責任之言。牽掣當道。亦不能謂絕無流弊。雖然。臺諫之言。采用與否。其權固在君主。非如國會對抗政府之力。有憲法以爲之規定。蔑視國會卽爲違憲也。然則臺諫雖稍讙呶。於政體抑有何障害。視之與報館之言論等。不亦可乎。竊謂政治上之監督機關與其闕也。毋寧稍濫。我國將來若能如英國行完全之政黨政治。則都察院洵爲無用之長物。若猶是大權政治。則此機關未可輕議廢棄也。抑此又爲八年以後言之耳。若在今日則政治上獨一之監督機關。惟有此院。院中諸君子。實應行將來國會所行義務之一部分。國家前途。於茲託命焉。諸君子其思所以自處矣。

偶讀度支部議覆南北洋撥款請互相抵撥摺。爲之一歎。

五日 十五日火曜

十一時半起。讀報。寫張遷碑一葉。

江侍御之黜也。陳趙胡三給御合詞請收回成命。不省。以致激動全臺。公上言路無所遵循。請明降諭旨一疏。士氣之昌。差强人意。考言官風烈莫盛於宋明。而以一人之去就。起全臺之公憤者。尙未之前聞。此次之摺。聞不署名者僅一人。此實與全臺無異。臺中自是增一段名譽之歷史矣。顧嘗論之。以宋明氣節之盛。乃未聞有全臺一致如今日者。其故蓋別有在。宋明權臣。無論若何專恣。要莫不有畏憚言官之心。必羅置私人於言路以爲己援。故其言路恆分爲政府黨。與非政府黨之二派。今也全臺皆不黨於政府。洵屬千古美談。然亦可見言路之不足輕重。而政府視同無物也久矣。嗚呼。是亦可以觀世變也。

作西藏問題關係事件調查記五葉。未成 爲嫺兒輩批點日記。二時就榻。

六日 十六日水曜

十二時起。讀報。寫張遷碑半葉。

續作張恰鐵路問題七百言成　續作西藏勘亂問題六千言成　爲嫻兒批點日記。四時半就榻。

七日十七日木曜

八時起。讀報。寫張遷碑半葉。

英國改革上院案已提出於國會。其大恉則變世襲的而爲選舉的。此案若通過。則將來英國上院之性質。當與法國略同矣。英國當一八三二年以前。上院恆爲皇室與政府所倚重。自選舉法改正後。純變爲政黨政治。於是上院非成爲無用之長物。卽出於離立之中間。改革論之起。三十餘年於茲矣。格蘭斯頓羅士勃雷諸老輩以畢生之力鼓吹之。時機未熟。蹉跎不成。今茲其或遂成矣乎。

東報稱哲布尊丹巴此次大助政府攻擊達賴喇嘛。因達賴去年至庫倫時。與彼大生意見。今故報復云。此誠一佳消息。黃敎之大宗有四。一達賴。二班禪。三章嘉呼圖克圖。四哲布尊丹巴。而哲布尊在蒙古之勢力尤極大。其有所言。蒙人奉之如響也。吾曾言今次之變。必須利用章嘉以謀善後。所以不言班禪與哲布尊者。蓋以班禪已爲英所利用。且確知哲布尊久已爲俄所利用也。今哲布尊知尊朝廷。更能以章嘉與之勠力。則藏事庶可定矣。雖然。哲布尊此舉。其或受人嗾使與否。仍未可知。君子不逆詐。不億不信。與其潔。不保其往。謂宜大獎之以勸來者矣。

全臺又有連銜劾滬道蔡乃煌之舉。師子搏兎。亦用全力耶。抑所搏者非兎而實虎耶。

是日以睡不足。寫龍藏碑半葉。午後屢假寐。晚作官制與官規六千言未成。發庇能南洋各地書一封。四時半就榻。

八日 十八日金曜

十二時起。讀報。寫張遷碑半葉。

美國此次議會提出一種新稅目曰奩資稅。凡奩資在千金以上。則稅之。最少者稅千分之二十。多者以累進率遞增。其嫁於外國者。則稅之加重云。此實自美作古之新稅目也。遺產既有稅。則奩資亦宜有稅。同爲財產移轉。受之者同爲不勞而獲。一稅一否。洵爲不公。此稅若行。他國必將有踵之者矣。且美國女子近最喜嫁與歐洲各國中落之勳爵子弟。以求虛榮。其重課之也亦宜。

讀督辦鹽政大臣奏章各種辦事章程。不過多添些差缺而已。不見有一毫之根本改革。所謂新政。大率如此。爲之一歎。

是日寫聖教序半葉。龍藏寺一葉。龍藏寺第一通卒業。爲嫺兒批點日記。作憲政淺說千言。二時半就榻。

九日 闕

十日 二十日日曜

十二時起。讀報。寫張遷碑一葉。爲雜客所擾竟日。晚十二時後。爲嫺兒批點日記。及改所擬請復宋儒王安石從祀孔廟摺。作憲政淺說千言。五時就榻。

十一日 二十一日月曜

諮議局十論論題隨記。諮議局議決權之保障　諮議局與外交　各省諮議局之聯合　諮議局與政黨是日寫張遷碑龍藏寺聖教序各半葉。

未時起。碧泉忽自東京至。與談數時。故日間除寫字外。無他功課。

晚作諮議局與政治問題二千五百餘言。點定中國古代幣材考。且續作千言。點定中國國會制度私議。續作千言。點定論國民當亟求財政常識。續作五百言。作英國政界劇爭記三千言。直至翌晨九時乃就榻。

十二日　二十二日火曜

午後四時始起。誦玉谿醉起微陽若初曙之句。覺別是一種況味也。寫張遷碑龍藏寺碑各半葉

鐵良開陸軍部尚書缺。廕昌代之。鐵良本袁世凱所汲引。及得志則排袁。袁既去。復爲人所排。以有今日。十年以來之政局。則袁世凱之排吾黨也。瞿鴻禨岑春煊之排袁。而爲袁所噬也。端方鐵良之排袁而去之也。端鐵之復爲人所排也。螳螂黃雀。互相搏噬。其他小醜。依附升沈。而國家遂斷送於羣小之手。悲夫。

作臺諫近事感言四千言成。爲嫻兒輩批點日記。四時半就榻。

十三日　二十三日水曜

午後二時起。是日濤貝勒抵日本之馬關。

寫張遷碑龍藏寺碑各半葉。聖教序一葉。點定變鹽法議。並續作千言。成　晚間作上濤貝勒牋。千餘言。未成　覺頭痛

三時半就榻。展轉達旦不能成寐。

十四日　二十四日木曜

晨六時始成寐。午後二時起。

（天）

英政府提出限上院議決權案於下院。其內容凡三端。(一)上院對於財政案。不能否認。不能修正。(二)財政以外之法案。苟在下院連續三會期通過者。雖無上院之同意。亦得成爲法律。(三)議會以五年爲一會期。泰晤士報大攻擊之。謂此案若行。則上院實全等於伴食云。此次英政府處騎虎難下之勢。非摧抑上院氣燄。實無以自存。而上院爲自衞計。必決死防戰。大約非再行總擧。不足以決勝負也。然上院權利之限制。早晚必當實行。英國終必成爲一院制之國。葢可豫言耳。

是日寫張遷碑龍藏寺碑聖教序各半葉。

晚間續作上濤貝勒牋成之。凡四千言。

誦鬱鬱澗底松一章。感慨係之。尚須自寫。厭極輒棄之。且圖美睡。

爲嫻兒輩批點日記。　三時就榻。

十五日　二十五日金曜

十二時起。　寫張遷碑一葉。第四通卒業。　寫龍藏寺碑半葉。

廕五樓與德國某報館訪事語。謂受事後。將實行徵兵制度。且廣興軍事教育。但度支部計必反對。彼將以去就爭之云云。其言實壯。雖然。凡百政策。必相待而始行。徵兵制度。亦豈如是簡單可擧者。況不從財政上立有方案。他事又安能議及耶。

上濤貝勒牋

(前略)立憲之政。惟其實不惟其名。苟實之不擧。而徒欲襲此名。以上下相蒙。未有能濟者也。夫國家之有政治。

猶輪船汽車之有機器也。機器事件有一不具。或雖具而稍有銹壞。則不能以運行。以甲種機器移置於乙種機器。則枘鑿而不相入。其究也歸於兩敗。故古今中外之圖治者。莫急於統籌全局。綱舉然後目張。而我國今日之籌備憲政。譬諸用銹壞之舊機器。雜取他機器之一二事件以攙入之。而又不能具者也。夫自籌備憲政以來。亦既若上下戮力。惟日不足。而某顧乃以此比之者何也。蓋無論欲舉何政。必委諸行政機關。而任之者則在司此行政機關之人。今試以我國行政機關比之東西諸立憲國。其有一相類者乎。以我國行政機關之人比諸東西諸立憲國。其又有一相類者乎。以行政機關論之。則京署與外署不相連絡。京署之中各部與各部不相連絡。外署之中各省府州縣互不相連絡。而無論京署外署。其署內職司復各不相連絡。責任無所歸。功過無所考。冗員充牣。糜帑而不事事。此我國現在行政機關之情狀也。以司機關之人論之。則內外羣僚。其乃心國家忠於職務者。千萬人中不得一二焉。即有一二。又未必明於世界大勢。知立憲國官吏所當有事。惟蹈常習故。致謹於簿書期會之間已耳。然此已其最賢者也。其他則大率恃苞苴奔競以進。視官職為市易之具。巧立名目。罔利自肥。一切要政。悉以敷衍了之。此我國現在司行政機關之人之情狀也。夫以機關則如彼。以司機關之人則如此。此如董仲舒所謂琴瑟不調。甚者必改絃更張。然後可鼓。苟非挈裘振領。正本清源。於整飭紀綱澄肅吏治之道。痛下一番工夫。而務舉其實。則復何一事之能辦者。而今也不然。舊制之弊。舊習之壞。一切因而勿革。而徒騖新政之名。朝設一署。暮置一局。今日頒一法。明日議一章。凡他國所有新政之名目。我幾盡有之矣。然人之有之則以為國利民福之具。我之有之。則以為鑽營奔競之資。信如是也。則不如其無之。猶可以不致濫糜國帑。而斲喪國民之元氣也。且國家凡百庶政。無一不互相連屬。而其緩急先後之序。非統籌全局。則無以劑其宜。同是一要政也。

（天）

往往有非先辦甲事。而乙事萬不能着手者。一誤其序。則並歸於無成而已。乃今之籌備憲政。其本末倒置者不知凡幾。此某之所最爲寒心也。試舉一端論之。夫政無大小。其舉之莫不需財。故欲辦一事。必須將此事所需之財源。立一計畫。確有把握。然後興作。一國財源。只有此數。而應辦之事太多。則權其輕重緩急。而分配務使得宜。此施政之本也。乃還觀我國之財政則何如。歲入不滿二萬萬。而償還外債本息去其六千萬。所餘者乃分配於中央政府。及二十二行省。以爲政費。卽新政一事不辦。夫固已竭蹶不可終日。今也朝設一署局。暮頒一法令。條誥雨集。責吏民以奉行。而奉行之經費。則惟挪東補西。挖肉塡瘡。而絕未嘗有一定之計畫。此而欲其辦有實際。安可得乎。今且勿論他事。殿下所司者。軍政也。請言軍政。陸軍三十六鎭之計畫。創之已數年矣。而考其所以程功之道。則惟有分配各省。而責成於督撫。無論督撫未嘗實心任事也。卽有實心。而費又安從出。各省所入。其支銷皆已前定。而未有一省入能敷出者。今中央政府。責以某省練若干鎭。某省練若干鎭。文告急於星火。而一語及費之所出。則不復能置詞。惟曰飭該督撫。無論如何。必須先儘此款而已。督撫雖極公忠。雖極多才。而無米之炊。云何能致。陸軍既若是矣。而海軍則亦有然。今之籌辦海軍。非欲藉此以自廁於東西諸强之列耶。而試觀現在世界海軍之趨勢則何如。各國每次之擴張案。其經費動十餘萬萬。一戰艦之製造費。動數千萬。今我國之籌辦海軍。其將以爲裝飾之美觀耶。抑期於可以一戰耶。若期於可以一戰。而不先從財政着手。以現今區區之歲入。就令將大小庶政一切停止。而悉舉以投諸海軍。閱十年之久。而吾所成就者。猶不足與歐洲第三四等之海軍國比。況乃列强哉。今於海軍財政。一無所計畫。而惟責各省督撫以報効。報効者雖逾千萬。而遷延年餘。實繳者不及二三十萬。夫恃千餘萬以辦海軍。已如九牛一毛。不知何用而可。況並此而爲虛數也哉。而各督撫所認報効之款。又豈嘗將該省財政通盤籌畫。確見有此餘閒款項。可以隨時提支者。不過以此買政府歡心。得以爲升遷之資。迨升遷他適。而前此所報効之責任。非復吾事矣。凡今日督撫之所以對付政府者。皆是術也。由此言之。則殿下與諸邸雖日夜不遑啓處。以圖陸海軍之發達。而其效又烏可覩耶。然此固不能盡爲各督撫咎也。每歲所入僅有此數。而待支之款。百出而不窮。今日軍諮處及陸軍部曰。無論款項若何緊急。先儘陸軍。明日海軍籌辦處曰。無論若何緊急。先儘海軍。又明日則郵傳部曰。先儘某鐵路。又明日則民政部曰先儘警察。學部曰先儘教育。其他凡百庶政。莫不有然。要其結局。則無論何項。皆不能儘。以其儘無可儘。且雖不儘。而政府亦無辭以相難也。各督撫亦知其然也。故惟悉置不理。一味敷衍遷延以塞責。或揣測某部某處權力較大者。則略爲應酬以謀升遷之地。其他非所問也。然則無論若何良法美意。但以財政不給之故。即閣置不能舉。藉欲舉之。則不過京外文牘往還。塗飾了事。此實我國近數年來政界之現狀。無可爲諱者也。夫使其弊徒在新政之不能舉辦。猶可言也。而最危險者。乃在假新政之名。而日日朘人民之脂膏以自肥。數年以來。各省所興種種雜捐名目猥繁。爲古今中外所未聞。人民之直接間接受其荼毒者。至於不可紀極。殿下特未盡知之耳。苟其知之。必將有瞿然愀然。而一日不能以安者。夫以各國租稅所入與吾相較。則吾民之負擔。似不得云重。雖然。此當視其國民之富力何如。未可以皮相斷也。蓋歐美列强。國民財產平均每人約二千餘圓。其每歲收入贏息。平均每人二百餘圓。故雖納十餘圓之租稅。於國家毫不覺其重。今我國民財產收入。未有調查。雖不能言其實數。然各種生利事業。盡爲外人所奪。十年以來。入口貨物所值。平均過於出口者一萬三千萬兩。合以外債本息。每年漏卮於外者。合計約二萬萬兩以上。積十餘年。爲二三十萬萬兩。民力幾何。奚以堪此。故二三年來。各處城市。破產頻仍。恐慌屢起。今日全國實已至民窮財盡之時。更事誅求。不出數年。悉成餓莩矣。然則國家將一切不取諸民。而坐聽各種新政。經費無著。悉置不辦乎。是又不然。苟能遵財政學之公例。以理一國之財。則自有許多新稅源可以絕不厲民而增國帑數倍之收入者。以某之譾陋。前此曾略擬一中國改革財政私案。竊謂苟能實見施行。則每年得十萬萬元之收入。殊非難事。但非將財政機關從根本以改革之。無從措手耳。今不此之務。而唯竭澤而漁。以朘削貧窶之小民。充其量所得。不能增千數百萬。而舉國已騷然矣。夫民至於不能自贍其生。則鋌而走險。何所不至。無曰養兵卽可以防亂。試觀唐宋元明之末葉。何一非由財政紊亂。釀成鉅變。以至於宗社爲墟耶。試觀英國法國百年前之革命。何一非由賦稅繁重。民不堪命。羣起而與王室爲難耶。夫卽以財政一項論。苟非及今以霹靂手段經理之。而其禍之所極。已不堪設想。況乎今之所謂籌備憲政者。其紛糾而無紀。敷衍而無實。無一非財政之類也。夫苟非迫於時勢之萬不得已。則亦何取乎立憲。旣曰立憲矣。苟徒襲其名。思以塗飾天下耳目。而實際乃與立憲政治之原則相反。則將來患之所中。必有視專制爲更甚者。彼波斯土耳其兩國。固與我國同一年宣布立憲者也。徒以陽託其名。而陰反其實。遂以釀成大亂。兩國之皇室。幾覆焉。殷鑒不遠。此去年事耳。今者舉國官吏見朝廷立憲明詔。三令五申也。則人人自託於籌備。觀其奏報之文。雖若甚美。而究其實心實力忠於國家忠於憲政者。能有幾人。大率借此爲干進之階。罔利之途。擇肥而食。飽則颺去耳。彼輩視官職爲傳舍。精華已絕。褰裳去之。國之安危。於己無與也。故人人明知外患內憂之岌岌不可以終日。顧各懷得過且過之心。若殿下則安能。殿下與國家爲一體。與朝家爲一體。國家朝廷萬年有道。則殿下安富尊榮。與天無極。國家朝廷脫有不諱。則殿下欲爲長安一布衣。豈可得耶。某豈好爲此不祥之言。實有見夫今日官方之頹壞如彼。民力之彫悴如此。

而徒日託於籌辦新政。毫不審緩急先後之序。絕不爲綜覈名實之謀。此如久病之夫而雜進庸醫之藥。不至速其死生而不止。此某所爲椎心泣血而不自覺其言之戇也。俄奧兩國關於巴爾幹問題有所協定。雖其內容如何未能詳悉。要之實歐洲國際政局日趨平和之兆也。蓋巴爾幹問題實起於十九世紀之中葉。迄今垂六十年。未嘗一日寧息。而此問題實可分之爲二。其一則巴爾幹半島內各國緣政治之腐敗人種宗教國性之衝突爲巴爾幹人民自身之憂患者也。其二則列強之與巴爾幹有關係者。常生出政治上外交上之衝突。爲歐洲共同之憂患者也。所謂列強之衝突。舉凡全歐各國。殆無一能免。然其最緊要之脈絡。莫如俄奧對抗。自巴黎條約柏林條約以來。非惟不能緩和其勢。且常若加增之。去年奧人忽將坡士尼亞赫斯戈維納兩國呑併。幾釀俄奧之戰。終以奧與德有攻守同盟之約。俄人慴於德之兵威不敢動。而兩國之積憾日益深。今茲協約。其或能以交讓精神一剖宿案耶。雖然自頃一月以來。塞爾維亞布加利亞兩國王相繼朝於俄。俄人所以籠絡之者不遺餘力。煽動陰謀。路人皆見。恐巴爾幹小康之象。亦不過暫支目前而已。此等政局雖於吾國無關係。然亦可見凡一國內政不修。卽爲全世界擾亂之媒。而列國之共同干涉。時或出於不得已。我國人不可不審所以自處也。

晚飲酒太多。竟至大醉。九時半卽沈沈然睡。

十六日 二十六日土曜

五時起。電燈猶未熄也。　庭中散步良久。至暢適。　寫張遷碑一葉。　讀報。

濤貝勒抵神戶。僑民及日人往迎者數百人。而此貴客乃高臥不起。並其隨員亦無一人出而周旋。迎者怨詈而去。嗚呼辱國甚矣。

江西之九南鐵路。又向日本借債四百萬兩。聞由東亞興業會社承借。將來工程材料皆歸該會社一手包攬云。一方面則湘鄂方以死力拒款。他方面則諸路紛紛議借吾國人之舉動無往而不矛盾也。

發一長函與君勉。已積十函不復。媿赧欲死矣。　得大人手諭命幼女名曰靜。以寧靜致遠之義警我。敢不受教。

晚寫聖教序一葉。

作再論籌還國債會三千言。未成　為嫻兒批點日記。十一時半就榻。

十七日　二十七日日曜

七時起。　寫張遷碑半葉。　讀報。

東報稱。清江浦有新式軍隊二大隊。於本月初十前後忽然叛亂。鄂軍往勦。僅乃敉平云。入春僅四十日。而新軍生事已三報矣。吾常言中國將以練兵亡國。嗚呼。其毋使我不幸而言中也。

美國人要求錦州附近開鑛權。聞已許可。此錦愛鐵路生出之結果也。

聞理藩部嚴劾川滇邊務大臣。得旨召還。其曲直雖非吾輩所深知。然朝廷此舉得毋近於殺鼂錯以謝七國耶。舉棋不定。吾不知其所終極矣。

美國共和黨將有內訌之象。該黨之專政垂二十年矣。當麥堅尼盧斯福執政時。勢若旭日中天。敵黨屏息不得一伸。塔虎特受事未及一年。而人心日去。孰謂立憲國不恃人治哉。

荷庵昨日適西京。持吾書以謁將軍溥侗。且將見濤貝勒焉。侗將軍相見。致問良殷。而極述濤童騃之狀。且與言朝局甚悉。其究也歸於疾不可為而已。侗好學解事。誠摯深沈。南海先生昔嘗謂天潢中有此人。中國猶有餘望。

劉裴村亦曾有一詩誦其志節。十年以來佯狂自晦。吾意其墮落久矣。今據荷庵言。知歲寒松柏固自殊異也。顧微箕雖賢。無補於殷社之墟。悲夫。　寫龍藏寺碑聖教序各半葉。

續作再論籌還國債會四千言。成　二時就榻。

十八日二十八日月曜

十一時半起。　寫張遷碑半葉。　讀報。

晝寫龍藏寺聖教序各半葉。　作新軍滋事感言。成數百字中輟。　發書數函。

晚作學養篇僅成七百言。　爲嫺兒輩批點日記。　一時半就榻。

十九日二十九日火曜

連兩日就榻後皆展轉達旦始成寐。甚矣習之不易變也。　十二時起。　讀報。　寫張遷碑半葉。

前年以劾親貴去官之趙提學啓霖今茲因江侍御見黜再抗疏嚴劾慶邸。留中不報。遂乞骸骨。許之。嗚呼又弱一个矣。

東報稱撫順煤礦交涉事。我政府絕無準備。其所爭境界問題。日人繪一礦區附近地圖。提出交涉。我政府不以爲然。而始終未嘗能繪一地圖以相示。其所主張何在。漠然不能捉摸。惟一味遷延云云。嘻我外交手段如是。人之自由行路。抑何足怪。

讀阮步兵詠懷詩感不絕於余心。遂寫三首。倘擬全寫之。

晚寫聖教序半葉。續寫阮詩一葉。

是日始發心讀大乘起信論所讀者爲桂伯華居士依賢首國師義記科注本（居士三年前所贈也）而以織田得能之講義輔之吾將以能卒業與否卜吾罪業之淺深根器之利鈍也。爲鼎父改文。三時半就榻。

將寢矣視嫻兒硯有賸墨惜其明晨將被滌棄乃取以寫張遷碑半葉遂至四時可歎也。

二十日 三十日水曜

一時起。讀報。寫張遷碑半葉。

東報稱簡始抗疏請建責任內閣此誠今日第一義老友眞可愛也。（按簡始陳昭常號）

讀大乘起信論五葉。論中依一心法有二種門。一者心眞如門二者心生滅門。易所稱易有太極是生兩儀。似亦與此義頗有相合處。但兩儀之陰陽似不能相攝未覩圓融無礙之體相矣。宋儒好言太極。全是蹈襲佛說而不知其不類也。

寫阮詩一葉。聖教序半葉。續讀大乘起信論兩葉。爲嫻兒批點日記。作薪軍滋事感言二千五百言（成） 作馭藏政策之昨今千五百言（成） 四時半就榻。

二十一日 三十一日木曜

一時起。讀報。寫張遷碑半葉。讀起信論二葉。四時如神戶因少彭歸。（按少彭麥氏即雙濤園主人）與荷庵共餞之也十一時返寓。續讀起信論桂氏科注本僅存義記中之釋本文者於其每段前幅所述大意往往刪去致文義不明非善本也。今依織田講義補讀。

是日由東京購得影本廣唐賢三昧集一部。爲宗室文昭集錄手寫者。文昭爲漁洋弟子。是集綜合漁洋諸選本而薈錄之。故題曰漁洋山人元本依初盛中晚分前正續後四編。前此未有刻本。其寫本落朝鮮人之手。復歸日本人展轉爲荆州田吳炤所得。以金屬印刷法影印之。頗極精美。田今爲使館參贊也。

欲作文而意不屬。取西奈波士氏之歐洲現代政治史讀之。盡五十葉。　四時就榻。

二十二日四月初一日金曜

十二時起。讀報。　寫張遷碑半葉。　讀起信論五葉。　寫聖教序龍藏寺碑各半葉。　入夜作論請願國會當與請願政府並行一文四千言成　爲嫻兒批點日記。　爲嫻兒鼎甫改文。　五時半就榻。

二十三日二日土曜

是日張隱南招宴。起後卽往神戶。夕宿焉。

二十四日三日日曜

午後一時自神戶返寓。　寫張遷龍藏各半葉。聖敎序一葉。第八通卒業入春後寫此頗少　他課悉停。

晚間作再論錦愛鐵路問題一篇。此事由秉三倡始。曾有書告我。暫勿發論。則已無及。今日楚卿書至。言日人藉吾言以游說當道。事將中輟。乃以繫鈴解鈴相責。故勉爲之。非本意也。　爲嫻兒輩批點日記。　發書數函。　四時半就榻。

二十五日四日月曜

昨夜不能成寐。凌晨。出一策問題。示嫻兒輩。卽略與論文。至十時始寢。　午後四時起。　寫張遷碑半葉。　讀

大乘起信論。桂本三葉，織田本五十葉

朱晦庵注大學謂明德者人之所得乎天。而虛靈不昧。以受衆理而應萬事者也。但爲氣稟所拘。人欲所蔽。則有時而昏。然其本體之明則有未嘗息者。此全取佛語以釋經也。其所稱虛靈不昧之本體卽佛所謂眞如。其氣稟人欲。卽佛所謂無明。但人曷爲而能得此明德於天。天有此明德曷爲惟人獨能得之。而氣稟人欲又從何處突然而來。此皆不可解者。朱子竊取佛說而將其最要因緣生法之一義斥去則無往而可通也。

寫阮嗣宗詩三首。　是夕亦至曙乃成寐。

二十六日五日火曜

十二時起。　讀報。　寫張遷龍藏各半葉。　寫阮詩三首。　讀起信論桂本一葉，織田本十二葉　下午荷庵來談。後復有雜客妨我功課。甚厭之。　晚作書數通。　爲嫺兒輩改文並批點日記。　四時就榻。

二十七日六日水曜

夜間又不能成寐。淩晨遂起。擬俟下午少假寐。圖今夕之美睡也。　讀報。　寫張遷碑一葉。第五通卒業

報載昨日有置一爆彈於攝政王府前之橋者。都中相驚以革命黨逮捕多人云。

讀大乘起信論桂本二葉半，織田本四十葉

作軍機大臣署名與立憲國之大臣副署一篇千言。下午作嫺兒生日詩。未成。　晚寫聖教序半葉。　八時就榻。

居然得美睡。

二十八日七日木曜

六時起。天氣佳甚。散步園中。得詩一首。

清明居然放晴暄。雛鶯雛燕屋梁喧。百蟲向陽爭翾翩。余亦晨興窺小園。桐乳舒苞柳眼小。山茶海棠都開了。獨有櫻花不放愁。似惜佳人隔雲表。（期若海孺博不至）

嫻兒今日生日。作一詩示之。

令嫻我嬌兒。今始滿十七。泥爺乞作詩。用寵渠生日。阿爺尺有短。嫻也夙所悉。論文若鮀佞。說詩遜艾吃。蚓笛偶一吟。聞者笑咥咥。何苦學子固。嘔心獻醜拙。重違此誠求。拉雜聊有述。憶汝初生時。吾方還里閭。太爺乍抱孫。驩喜乃無匹。平居重生男。諸姑壹靡恤。阿好獨憐汝。旦夕不離膝。一夕扶醉歸。仰桷畫太乙。醒汝於母懷。摩汝始燥髮。吾恃汝承歡。忘憂若朏朏。無何吾適燕。布衣對宣室。末技市屠龍。客氣吐捫蝨。未覩鵬翼舉。已遭蛾眉嫉。雪涕出修門。輕身走溟渤。其時汝五齡。念未去梨栗。間關侍母來。省我蛟鼉窟。逃險繭生足。啼飢瘦見骨。卻從眉宇間。神理見英發。鬱彼璠璵光。葆此蕙蘭質。吾方不受命。思挽虞淵日。羸糧走八荒。窮日所出沒。屢遭削孔跡。幾見黔墨突。邇來又十年。景光駛以疾。汝已如我長。羣季又蘭茁。君子不敎子。誦詩媿貽厥。自從哭鼎湖。世事愈詭恑。懸知連城寶。永受迷邦刖。戢彼南圖翼。理我西狩筆。稍從鉛槧餘。示汝學津筏。頗復雕文心。漸亦解詩律。論史慕膺滂。讀左友橋朎。（令嫻方補讀左氏傳後漢書將卒業）箚記日數條。課卷旬一帙。嚮搨顏歐書。昔昔劬不聿。有時曼聲吟。啾唧若秋蟀。程功尙無忒。行此六閱月。堂奧雖未窺。所進已奔軼。當知學問道。有若蛾時術。千里積蹞步。成之在無逸。欲蘄文行遠。首貴言有物。涓涓蹄涔水。盈易涸亦忽。浩浩江河流。振古挹不竭。方今東西通。諸派競滂浡。物情自吹萬。道際會貫一。儻有哲人興。茲事吾敢必。汝已解作文。幸不病籥詰。行當渡西海。通鄴擷華實國學。苟多荒雖美終有闕。勉矣鍥不舍。希聖究始卒。葆此雛鳳聲。毋爲江北橘。

寫張遷碑半葉。讀大乘起信論。（桂本三葉織田本二十四葉）寫聖教序半篇。作力命篇未成。晚間休假。爲媧兒輩批點日記。十二時就榻。

二十九日（八日金曜）

昨夕竟又不能成寐。在榻上讀俱舍宗大意。（日本齋藤唯信所著）遂盡二百葉。治佛學大約須先從此入手。蓋大乘教破我法兩執。然我執之形相。俱舍宗之小乘教言之最詳。其所以破之者又較淺顯。易於領會。而諸法名目及其因緣。惟俱舍論列舉最悉。若不治此。而先讀大乘經論。決無從索解也。吾今將俟起信論卒業後。卽讀俱舍論。次乃讀成唯識論。此或合於入道次第耶。

八時半偕荷庵往神戶。送麥少彭歸國。十時返領事館。以待侗將軍。二時侗將軍至自東京。來見於商話別所之樓上。深談四時許。述朝局甚悉。一言蔽之。則羣騃羣盲。以國家爲市利之具。絕無一線光明。絕無半點光明而已。惟我本不希望政府。故聞其言亦无悶也。侗將軍見識明敏。遠過昔年。此操心危慮患深所致。然英氣銷磨亦甚矣。天潢中有此人。而卒無救於危亡。豈天已厭淸德耶。嗚呼。因念劉裴村先生（光第）曾有一詩。錄之於此。

國有封將軍。賜名爲溥侗。龍種異凡子。拔迹金玉中。希聖識攸歸。向方且多通。盛時每浩歎。憂國懷精忠。涕泣有所陳。小人勢已雄。上言皮小李。下言濟寧公。天下久唾棄。胡不忍決癰。內則有權閹。戰安得有功。帝曰汝未知。豈余小子衷。余與汝徐徐。且可爲開蒙。海雲升朝霞。光映殿角紅。引之跪近前。慘淡親天容。帝曰汝勉哉。匪直光國宗。大廷實乏才。豢養諸疲癃。將軍頓首謝。感激厲匪躬。問年十七八。雛鳳鳴喈嗈。何意宗室內。乃覩此

奇童。一木千萬葉。青黃各不同。一水千萬派。清濁自朝東。按將軍昨爲我言今年三十五歲嬰村此詩作於甲午乙未間故曰問年十七八

晚間隱南約往大東旅館小酌。返領署後。因阻雨不得歸。又無榻可下。乃作竹戲達旦。於是連兩夜未睡矣。

三十日九日土曜

九時返寓。十一時就寢。午後五時起。寫張遷碑半葉。讀報。

爲嫻兒輩批點日記。三時就榻。

附隨筆二則

張勤果公佚事

張勤果公曜。立功咸同間。爲中興名將。勳名赫然。然其佚事。少有知者。公少貧。爲人賃舂。有奇力。負米累數石。性剛俠。聞不平事。怒眥欲裂。一日負米出。見衆圍觀一少婦。哭欲求死。詢之則夫死不肯嫁。而姑逼之也。公奮曰。天下豈有此事理者。時姑方在旁。公卽以所負米壓其上。斃之。衆閧然大快。公乘間遁亡。命河南。時河南捻寇起。民多團結自保。公以武勇爲衆所服。推爲團長。羣以其行次呼之曰張大哥。張大哥之名著汴宋間。適捻圍固始。其令某儒者也。有女美而才。度城且破。隨死無益。乃榜于衆曰。有能守此城者。吾以女妻之。當是時寇張甚。咸莫敢應。以推張大哥。且曰。此豔福非張大哥無可消受者。公笑而起。進謁令。籌守禦。陰念賊衆我寡。非出奇不足取勝。迺以壯士三百。出伏城外。夜三鼓。突起潛襲賊營。城上鳴鼓角應之。呼聲震天地。賊大驚潰。終夜洶洶不絕。時忠親王僧格林沁方以大軍來援。未至數里。遙見火光中公往來搏戰甚力。驚曰。是何壯士。及至勞問。乃公也。大加歎異。因奏署縣事。幷爲公作伐。令遂以女歸公。卽夫人也。夫人博通古今。嫻吏事。爲公閱案牘。批竅導要。驚其老吏。公固不知書。任河南布政時。御史劉毓楠劾公目不識丁。遂改總兵。公憤甚。就夫人學。執業如弟子。夫人時訶罵之。公怡然也。後遂通知文史。公自改官。頗不平。數偃蹇朝命。左文襄公督師勦回。奏請公領兵。公不應。時嚴旨趣公。門下客多方說公。皆不應。夫人乃謂公曰。汝以功自負。數逆上命。將謂朝廷不能殺汝耶。公聞言蹶起。卽往從左公。咋曰夫人言可畏。夫人言可畏。文襄復奏。改公文職。後遂巡撫山東。與屬吏輒言其夫人之能。且曰。汝等畏妻否。或答以不畏者。公正色曰。汝好膽大。妻乃敢不畏耶。蓋公之畏夫人甚也。

孫文正公飾終之典

宣統元年十月。大學士壽州孫公家鼐薨於位。特旨予謚文正。飾終之典。備極哀榮。國朝謚文正者。自睢州湯公斌。諸城劉公統勳。大興朱公珪。歙縣曹公振鏞。濱州杜公受田。湘鄉曾公國藩。高陽李公鴻藻。並壽州而八矣。考宋代謚文正者僅得三人。曰王曾。曰范仲淹。曰司馬光。明則僅得二人。曰李東陽。曰謝遷。國朝之盛。蓋遠過之。是八人者。睢州未登揆席。且歿後數十年始追謚。湘鄉豐功。本應謚文成。以敬避宣宗尊謚。乃改作正。諸城未嘗為師傅。是皆與壽州異撰者。自餘五公。大興為仁宗師。歙縣為宣宗師。濱州為文宗師。高陽為穆宗師。壽州則德宗師也。重規疊矩。衣鉢相承。朝廷所以追崇論恩典學之臣者。殆以文正為備禮耶。顧嘗論之。朱杜李三相國皆當宮府危疑之際。具有維持調護之勛。其事甚祕。人間不能詳其始末。身後易名之典。所以特從優渥者。夫固有所自來。歙縣則值昇平暇豫之日。身事長君。無奇節可言。而造膝密謨。殆有為外廷所不及悉者。恭讀宣廟賜卹詔書。有獻替不避嫌怨。朕深倚賴。而人不知之語。則其得君之專。固別有在矣。壽州之入侍講幄也。同列共四人。常熟翁相國同龢實為領袖。其二人則鄞縣張侍郎家驤。錢唐孫侍郎詒經也。鄞縣早喪。錢唐以他故罷直。始終其事者。惟翁孫兩人。常熟恩遇最渥。啓沃亦最深。密勿之謀。上常舍壽州而咨常熟。故黨人嫉妒者。憾常熟切骨。而於壽州稍恕焉。方德宗親政之初。即罷毓慶宮而使常熟入軍機。蓋軍機雖日日入覲。恆與同列偕。不比毓慶宮獨對，得以從容坐論，重之適所以疏之也。自此危疑日甚，常熟卒放歸田里，以至削職，而壽州亦以甘盤舊臣，常爲忌者所不慊，遂乞骸骨，而旋值六飛西狩，不忍君父之難而自偷安，乃奔詣行在供職，遂正揆席，而數年來卒不獲居樞要，僅以閑曹累進累退。此中消息，非諳於三十年來掌故者，莫能道其詳也。今身後而優異之，其亦足以稍慰崇陵在天之靈耶。然以視常熟，則有幸有不幸矣。

飲冰室專集之三十

歐洲戰役史論

甲寅冬假館著書於西郊之清華學校成歐洲戰役史論賦示校員及諸生

在昔吾居夷希與塵容接箱根山一月歸裝槖盈篋（吾居東所著書多在箱根山中）雖匪周世用乃實與心愜如何歸乎來兩載投牢筴愧俸每頳泚畏譏動魂懾尤材憚享犧遐想醒夢蜨推理悟今吾乘願理夙業郊園美風物昔游記逌愜願言賃一廡庶取容孤笈其時天降凶大地血正喋藏怒夙爭鄭導衅忽刺歙解紛使者標合從載書歃貫勇羞目逃鬬智婁踵躡遂令六七雄傞舞等中魘瀾倒竟嚋鄣天墜眞已壓狂勢所皺蕩震我臥榻鼾未能一丸封坐遭兩黥挾吾衰復何論天僇困接摺猛志落江湖能事寄簡牒試憑三寸管貌彼五雲疊庀材初類匠詞勢迺如諜遡往既纚纚衡今逾喋喋有時下武斷快若髭赴鑷哀我久宋聾持此餉葛鎰藏山望豈敢學海願亦輒

月出天宇寒攜影響廊屧苦心碎池淩老淚潤堦葉咄哉此局碁折角驚急刼錯節方余畀畏塗與誰涉莘莘年少子濟川汝其檝相期共藉危活國厝妥帖當爲彤鳶墨莫作好龍葉夔空復憐蚿目苦不見睫來者儻暴棄耗矣始愁惵急景催跳丸我來亦旬浹行袖東海石還指西門堞慙非徙薪客徒效恤緯妾晏歲付勞歌口呿不能嚌

啓超初稿

歐洲戰役史論

自序

幼讀春秋左氏傳至韓城濮殽鞌邲鄢陵諸戰輒肉躍色舞稍長讀資治通鑑至鉅鹿赤壁淝水諸戰則亦有然非性好戰而獨樂聞戰事也彼其戰勳為兩造興替所繫而事之與之相緣者不知凡幾顧能以恢廣明密之史識曲折銳敏之史筆提絜之而摹述之使百世下讀者若列廟堂而參謀議履疆場而察進止也其尤勝異者若城濮鞌邲赤壁戰者匪止一國多或至七八立乎兩軍之帷幄者皆一時之彥曠世之才而史家能曲傳諸國之情勢羣豪之器識一一如其分吁可謂極文章之能事也已歐洲今茲之役為有史以來所未嘗睹聞交戰者十數國皆泱泱當代之雄也其在前敵者都數千萬人一日戰費當小國政府一歲之所出入大小陣地恆十數處所其廣長者至亘千里其搆衅之所由千端萬緒錯綜紛糾遠者或在數年數十年以前而莫不各有其所不得已者存曲直壯老之數乃至不可究詰蓋天地間瑰偉絕特之觀未或過是矣不有紀載何以示後不揣庸陋輒著斯編冀以吾國之文言傳他方之故實毋俾闒習為簡冊羞夫左氏溫公之紀戰一役靡千餘言或數千言而纖悉賅舉吾今茲編方述戰因耳交綏以後且未遑及而已費數萬言才力之不逮古茲可見矣雖然事物之理愈後起則變賾之度愈增今之戰殆全世界人類相互之戰也與一城中國與國相互之戰既異與一國中人與人相互之戰更異則記載之義例其亦安得不有以異於古所云況左傳通鑑為亘數百年千餘年之通史紀事

以年爲緯。諸役之遠因。在數年前者。既已別見。讀者得循是而識其故。今吾爲專書。非遠遡補述。何以竟端委。且吾之爲此。非以希藏山之業也。吾自託於遒鐸。爲國人周知四國之助云爾。是故寧燕毋濫。寧俚毋晦。此篇帙之所以滋也。抑古之良史。惟記事耳。而論議不加。自能使讀者躍然有會於言外。所謂據事直書。其義自見。史之正軌。愜必由茲。吾病未能。而曉曉焉間以論列。若不暇給。文體之不純。而筆力之不任。蓋自知也。然太史公之傳伯夷屈原。論與敍相錯。寧得曰非史。斯又非自我作古也已。若吾書能爲國人所不棄。而藉此戰役以洞明世運變遷之所由。更進而審吾國之所以自處。則區區之榮幸。何以加茲。

民國三年十一月新會梁啓超

歐洲戰役史論

第二自序

吾初發意著此書。當戰事初起之旬日後耳。其前此各國關係之故。略能審記。故成之不甚勞。至最近之交涉。吾國報所譯載。讀之不能得要領。勢必遠求之於外國。而方在戰中。交通梗塞。外國公報來者殊希。佇待兩月。資料乃略備。而都中人事冗沓。每日欲求二三小時伏案操觚。竟不可得。於是乃假館於西郊之清華學校。挈女兒令嫻居焉。吾所需資料。多由女兒爲我搜集。吾故不能離彼也。閱十日脫稿。蓋十日間筆未嘗停綴矣。此書所敍述。自審良不免蕪冗。蓋敍各國大勢與戰前數十年來相互之關係。居其泰半。博士賈驢之誚。其安能免。雖然。吾之所以爾爾者。則亦有故。此次大戰。本非一時突發。其原因千端萬緒。實遠種自數十年前。苟非遠遡。終未能明其所以然。而吾國人能洞察此事勢者甚希。則吾安得憚辭費而有所避。且吾國人研究世界之興味。淺薄極矣。此次大戰。予我以至劇之激刺。稍好事者。固欲求知其眞相。吾以爲是國人研求外事之一良機會也。故欲借此以引之入勝。此又所以寧繁毋略也。夫紀載外事。勢不能不多引外國人名地名與年月日。鉤輈詰翰。最易起厭。吾之此書。自問尚不至使人讀之惟恐臥。或者乃至非終卷不能自休。蓋吾於全體之結構。與夫用筆行文之際。常三致意。務思所以導人以興味。此區區所以自效於社會之微意也。若此書爲國人所不棄。吾將更用此體。以著一稍完善之世界史。則其於我國學界之前途。或更有所裨。清華學校者。我國設之以爲游美學生之預科也。其校地在西山之麓。爽塏靜穆。其校風嚴整活潑。爲國中所希見。吾滋愛焉。故假一室以著書。其間亦嘗以此書梗概爲諸生講演。聽者娓娓不倦。若相說以解。竊意國中諸校。節取而講之。或亦誘導學僮常識之一資也。斯編名曰第一編。其第二編以下。行當賡續。然吾之取材。乃益窘矣。蓋此次戰爭。世人名爲祕密戰爭。報館訪事。不許一人詣前敵。所有區區消息。惟遲兩軍當局者各自報告。而各皆自譽以毀敵。其言可置信者不及一二。論次之難。蓋可想見。然吾今方日日搜集資料不怠。或猶可以得其梗概。顧非閱數月後。未敢率爾布之爾。

民國三年十二月九日梁啓超自序於京師西郊清華學校之還讀軒

歐洲戰役史論

目録

七　柏林條約與今戰役之關係

八　三國同盟與俄法同盟

九　德國外競之發展及英德交惡之積漸

二十　結論二——戰役所波及於中國之影響

飲冰室專集之三十

歐洲戰役史論

一 導言

外史氏曰。聞諸智者見事於未形。未形云者。非無形也。月暈而知風。礎潤而知雨。風雨之未至。而其形則既具矣。特爲他種現象所鄣。隱伏焉而未予人以共見。及其既至也。人人以爲吾固見之矣。信能見乎未也。所見者爲當時之現象。而希能見其現象之所由來與其所終極。譬諸颶颱。迅發橫厲。兒童駭汗。羣動慴伏。瞠然而已矣。烏知乎當其未起於蘋末也。而勢固有必至之符。觀象者既蚤惴惴焉思所以應之。且其爲勢也。恆或息於此而張於彼。例如居上海者。聞颶發於香港。拔木發屋覆舟不可勝計。或竊竊焉私幸其災之不及我。而豈知數日之後。必旋轉而相襲。無所逃避也。是故明者見果則溯因。見因則推果。能審乎因果相發之理。則恆能思患而豫防焉。會值時勢。或且轉禍而爲福。即不爾者。亦得以懲前車之覆。而毖後車之戒。夫史家之職。不徒在敍述事實之眞相而已。其最要者。則在深察事實聯絡之關係。推究其因果之起卒。以資今鑑而垂來訓。茲編之作。非曰能之。承乏而已。

外史氏曰。昔人有言。天道十年一小變。百年一大變。又曰。三十年爲一世。豈不信哉。距今二百年前。俄皇大彼得與瑞典大戰於北徼。俄實始霸。普王腓力特列維廉第一即位稱王。普始通於上國。歐人笑其以蕞爾國而竊王號以自娛也。王曰。吾不辭爲假王。吾將以眞王詔吾子孫。而法王路易第十四世亦以其年殂落。喟然嘆曰。朕死後洪水其來。十八世紀歐洲之局開於是矣。距今一百年前。則掀天撼海之偉人拿破侖敗於滑鐵盧。身爲俘纍。賚志以歿。校其時日距今歲戰禍之發。相去恰一年耳。拿破侖第一次之見俘在一八一四年四月十一日今奧塞宣戰在一九一四年七月二十九日相距兩月餘拿破侖第二次之見俘在一八一五年六月二十九日前於彼恰一年後於彼恰一月亦奇事也自是維也納會議竣事。更閱數年。而全歐始定。以開十九世紀之局。然閱三十年至一八四八年各國革命蠭起。而歐洲內治之情狀一變。又三十年。爲一八七八年。柏林會議成。而歐洲外交之情狀一變。更三十年。爲一九〇八年。奧人併吞坡士尼亞赫斯戈維納二州。遂爲今茲戰禍之媒。其間相距恰各三十年。天耶人耶。吾烏乎知之。

自一八七一年普法戰役告終後。歐洲列强相互間無戰事者。四十餘年於茲矣。其間若俄土戰爭。若中法中日戰爭。若英意諸國征非洲北岸之戰爭。若英杜戰爭。若義和團戰爭。若日俄戰爭。若土耳其革命戰爭。若中美南美諸國革命戰爭。若中國革命戰爭。若巴爾幹諸國相互間數度之戰爭。若美墨戰爭。雖未嘗不間歲一起。然或則純在歐洲以外。或歐洲諸國出其餘威以征略所謂野蠻國者。否亦歐洲邊陬蠻觸小鬩而已。若夫歐洲六七雄。世共指目爲文明中樞者。則四十年來熙皡驩虞。耳不聞鼓鞞。膚不親金革。雖偶有一二違言。恆能折衝於尊俎。以弭禍於未形。幾疑大道之行。講信脩睦。昔惟夢想。今乃眞見。然夷考其實。則各國相競於擴張軍備。日夜無休時。軍費遞年增加。常占國家經費全部什分之六七。科學之發達。强半應用之以改良軍械。陸海空各方面。咸研習相斫術。蓄養實力。惟恐後時。而各國之治兵。各有其心目中所對待之一國或數國。常比例之以爲蒐討軍實之標準。故雖日日冠蓋往來。縞紵投報。實則刹那刹那間。常瞋目相視。互思所以扼其吭而剚刃於其腹。伺機卽發。其未發者。莫敢先動耳。若此者。無以名之。名之曰軍容的平和。夫欲築平和之殿宇。而以軍容爲之基礎。此何異以炸彈支牀。以棉藥爲茵。而謀寢處偃息於其上。此其不容卽安。五尺之童所能睹也。彼列強者。其智計寧不及此。雖亦及此而事勢則亦無可奈何。騎虎背者不得下。乘利風者不得泊。則惟縱其馳騁。極其流駛。終局之死生禍福。任其所遭焉耳。然當彼刻刻殺機四伏間不容髮之際。而猶能蒙平和之假面歷四十餘年。則非徒恃軍事上之均勢而已。而更恃外交上之均勢。於是有所謂俄德奧同盟。德奧意同盟。俄法同盟。英日同盟。英俄協商。英法協商。英意協商。法意協商。日俄協商等。相起伏相消長。連横合縱。日夕捭闔。期以五雀六燕保其衡平。然此種鈎距接構之術。一面固暫足爲平和之保障。一面又實永爲爭亂之因緣。蓋各有所以互相倚以爲重者。則易以陵人。及至予人以不能受。則其所還相加遺者。亦必如其分。且既分曹比耦。要約於平日。一旦有事。自必相屬負而未由自主。無復能有以調人資格立乎其間者。故禍一發而不復可收也。嗚呼。今茲滔天之禍。豈不由是耶。

夫兵凶器戰危事也。其在古代。時或以一二人功名之欲。靡爛其民而殉之。進逮今世。庶政取決於輿論。既非一夫之喜怒所能與戎。而其當局者。又率皆諳練持重。絕非輕僄僨張。苟徼利於一時。以彼之智。夫豈不知戰禍一開。其慘酷非復可思議。敗焉將覆滅宗社。卽勝焉亦斲喪元氣。顧乃連翩踊起。如飲狂泉。朝野上下貧富貴賤智愚賢不肖。咸距躍以赴議。不及顧計不旋踵。夫人情不甚相遠也。豈其好勞而惡逸。好危而惡安。好死而惡生。而今既若是。一國爾爾。而他國何爲亦爾爾。此其中必有一公共之原因。以主宰之而衝動之。不可不察也。公共原因維何。則民族國家主義之發展。與國民生計之劇競是已。今歐洲諸國。其建國最古者。不過數百年。其新者或僅數十年。新者勿論矣。卽其古者。當百年以前。其所以立國之具。且未大備。在國境內。而階級與階級相仇。地方與地方相關。以今日嚴格的國家之定義繩之。雖謂未成國焉可耳。經十九世紀百餘年之鍛鍊。而此數大強國者。乃始能摶其國民爲一丸以國家爲單位而所屬之人民爲組成此單位之分子。國家譬則筆人民則其所束之毫。國家譬則帛人民則其所纖之絲。此所謂國家之義也。而以彼都百年來之經驗。則以謂欲求國家機能之發達。必當建設於民族基礎之上。如欲求良筆務純其毫勿使雜。欲求良帛務均其絲勿使龐也。雖然國於歐洲者以十數。其民族大宗派三四。而小枝派亦且十數。一國中恆數族。而一族亦恆散居於各國。於是乎謀國之士。其國中有數族者。則思所以同化之而維繫之。其一族散在數國者。則思所以聯絡而吸集之。坐此而戰爭乃往往起於其間。夫意大利也。德意志也。在五十年前。皆民族之名詞。非國家之名詞也。今意德之領土。彼時分隸奧法名義之下。或爲小侯。或爲郡縣。徒以民族國家之義鼓吹實行之結果。則旣龐然爲大國以立於天地矣。其他族之同一境遇者。安得不聞風而起。此巴爾幹半島斯拉夫派之諸民族。所爲日尋干戈。爲全歐禍源也。夫旣國與國並峙而相競。惟廣土衆民者乃能上人。此事理之至易明者也。旣以一民族組織一國家。苟其國家之容積與民族之容積適相脗合。而無復有一同族之民受治於他國。斯亦已耳。如其有之。則其外屬之族姓。恆思內嚮。而其族之宗邦。恆思外吸。此又自然之勢也。於是乎有所謂大日耳曼民族主義。大斯拉夫民族主義者。各負一嵎以接搆而交鬬。此禍談之所由日張也。抑彼諸民族者。當其立國之具未備。國中內亂屢作。則固無暇日以競於外。而喪亂彫敝之餘。其孑遺者反易以自給。亦不必荒其業以與人競也。歐洲各國則半世紀以來。整頓內治之大業。略已告成。休養生息。戶口歲增。土地不給於養。人滿殆成公患。加以學藝昌明。制作窮巧。皇皇焉求市場於外。失之則無以自全。論者謂之商戰。商戰之名。半世紀前所未嘗聞也。夫商戰之慘與兵戰之慘孰甚。吾蓋難言之。推商戰之禍之所極。其敗績者。可以使全國民悉喪其衣食之源。永刼為人役。其所亡損。豈直喪師輿尸之比而已哉。況夫生計之勢力。恆隨政治之勢力為消長。己國政治勢力所不及之地。而欲以生計勢力侵略之。為事固已萬難。為勢抑亦不可久。故商戰之勝負。恆待兵戰之勝負然後解決。又事勢之無可逃避者也。一孔之儒動則謂今世各國生計上相互之關係太密切。各有投鼠忌器之心。藉此可以保持和平。此知其一。未知其二也。夫使全世界諸國。各皆已修明其內治。發展其國力。而無復他國覬覦之餘地。則狡焉思啟之心。或可以稍戢。而戰機或莫為之導。無如國於全球者百數十。而完全發達之國僅十數。其餘則既弱且亂。不克自保其業。而甘以之供他人競爭之目的物。譬諸羣犬本已狺狺相向。而復投骨以煽之。夫安得不搏噬。故論者謂全世界之禍源地有二。其一則泰東之中國。其二則近東之巴爾幹。譬諸兩癰。今乃決其一耳。夫以國供他人競爭之目的物者。逮競爭之勝負既決。則物有主而目的消滅。此其為自作孽不可活。固無論也。而以其醞釀競爭促進競爭之故。而競爭之兩造。固不得不蒙其害。律以春秋之義。雖謂之罪累焉可也。夫明乎民族國家主義發展之情狀。與國民生計劇競之大勢。則於今茲戰役之總原因。思過半矣。

二　戰役直接近因——奧皇儲遇難案

今次戰役。肇自奧塞。奧塞交惡。以奧皇儲遇難案為之媒。此稍治國聞者所能共睹也。昔吳楚之戰。起衅於一采桑女子。希臘波斯之戰。肇禍於三漁夫。近若尼堪搆難。七恨告天。克使捐軀。六飛避地。斯皆以箇人之報復。釀國際之血腥。雖蠻邦交涉所常聞。宜非號稱文明國者所宜尤效也。今茲之役。則以一親貴之非命。而驅六七國數百萬血肉之軀以償之。其究也或將墟數家之社稷以爲殉。自有史以來。一命之價值未有若此之崇貴者也。夫數十年來。歐美各國之元首執政横被刺害者歲有所聞。即刺客出自異邦亦非無先例（如俄今皇在日本遇刺是）。曾未聞因此危及邦交釀成戰禍。今茲之事胡獨異焉。且太子雖貴。何至以一死而激動全奧之民。顧賭其國以爲殉。奧儲在奧境遇刺。何與於塞。卽曰凶人實隸塞籍。抑與其國家何涉。曩爾新造之塞。曷爲敢與强奧抗顏行。塞自敵奧。何與於德。而德赴之。奧自敵塞。何與於俄。而俄赴之。德既敵俄。其攻取之軍。曷爲不於俄而於法。曷爲不惟於法而更於比。乃至英何爲而奮身。意何爲而袖手。羅馬尼亞布加利牙土耳其何爲而觀望出入捭闔無定。凡此諸疑問。其因果關係。帝網重重。至遠且賾。若欲洞垣一方。悉睹癥結。非爬羅追溯。無自徹明。今先就奧儲案列舉事實。而推論兩造所執之理由。非特敍述之體應爾。而牽一髮動全身之故。亦可略識矣。

奧皇儲菲的南親王及其愛妃之遇害。實一千九百十四年六月二十八日。距奧塞宣戰前恰一月也。其遇害之地爲奧境內坡士尼亞州之首府。坡士尼亞者。本巴爾幹半島中之土耳其屬地。其住民之大多數。與塞爾維亞同出於斯拉夫種族。其地則自柏林會議後。以統治權公委諸奧國。（距今三十七年前事）自日俄戰爭後。奧人始夷之爲郡縣者也。（距今六年前事）皇儲之臨幸斯州。爲閱兵也。所閱何兵。則設想塞爾維亞與門的內哥兩國軍聯合侵奧。而演習防守進取之略也。夫閱兵本有國之恆政。然奧之此舉。內之有以威新服之坡士尼亞人。而外之足使塞爾維亞旰食。至易睹矣。演閱既終。首府之市公會設讌相勞。皇儲臨焉。有要於路投爆彈者。不中。中副車。侍衞及行人傷者十三人。讌席既徹。皇儲自驅無蓋之汽車往醫院存問傷者。從臣怵於前難。咸尼其行。皇儲勿顧也。途間遂爲兇客所襲。拳銃三發。與愛妃並命。兇客曰菩靈的布。實十七歲之一學生。在塲就縛焉。此二十八日未晡時事也。

皇儲者。老皇佛蘭約瑟之猶子也。老皇之齡。今則八十有四矣。其初卽位。在一八四九年。承新革命之後。（奧名相梅特涅於前一年竄死）國家多難。霸權驟替。而皇宵衣旰食。勤政愛民。用能聯奧匈爲一家。結德意作與國。在位六十餘年。能使國運日恢。不失舊物。奧國之難爲理久矣。其民族複雜。恆有外渙之勢。能摶控勿散者。愛戴此賢皇已耳。或謂立憲之國。元首可委裘而治。若奧匈者。則皇室之興替。國家存亡繫焉。其災樂決非徒在一姓而已。顧老皇功德隆崇。命途殊舛。舉人世間傷心之事。幾悉集於一身。疇昔惟一愛子。既已正位東宮。英邁之稱。流聞與國。而未逮壯歲。甘爲情死。餘兩公主。乃及皇后。咸遭慘變。死非其所。皇儲菲的南。今年則既五十二矣。仁厚類今皇。而英銳則又過之。近十年來。奧國外交政略之赫赫於全歐。則皇儲之功也。二三年來。又注全力以改革其軍政。論者謂倘假數年。則奧軍之成績。必有以大異於今日。故奧皇儲者。實全奧六千萬人所託命也。遇變之日。奧人若喪考妣。蓋有由矣。時老皇以新病初起。憩療於伊西里行宮。聞變之日。反袂掩面。涙淋浪下而言曰。『嗚呼自今以往。人間世更無一物以慭遺余。』外史氏曰。菲的南之遇難。豈惟奧皇之痛。豈惟奧民之痛。凡有血氣。固當共之矣。

是役之刺客。其手行兇逆者二人。一卽拳銃奏功之菩靈的布。一爲域提卽前此投爆彈之人也。皆卽日就縛。其籍貫則皆塞爾維亞人也。訊鞫之結果。則塞京有所謂國民共厲協會者。實主其謀。而彼協會之幹部員。則塞國之政治家軍人議員豪商。與夫坡士尼亞赫斯戈維納兩州之巨室名士。莫不與焉。而塞國參謀次長布黎卑威氏爲之魁。爆彈拳銃金錢。皆授自布黎氏。其蓄謀經畫。在數來復以前。其親受兇器當實行之役者。逾十人。間助者不可數計。凡此皆刺客口中所自白。且重爲言曰。吾儕所以誓致死於皇儲者。以彼一旦嗣位。則吾塞國之運命。將與坡士尼亞赫斯戈維納同歸於盡。吾爲國家剪此大敵。吾含笑入地也。尤可駭者。坡士尼亞州州議會議長亦以嫌疑就逮。遂抗言曰。皇儲此行。吾黨環而圖之者不知凡幾輩也。就令幸免於銃難。不旋踵而奇變亦且隨襲於後。謂余不信。試一檢食卓與寢室。視其間有何物也。法庭命檢之。則時表之側。盥器之旁。纍纍然三爆彈焉。有妙齡之婢。值寢食者。且持爆彈七。於是茲事陰謀之眞相遂畢露。

夫塞人之處心積慮以出於此舉。彼自爲國家計。誠有所不得已。刺客之奮不顧生以徇國命。爲事亦良可敬。雖然。以居樞要秉國鈞之人。乃躬爲謀主。圖戕鄰國之儲貳。復潛煽彼國臣民以爲之東道。其操術之卑劣。固宜爲普天率土所同嫉。況親受奇慘深酷如奧人者哉。訊鞫之結果既已暴露。奧人敵愾之念。全國若狂。示威之舉。所在蠭起。聞變後三日。學生罷學。商民罷市。團聚萬數。執梃以襲奧京之塞國使館。拔其國旗而裂之。餘波遂及俄館。警察力不能制。繼以憲兵。始勉解散。猶日夜囂囂無休時。報館珥筆之士。日日以復仇大義責政府。曾不許執政以寸毫包荒之餘地。匈牙利者自有其國會其內閣。夙與奧人非爲一體者也。至是亦義憤飆發。其輿論之排塞。無所不用其極。七月七日。遂開奧匈國臨時聯合內閣會議。決議問罪於塞人。

奧之民氣既若是矣。塞國政府。則一面抗議力辯。謂此次兇變無與政府事。一面聲言對於人民所謂大塞爾維亞主義之運動。當加以警束。雖然激昂之民志。遂不可復制。國中競爲仇奧之言論行動。以與奧人之仇塞者相應和。或則抵制多惱河上奧國郵船。或加奧僑以危害。其報紙則大聲疾呼。謂政府若對於奧人要求稍予屈服。則全國民當以頸血濺之。

如是兩國國民瞋目切齒相視相詬者。倏逾兩旬。其間各已密勿調遣軍隊。至七月二十三日午後六時。奧匈國政府遂發最後通牒於塞國政府。其大略如下。

當千九百零八年。坡士尼亞赫斯戈維納兩州之併於我奥也。塞國政府嘗有約言。謂於我奥斯舉。誓不相妨。載書之言。今猶在耳。乃塞國人民公然於其政府之下。爲明反此旨趣之行動。潛煽我南境各州之斯拉夫民族。謀蕩析之以入於塞。計不獲逞。則以可賤之陰謀繼之。塞政府熟視。曾莫之禁。去月廿八之變。率我蟊賊毒我儲貳。塞人不我弔恤。其報紙乃宏奬凶醜。塞政府若爲弗聞。據凶人自首之言。發蹤指示。實在塞京。一切凶器。皆彼京所謂國民共厲協會者供給之。會中泰半官吏軍人咸與其事。凶器入境。復經現駐塞奥境上高級軍官之手。凡茲事實。既已著明。我政府爲國家自衛起見。要求塞國政府履行左列各事。

一塞國政府當發嚴肅之宣言。聲明塞人仇奥思想之不合。以後此等行爲。當加嚴禁。將此宣言登載全國各報紙之第一葉。且發陸軍令。將此宣言普告各軍隊。

二塞國報紙。凡有挑撥塞民仇奥之言論。政府嚴禁之。

三解散國民共厲協會。此後如有同此性質之團體發生。塞政府當預防禁止之。

四凡參加於仇奥運動之官吏軍人。悉罷黜之。

五各學校所用教科書。有稍涉排奥之語句。悉削改之。

六塞政府在其境內調查暗殺案之陰謀。奥政府當派代表員參加之。

七塞政府處罰此次暗殺案有關係之人。犯當由奥政府監督行之。

本通牒之答復。限來復六日（廿五日）午後六時。

奥政府既發此通牒。同時復布告各國。謂對塞問題。凡友邦欲爲調人者。吾奥敬謝焉。

塞政府於二十五日之夕如期答復大段允爲勉諾惟於第一第七兩事毅然峻拒同時塞京奧使下旗返國自是奧塞國交絕而大戰之幕遂開

外史氏曰今世之戰爭殆皆起於不得已兩造各有其所不得已必謂直盡在我而曲盡在彼則自儆之詞已耳奧塞之役以近因論塞人首難之咎誠無可辭然傳不云乎蹊牛於田而奪之牛蹊田者固罪矣而奪之牛不已甚乎奧人既强塞以不能受其鋌而走險亦固其所耳況其遠因之複雜難理更非一二語所能批導者哉

三　大斯拉夫主義與大日耳曼主義

今茲之役首發難者爲奧塞而爲之主動者實德俄若英若法若比皆被動而已欲明德俄奧塞相狠狽相衝距之眞相非先知有所謂大斯拉夫主義所謂大日耳曼主義者焉不可

大斯拉夫主義者何大日耳曼主義者何斯拉夫人日耳曼人各以民族之名相標榜欲舉其同族之民散在各國者聯爲一大政治團體而揭櫫此主義以相號召也歐洲之大民族四曰日耳曼曰拉丁曰盎格魯撒遜曰斯拉夫德法英俄四國爲之代表而歐之東南境則日耳曼人與斯拉夫人錯處相偪相猜而禍亂遂蘊釀於其間今先列敍此兩民族分布之大勢然後此兩主義之源流可得而論次也

全世界之斯拉夫人約一萬六千萬其派別及分布之地域略如下

俄羅斯人一萬一千二百七十萬　住俄境

波埃末人六百萬　住奧匈境

斯羅哇克人二百餘萬。住奧匈境。

波蘭人千十百萬。住奧匈境者五百萬。住德境者百萬。住俄境者千一百萬。餘二百餘萬移住美國

魯的尼亞人二千七百萬。住俄境者二千三百萬。住奧匈境者四百萬。

布加利牙人六百五十萬。住本國境者四百萬。住巴爾幹各國者二百五十萬。

塞爾維亞人九百萬。住本國境者二百七十五萬。住門的內哥者二十五萬。住奧匈境者五百餘萬。

士羅溫人百三十萬。住奧匈境。

全世界之日耳曼人約九千萬。其分布地域略如下。

在德國者六千萬。

在奧國者九百九十萬。

在瑞士者二百萬。

在俄國者二百萬。

在其他歐洲各國者百二十萬。

在美國及加拿大者一千萬。

在中美南美者一百萬。

由右表觀之。則知斯拉夫人居俄羅斯者約三分之二。自餘三分之一。散居各地。而在奧匈境者。逾所餘之半焉。

日耳曼人居德意志者亦三分之二。自餘三分之一。散居各地。而在奧匈境者亦占所餘三分之一焉。彼德意志

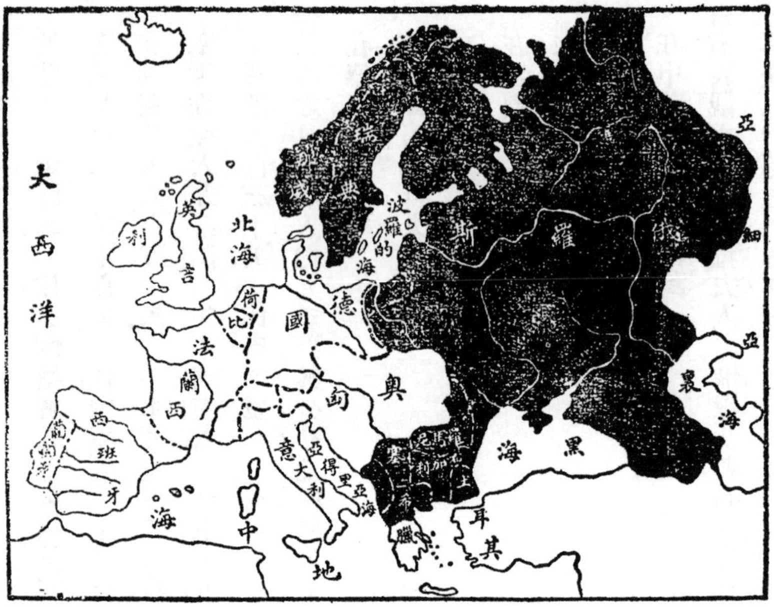

大斯拉夫主義之理想的地圖

（黑色者將來大斯拉夫族帝國之領土也）

帝國曷爲能建設。則此日耳曼主義之鼓吹爲之也。今霸氣橫溢之德皇。常思百尺竿頭進一步於現帝國境外。更建殊勛。此大日耳曼主義所由起也。俄人於歐洲列强中較爲後起。海陸要害。多爲他國所占。非拓境無以自强。而同族之民。又多呻吟於他族虐政之下。其徯后來蘇之念至迫切。俄乃因而利用之。此大斯拉夫主義所由起也。大抵大斯拉夫主義所夢想之將來大帝國。以俄羅斯爲基本。北則兼併瑞典那威。壟斷波羅的海之東西兩岸。而與英國共爭北海海權。中則將德奧兩國所屬波蘭舊地。全割而隸諸俄。其奧屬之坡士尼亞赫斯戈維納二州。及其南境凡斯拉夫族所居地。皆割取之。乃至並匈牙利亦編入聯邦之列。而巴爾幹半島中羅塞布門亞諸國。其全屬此大斯拉夫帝國之版圖。自不必論。即希臘亦割取其北部之

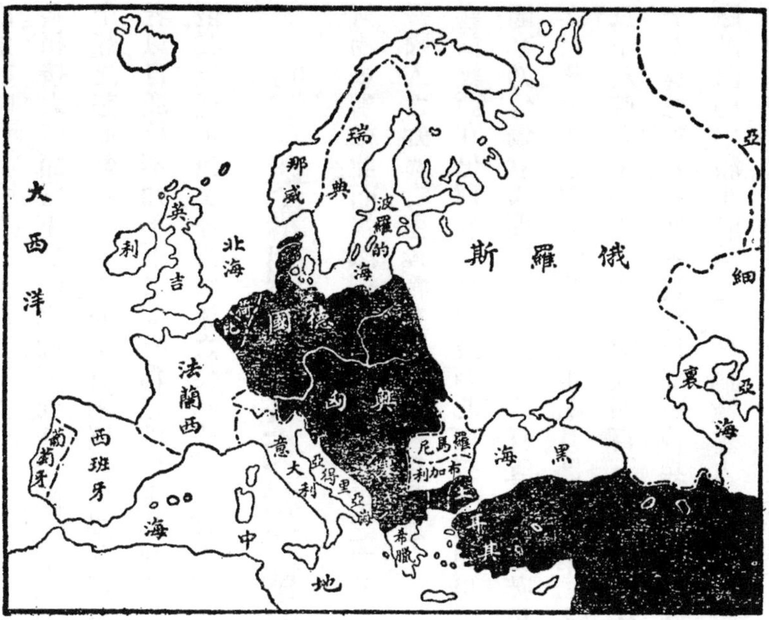

大日耳曼主義之理想的地圖

（黑色者將來大日耳曼帝國之領土也）

半。而其尤要者。則爲土都之君士但丁堡一帶。必欲得之以通黑海與地中海之關鍵。此斯拉夫民族雄圖遠略之大凡也。大日耳曼主義所夢想之將來大帝國。北則合併荷蘭比利時。與英法共有英吉利海峽。中則兼吞塞爾維亞門的內哥亞爾巴尼亞及希臘之北境。毋使爲通小亞細亞之梗。在巴爾幹半島中惟羅馬尼亞布加利牙兩國純粹異族。且偏在東隅。可以置諸不顧。其他迤西諸地。則皆攘取之。而其最注重者。亦在土都君士但丁堡一帶。必不使落他人之手。然後巴克達鐵路得一氣貫注。（巴克達鐵路之形勢下文別論之）因而壟斷小亞細亞以直達波斯灣。此日耳曼民族雄圖遠略之大凡也。更質言之。則斯拉夫民族以再造東羅馬帝國自負。日耳曼民族以再造西羅馬帝國自負。而各自心目中所欲攘奪之地。其攘奪之程序與手段何若。

或爲攻略。或爲脅割。或爲聯盟合邦。皆不能預定其進取之前途。亦殊遼遠。雖然。今固已各自着手。而漸至於短兵相接之時。而當下所爭之標。則同在南歐一隅之地。故其暗鬪於廟堂尊俎間者已數十年。直至今日乃始成土囊之怒。而爲尾閭之洩。而奧塞兩國者。各緣其所處之地位。不得不託於所謂大日耳曼主義大斯拉夫主義者以自庇。故不知不識之間。遂爲德俄作驅除難。明夫此中消息。則今茲戰禍所以肇釁於奧塞。而遽飛渡於德俄。其故從可識矣。今爲敍述之便。請先語擁彗前驅之奧塞。次乃及發蹤指示之德俄。

四　奧塞國情及其交惡之積因

何物塞爾維亞。而悍然攖強奧之鋒。彼恃俄之立乎其後。固也。然彼固自有其能戰之具與其不得不戰之由。計吾國人之知塞者蓋極希矣。不避複沓。稍詳述之。

塞爾維亞在巴爾幹半島之最西北。南接奧匈國。以達紐布河爲界。八十餘年前。本土耳其一行省也。漸爲半主國。卒乃爲獨立國。面積一萬八千六百五十平方英里。約比我國一中縣。人口二百九十餘萬。約當我北京住民之數。此去年以前之情狀也。去年七月。巴爾幹第二次戰事既終。據布加黎士條約。（事詳下）大廓境宇。今有地三萬三千八百九十一平方英里。有民四百五十七萬九千餘人矣。而其陸軍。平時有二萬四千四百餘人。戰時有三十五萬二千人。今世各國實行國民皆兵主義者。惟塞爲峯極矣。頻年以來。一戰勝土耳其。再戰勝布加利牙。在歐洲諸國中戰事經驗之富。殆無逾塞人者。其侈然不肯爲奧下。蓋有由也。

塞爾維亞人爲斯拉夫民族之一枝派。前既言之。故塞人一面以斯拉夫人之資格。與俄人等共倡大斯拉夫主義。一面又以塞人資格。更自倡所謂大塞爾維亞主義。大塞耳維亞主義者何。其一則舉凡散居各國之塞人。悉結集之。使同受治於祖國政府之下。無俾爲人魚肉也。其二則規復七百年前塞國全盛時之疆域。使不失舊物也。由第一義言之。則據前表所列。塞爾維亞人都九百萬。其居本國境者。僅二百七十萬。餘皆僑蕩他國。塞人之痛心疾首。有固然矣。由第二義言之。則今之事勢。與塞人所夢想者。相去尤遠。欲得其情勢。當遠溯前史。故不避枝蔓。更略述其興衰沿革如次。

當我國元明之交。塞爾維亞儼然一帝國也。其種民之徙殖。莫詳其所自來。或疑卽漢書西域傳所稱之塞種云。西紀六三八年。（唐太宗貞觀十二年）始建國。卽以種名爲國名。其時所謂塞爾維亞者。今坡士尼亞（卽奧儲遇害地）門的內哥之地皆屬焉。至一三三八年。其王士的芙那者。併有古代馬基頓希臘之地。拓境及巴爾幹之泰半。遂稱帝。（其時之塞爾維亞。包有今日之布加利牙門的內哥阿爾巴尼亞三國。南據今希臘之半境。北括今奧屬坡士尼亞赫斯戈維納二州）其後土耳其之阿曼帝國興。遂侵略之。屢抗不勝。至一四五八年。卒夷爲郡縣。而其民厲意墨守國粹。言語習俗宗教。皆不肯與土國化。如是者數百年。一七一八年。（康熙五十七年）土敗於奧。割塞爾維亞及坡士尼亞以講。自是爲奧屬者二十年。一七三九年。土奧再戰。塞人叛奧。復歸於土。一七九〇年。土奧之戰。塞人復謀應奧。不克。一八〇四年。塞人自起叛土。土人征之。旋仆旋興者十餘年。其間亦嘗乞援於俄。俄人要求歸俄保護。塞人不應。遂止。其時俄方集全力以謀擯拿破侖。抑未遑遠略也。迨一八一七年。塞人經數次血戰。諡攘土軍於境外。自選君主而立之。越十二年。（一八二九年）土廷與之結約。責其歲貢而已。一八七八年。（光緒四年）以柏林會議之結果。公認爲完全獨立國。此塞爾維亞建國沿革之大略也。

彼自旣爲半獨立國之後。務教育。勸工藝。修軍備。國基漸奠。將徐謀生計之發榮。雖然。塞國位置。其北與西皆控於奧匈。東則羅馬尼亞與布加利牙。西南則門的內哥與土耳其舊屬之阿爾巴尼亞。南則希臘。六面閉鎖。殆如鐵圍。蓋巴爾幹八國中其他七國皆瀕海。獨塞則並尺寸之海岸而無之。夫立國於今世無海則何以自存。塞人之疾首痛心惟此為最。於是日夜謀所以自振之策。其所心營目注者。則在併吞門的內哥與坡士尼亞。合為一大王國。因得從阿德里亞海。（與意大利相望之海）闢一牖戶。此策之成敗。塞國存亡所由判也。門的內哥本與塞人同族同派。又以國太小不能自立。久懷合邦之志。將仿奧匈之例。兩國各置議會。各置內閣。而同戴一元首。說者謂密約久已成立。待兩王即世之後實行焉。坡士尼亞赫斯戈維納兩州。其面積殆倍於塞。而其居民皆塞種。在昔固塞之版圖也。其復與塞合。非惟塞人欲之。坡赫之民尤樂之。塞人之夢想斯境。就吾儕平情論之。固不能謂為已泰也。而柏林會議之役。奧人藉德後援。篡取坡赫兩州統治權於土廷之手。塞人遠志。則已十蹶八九。然此統治權以三十五年為期。猶希破甑可以復完也。逮一九〇八年。（距今六年前）奧人竟取二州者而縣之。於是塞人之希冀遂盡絕。當斯時也。奧塞國交間不容髮。徒以俄方不競。遂爾飲恨。（各事別詳下）方不寧惟是。壬子癸丑兩歲。塞人掃境內之師以從事於巴爾幹戰爭。兩役咸捷。已據有阿爾巴尼亞之北部。得阿德里亞海之沿岸地。奧人以師壓境脅之使退。（事別詳下）壬子之役有然。癸丑之役亦有然。傳不云乎。國不競亦陵。何國之為。塞人之蓄怨積怒於奧。已逾數紀。及今不有所引決。卒為奧役而已。夫塞人且有然。坡赫兩州之民更可知矣。故今茲謀害皇儲之舉。其行固可鄙。其志實可哀也。

然則曲將在奧乎。曰嘻。是又安能以一言武斷者。夫國之欲自存也。誰不如我。地位相偪。而馴至利害不兩立。則竭全力以爭於毫髮之間。謀國者所宜爾也。夫由塞人言之。則非推演此大塞爾維亞主義以底於成就。則今之小塞爾維亞將不能自存。由奧人言之。則大塞爾維亞主義成就之時。卽奧匈國滅亡之日。此又非深通奧國內情者。不能得其眞也。請更晰言之。

若僅皮相而已。則以奧匈國之幅員人口。在歐州儼然爲一等國。無可疑也。雖然。其立國之基礎。實至薄弱。彼蓋由各種異言語異宗教異習俗之民族。勉强塗附而成。以較英法德俄意諸邦。則健全之國家要素所缺實多。此奧國先天之遺憾也。今將其境內人種列表如左。

人種＼所居地	奧大利	匈牙利	坡赫兩州	合計
日耳曼人	九、九五〇、二六六	二、〇三七、四三五	二二、九六八	一二、〇一〇、六六九
匈牙利人	一〇、九七四	一〇、〇五〇、五七五	六、四四三	一〇、〇六七、九九二
坡埃米人斯羅哇克人（斯拉夫族）	六、四三五、九八三	二、〇三一、七八二	七、五二七	八、四八五、二九一
波蘭人（斯拉夫族）	四、九六七、九八四	四〇、五三七	一〇、九七五	五、〇一九、四九八
塞爾維亞人（斯拉夫族）	七八三、三三四	二、九三九、六三一	一、八二二、五六四	五、五四五、五三一
魯的尼人（斯拉夫族）	一、二五二、九四〇	四七二、五八七	七、四三一	三、九九八、八七一
士羅溫人（斯拉夫族）	二七五、一一五	九三、一七四	三、〇一八	一、三四九、二二二
羅馬尼亞人	二七五、一一五	二、九四九、〇三二	六〇八	三、二二四、七五五
拉丁人	七六八、四二二	三三、三八七	二、四六二	八〇四、二七一

其他	—	二三八、三四五	一三、九五八	二五二、二〇三
外國僑民	六〇八、〇六二	—	—	六〇八、〇六二
合計	二八、五七一、九三四	二〇、八八六、〇四四	一、八八九、〇四四	五一、三五六、四六五

由是觀之奧匈國所屬民口五千一百餘萬其與皇室同族之日耳曼人僅一千二百萬次則匈牙利人一千萬而屬於斯拉夫系統之各種民族合計二千五百萬就中塞爾維亞族亦五百五十餘萬故以大斯拉夫主義侵略奧匈可以奪其民三分之二即以大塞爾維亞主義侵略奧匈亦可以奪其民十分之一信如是也何以爲國故民族主義之爲物與奧之國情最不相容當十九世紀中葉民族論狂捲全歐而奧之名相梅特涅擲生命以與之鬥匈牙利名士噶蘇士嘗持民族論思傾奧以振匈其子愛國之誠不讓乃翁而所持政策適得其反斯皆忠於謀國炯識邁倫者也今也所謂大斯拉夫主義大塞爾維亞主義者日蹈瑕隙以思逞於奧匈境中則奧人竭其力所能逮以防堵之又何足怪據最近所聞則奧皇儲治奧之根本計畫有一奇策焉曰舉奧匈境內之斯拉夫人別畫爲一王國如匈牙利之例使之自有國會自有內閣與今之奧匈鼎足而三而共戴一元首軍政外交統於一尊此策若行奧之國基庶可不墜而所謂大斯拉夫主義大塞爾維亞主義自茲將一蹶不能復振矣嗚呼奧儲不死其或有終償此志之一日而塞人坡人所以必致死於奧儲者則亦坐此焉耳

抑奧人所以毅然求戰者尤有一因焉吾曾言塞爲無海之國即奧亦何嘗有海者彼自得坡赫二州乃始於阿德里亞海得一洩口然猶與意大利共之彼之不能不取坡赫二州者勢也僅取坡赫二州猶以爲未足亦情也

故皇儲與前外相埃連達所規畫。遠着眼於土耳其屬之薩羅尼加港。欲襲斷桑治耶克鐵路直貫巴爾幹半島。以臨多島海。經過事實別詳下方會巴爾幹戰役起。其和議之結果。路線所經之地。半隸塞版。雄圖於焉大挫。此亦奧人不能已於戰之一大原因也。

要而言之。奧塞之戰。兩造皆起於不得已。塞國爲建樹新國計。而利害與奧不相容。奧則爲維持舊國計。而利害與塞不相容。夫自十九世紀下半紀民族建國之義大昌。區區之撒的尼亞。其境土民衆。皆不逮今之塞國。而其王埃瑪努與加富爾瑪志尼加爾波的二三豪俊。竟能挈之以創造意大利國。至今廁於六强之間。卽德國當四十年前。亦二十餘小邦並立。操縱於他國主權之下。而以一普魯士能結之以成今之帝國。以彼例我。則大塞爾維亞國之出現。曷爲而不可致。此塞人所日夜夢想。願得須臾毋死。以一睹其盛者也。徒以有奧人爲之梗。乃若羝羊觸藩。求寸進而不得。此塞人所爲舉

奧匈國境內各民族錯居圖

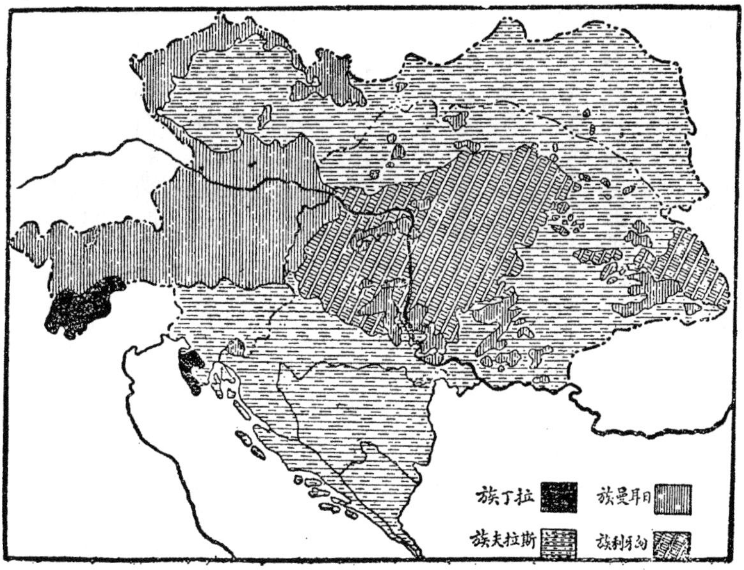

國飲恨而思一雪也。若夫奧人者。自西羅馬滅亡後。爲全歐之宗主者數百年。自拿破侖以前歐洲各國無稱帝者惟奧大利有帝號耳蓋自以爲承西羅馬之統而各國亦咸公認之也俄自大彼得始稱帝則欲襲東羅馬之統也法拿破侖之稱帝則自謂混壹全歐建新統矣德維廉之稱帝則與奧爭西羅舊統也英則惟帝印度不帝本境自餘諸國至今無稱帝者及撒的尼亞人肇建意大利。而奧之主權蹙其十二三。及普魯士人肇建德意志。而奧之主權蹙其十六七。就中匈牙利屢瀕於破裂。其幸而維持至今。已不知費國中志士仁人幾許心血。若所謂大斯拉夫主義大塞爾維亞主義者。洊起於今後。則剝牀以膚。將不復能以國家之資格。立於天地。奧人之必死以爭之。自衞之道宜爾也。故曰兩造皆不得已也。

以上述奧之關係略竟。次及德俄關係。

五　俄國進取東方之動機及巴爾幹問題之由來

外史氏曰。世事如浮雲。其變如蒼狗。豈不信哉。今茲之役。固明明英法俄合縱以擯德也。然夷考數十年前之大勢。則英法號稱百年世仇。相猜嫉不解。俄人處心積慮。謀東侵。屢進而屢厄之。英俄不兩立久矣。而俄普奧三國方締結所謂神聖同盟者。將以北撓英而南控法。及德帝國既建。而俄德攻守同盟。猶歷五稔。當十九世紀末葉而謂歐洲國交之離合。將如今日。誰則信之。而事實則竟爾爾矣。夫今茲戰禍之導線。巴爾幹問題也。然巴爾幹問題之發生醞釀。惟俄國實始終之。故敍述遠因。以俄託始焉。

吾嘗言奧塞皆無海之國。搆衅大原。實由爭海。夫無海之國。豈惟奧塞。雖俄亦有然。雖德亦有然。故謂各國皆爲爭海而戰焉可也。今且置德而先論俄。當大彼得卽位伊始。俄國所有海。北則白海。南則裏海。西則亞章吉爾海。

白海諸港每歲寒冰者八閱月。裏海則死湖耳。亞章吉爾雖臨波羅的。而瑞典扼其喉。故彼得與瑞典十二年血戰乃奪得波羅的海岸。以建聖彼得堡新都。爲力雖勤。非得已也。然波羅的海僻在窮北。不足以爲經略中原之資。抑甚明也。故俄人之思逞於黑海也。自彼得至今。未嘗一日忘。幾經慘憺經營。乃始得克里米片土。爲立足地。克里米者黑海東北岸一極小之半島也與俄之陸地毗連本土耳其轄境十八世紀中葉俄人略得之然欲由黑海出地中海。西向以爭霸於歐洲。則有坡士坡羅與達達尼爾兩海峽綰轂其口。士京君士但丁堡實據之。此兩海峽者。與西方之直布羅陀海峽遙遙相望。皆所謂一夫當關萬夫莫開。全世界形勝之區。莫之與京也。故大拿破侖嘗言。君士但丁附郭十里之地。如人身咽喉。不過三寸。扼之則制死命。而大彼得夙有見於是。世所傳其遺詔。謂第一着卽在與土力戰。奪取君堡而都之。以承東羅馬帝國已墜之統。其信否固不必深求。而俄人百餘年來之舉措。固日日嚮此鵠以銳進。歷百折而不撓。則稍治國聞者所能共睹也。而所謂巴爾幹問題者。遂自茲濫觴焉。今欲明問題之眞相。宜先將其形勢歷史略敍之。

巴爾幹半島位於歐洲之最東偏。東臨黑海。西控阿德里亞海。與意大利相望。東南瀕多島海。以眺小亞細亞。而以波士波羅及達達尼爾兩海峽爲其關門。南襟帶地中海。遙對亞非利加。惟北則毗連大陸。而與俄羅斯奧大利境相錯焉。俄奧之爭巴爾幹。猶漢與匈奴之爭西域。一得一失。强弱興亡之所由決也。而英與俄之競覬覦其海權。則亦如南北朝之上爭荆襄。下爭淮泗。全半島中除土耳其外。今有獨立之國六。曰希臘。曰塞爾維亞。曰羅馬尼亞。曰門的內哥。曰布加利亞。曰阿爾巴尼亞。希臘之獨立。告成於一八三〇年。塞羅門三國。皆一八七八年。經柏林會議認其獨立。而塞爾維亞之始建國。實在一八一七年。羅馬尼亞之始建國。則一八五九年也。布加利亞則柏林會議認爲半獨立。至一八八一年。始建國。一九〇八年。（距今前六年）始完全獨立者也。最後起者爲阿爾巴尼亞。一九一三年。（去年）巴爾幹第二次戰爭後。各國協議認其獨立者也。此外尤有坡士尼亞赫斯戈維納二州。屢謀獨立不成。柏林會議以其統治權公委諸奧匈國。至一九〇八年奧人夷之爲郡縣者也。此六國二州者。前此皆土耳其行省也。使土耳其能修其政治而輯和其民。自可以搏控全境。使永爲一統一之國。而近數十年來所謂俄土戰爭土希戰爭意土戰爭及屢次巴爾幹之內亂戰爭。皆可以不起。更何有於今次之役。又使此諸地者。既已脫土國之羈勒。即能混合爲一國。如意大利。或相結爲聯邦。如德意志。則據其形勝。亦足爲歐洲之一雄。以保均勢之局。兩皆不能。而令歐洲各國。互眈眈於其旁。競思嘗其一臠。相持相妒。以有今日。乃至動數千萬之師旅。全歐肝腦塗地。池魚之殃。波及他洲。推原禍始。不能不痛恨於土耳其政綱之不振。與夫諸獨立國之不務輯協。而迭相鬩。有以自賊而賊人也。而所謂歐洲列强者。各酣溺於私利。而日謀以巴爾幹諸國之利益爲之犧。或煽動之。或牽掣之。縱横捭闔無休時。使諸國常陷於杌隉不安之境。末由遂其自然之發育。然後冀乘此以償其宰割之欲。卒至釀禍滔天。至今日乃不得不各自以其本國爲孤注以賭一擲。則又列强自作孽而不容尤人者也。今先略敍巴爾幹紛亂之起因。以次述列强操縱離合之陳跡。庶幾此次戰事深遠之動機。可得而闚也。

巴爾幹之紛亂。其總因蓋起自土政之不綱。彼土耳其人之結合小亞細亞與東北部之亞非利加及歐羅巴之巴爾幹全部以成爲阿士曼大帝國也。非能具備立國之根本要素。扨以兵力而已。此如元代之蒙古大帝國。雖拓境幾及全球之半。兵力一衰。則隨之以瓦解。此自然之數也。而巴爾幹之艱於統治。又爲各地冠。就人種問題言之。全半島之人民。計二千二百七十餘萬。而爲政治主宰之土耳其人僅及百萬。居全人口二十二分之一耳。

其他則屬於斯拉夫系之塞爾維亞族布加利亞族凡千餘萬人。屬於拉丁系之羅馬尼亞族。屬於峨特系之希臘族。各約四百餘萬人自餘阿爾巴尼亞族日耳曼族猶太族等一二百萬人以極少數之土耳其族臨之固已若朽索之馭六馬。而土耳其人又極富於排外性。末由以自力吸化異類且其文明程度。又遠出被治諸族之下。其不能懷服之固其所矣。就宗教問題言之。巴爾幹宗教之大系三。奉希臘正教者最大多數。奉回回教者之數次之。奉羅馬舊教者之數又次之。其奉新教及猶太教者。亦所在多有。而回回教人實握主權。且以政教合體之故。土皇以人皇兼教皇。常奮無上之權威以遇其民。而回回教又以勦絕異己爲職志。所謂信仰自由者。絲毫不能行乎其間。其上下之互以草芥寇讎相視。理固然也。種族宗教糾紛之象旣若彼。使其政治之組織稍得宜。猶可以補偏救弊於萬一。（奧匈國境內之種族宗教其糾紛複雜不讓巴爾幹而能維持今日之現狀者政治之組織尙完故也）而土耳其席東方專制之習。閹宦女謁盛行。宮廷侈汰無度。財政涸竭。仰給外債。迄於破產。則以橫征苛斂施之其民。軍隊橫恣。草薙禽獮。比戶騷然。道路以目。此等現象。百餘年繼續以極於今日。民不堪命。蓋亦甚矣。以此諸因。故巴爾幹人民。勢不能不出死力以求自脫於土耳其專制之外。故坡赫二州與夫希塞羅門布阿諸國。累叛亂以叛亂。靡頂放踵。百挫而不悔。論世者固當哀其遇而嘉其志矣。夫巴爾幹之民與土廷爲仇。則何與他人事者。雖然。凡倡叛亂於專制政府之下者。其力恒單微。而常思假手於外援。强鄰之懷抱野心者。則從而利用之。而不競之政府。亦或思假手外援以遏內亂。故列强之容喙於巴爾幹問題。其機一矣。彼巴爾幹民族之複雜。旣已若彼。其能結合一致爲共同之步武者。惟敵愾土耳其之一事耳。舍此則其利害隨處可生衝突。而各族又皆有同族之强國立乎其後。而間接之利害衝突與之相緣。故列强之容喙於巴爾幹問題。其機二矣。又況今世政治勢力。常隨生計勢力爲遷移。彼貧弱之老大國及新造國無論財政方面產業方面皆不能不仰給外資外資所至之地國權隨焉故列強之容喙於巴爾幹問題其機三矣嗚呼綿綿不絕將尋斧柯一髮之牽全身動焉此巴爾幹問題所以爲半世紀來歐洲外交之樞軸而全歐識者咸惴惴然於厝火積薪之局遷延隱忍至今而卒不免於橫決也

夫巴爾幹半島爲十餘種之民族錯糅而居而斯拉夫族實居過半數則斯拉夫人之力常能爲巴爾幹問題之中堅甚明然斯拉夫人非特巴爾幹爲本營也全世界之斯拉夫人一萬六千萬其在俄羅斯者一萬一千萬焉參觀第三章所列表故斯拉夫族以俄爲宗盟而塞爾維亞布加利牙等支族其視俄也若弱弟之怙恃其長兄此事理之最順而易馴致者也俄人既秉大彼得遺訓注全力以經略東南其始則亦專恃軍威以力征已耳故十七十八兩世紀其與土與奧交戰前後凡大小十餘役迨十九世紀民族主義披靡一世俄人遂利用之以爲侵略之資於是所謂大斯拉夫主義者興焉大斯拉夫主義者舉凡住居於東南歐之斯拉夫民族相結爲一體脫離他族之統治或成爲一單一國而戴一斯拉夫人爲之元首或成爲聯邦國而戴一最大之斯拉夫國爲之主盟也俄人既揭斯義以號召於其族而復以快語歆動之以憤語激刺之其言曰歐洲三大民族迭興拉丁族之歷史在過去條頓之歷史在現在而我斯拉夫族之歷史在將來又曰以擁有一萬二千餘萬人之斯拉夫族而讓區區五千萬人之條頓族握世界霸權實爲吾族恥之此等言論起於一千八百三十年頃其始倡之者不過數人而響應之速乃非始願所及至十八世紀之下半紀而屬於此主義之團體與其言論機關已徧於東南歐矣夫以巴爾幹政象之泯棼既已若彼其民日在水深火熱之中久懷徯后來蘇之望而就中半數之斯拉夫人又習爲此主義之所歆動譬猶失母嗁飢之弱弟而忽有被服麗都之長兄炫翹翹車乘以招之而謂其能無所動於中

豈情也哉。故十九世紀巴爾幹諸地之叛亂。雖曰土政不綱。有以釀之。而亦半由俄人之大斯拉夫主義爲之汨流而揚波。事實章章。雖百喙不能爲俄解也。

俄人利用此大斯拉夫主義。使巴爾幹人執殳爲之前驅。以求遂其飲馬黑海奠鼎君堡之壯圖。爲俄計則誠得矣。而全歐咽喉委諸强俄之手。其影響於全局果何若者。他國且勿論。其直接受剝膚之痛者。則奧大利匈牙利也。夫非徒曰鄰厚君薄。俄勢張則奧㞼僞云爾。奧匈境內其民族之複雜。既如前述。倘大斯拉夫主義之進行。沛乎莫禦。其結果必將剖全奧之半。折而入於俄。否則斯拉夫人起而爲奧匈國之最高主權者。而舉全奧以受俄指揮。然則奧匈國之與大斯拉夫主義不能兩立。所爭者非國運盛衰問題。而國統絕續問題也。明夫此中消息。則俄奧曷爲數十年積不相能。奧人曷爲忽蠲宿憤而甘與德相依爲命。其原因既洞若觀火。而此次之由奧塞戰爭遽一變而爲德俄戰爭者。其機樞所存。亦從可識矣。

六　俄土戰爭與柏林會議

傷哉俄也。東坡詩云。園中草木春無數。只有黄楊厄閏年。吾於俄人之經營巴爾幹見之矣。蓋其前半段之歷史。則見厄於英法。其後半段之歷史。則見厄於德奧。俄人所施於巴爾幹之種種手段。强半爲他人作驅除難。而所獲遠不足以償其勞。俄國目營八表之英雄。其賫志飲恨以沒者。不知幾輩也。其所最痛心疾首者。莫如一八七八年之柏林會議。蓋自柏林會議後。俄人重厄運以厄運。德則驅奥作倀。著著承人之敝以徼其利。於是疇昔以俄爲歐洲之公患者。今則公患已漸移於德。譬諸春秋之世。英其晉也。俄其楚也。德其秦也。晉楚爭霸數十年。及

秦起而不得不出於合縱今日之事蓋有類於是而旋其樞者實自柏林會議故雖謂柏林會議爲今茲戰役之母焉可也

柏林會議爲歐洲政局嬗變一大鴻溝而現今巴爾幹諸國之基礎半皆託命於是欲知此會議成績所由來宜先知會議前巴爾幹諸國變遷之狀態故今先略述之當一八二九年塞爾維亞之獲爲半獨立國也俄人實左右之蓋十八九世紀之交俄土交鬨迄未嘗絕也及維也納會議後俄方與普奧結神聖同盟汲汲謀干涉各國內亂故巴爾幹賴以無事者垂二十年既而俄人乘歐洲中原多故思得當以一逞遂以一八五三年藉口於薄物細故要脅土廷使舉巴爾幹境內基督教民之保護權委諸俄國不應遂臨之以戰是爲第一次俄土戰役歷史上有名之克里米戰役是也遭英法之同盟干涉綿閱四年以巴黎會議終焉其結果則定黑海爲中立各國軍艦悉禁勿許入俄土皆不得於沿岸設軍械局塞爾維亞及某某二州歸各國共同保護使土廷宣言優待巴爾幹境內基督教徒俄人所要求代保護權永拋棄之於是俄人所懷抱之大欲一舉而空此俄國東方政策失敗史之第一章也

克里米之役俄人所以輕於一試者以爲歐洲正當二次革命之後一八四八年全歐各國皆起革命距克里米役前四年各國皆兢兢防內亂無暇他顧不意英法起而掎之遂令俄皇尼古拉第一賫志以歿顧由今日觀之其最足注意者則普奧二國之態度也當英法從事干涉屢示意於普奧普則嚴守中立奧則最後雖加入同盟然始終不肯出兵以與俄敵以大勢論之則英法爲俄之仇而德奧反若爲俄之友其與現在縱橫之勢適相反雖由神聖同盟之遺蛻猶存然普奧人輕視東方問題亦可見一斑矣

自茲以往。俄人知徑遂直行之不能得志也。於是益從事於煽動。以期收間接之利。所謂大斯拉夫主義之傳播。乃孟晉而益厲。果也其效不虛。一八六二年。塞爾維亞以謀完全獨立故。（塞雖於一八一七年已建國然猶朝貢於土常受其干涉）復發難。稱兵於土。門的內哥同時應之。（門的內哥者塞爾維亞南之一小國也面積不及塞五分之一然自始未嘗馴服於土當一三八九年土人滅塞塞人之勇悍者走入其南部之叢箐中據險不服後遂自選會長練軍隊拒土無虛歲亘數百年土人終不能郡縣其地其性質頗類我國滇蜀間之土司其人最足以代表斯拉夫族強毅之精神大斯拉夫主義之運動常恃爲根據地此次亦加盟於塞與德奧戰）土人征之不克。割地以和。羅馬尼亞人亦於其年以始建國牒告列邦。土弗能禁也。（巴爾幹東北境有摩達威及哇拉西亞兩地本以小侯國而役屬於土者也此兩國人民大半皆屬於羅馬尼亞族其中亦有少數之塞爾維亞族克里米戰役後此兩國謀合爲一以建一羅馬尼亞國土奧皆不喜之卒將此問題提出巴黎會議公議兩國各有國會各舉一侯一八五九年正月廿九日摩達威國會選克薩將軍爲侯二月十四日哇拉西亞國會亦選克薩爲哇拉西亞侯於是兩國事實上已併爲一一八六二年遂以羅馬尼亞侯國之建國牒告列強列強默許之惟仍貢歲幣於土而已今次戰役羅馬尼亞加盟於德奧蓋羅人非斯拉夫種也）一八七五年。赫斯戈維納坡士尼亞二州。不堪土廷苛斂。揭竿而起。塞門兩國應之。明年布加利牙人復應之。未幾悉爲土軍所戡服。是時土人仇視基督教徒之念日益熾。其年五月。回教人在各地恣行屠戮。其基督教徒所居鄉市被騷擾者五十八處。老弱男女見殲者一萬二千人。土廷莫之禁也。於是予俄人以莫大之機會。而第二次俄土戰役起。

俄人飲恨於克里米之役。於茲二十年。今也法國新敗。拿坡侖爲俘。（克里米之役拿坡侖第三實爲主動）奧亦甫見挫於普。常兢兢若不自保。英人不能以獨力伸遠蹠於東方。抑甚明也。俄皇亞力山大第二以謂此千載一時之機。宜攫勿使逸。土耳其虐殺事件之起也。全歐同憤。輿論抨擊土廷。不遺餘力。六月一日。塞爾維亞復首發難。與土宣戰。有大斯拉夫主義所屬之團體。曰國民共厲協會者。（即此次主謀暗刺奧儲之團體）總會設於塞都。分會徧巴爾幹各地。而俄之將校實陰主之。土塞始交綏。俄爲之資助餉械。其義勇兵之從軍於塞者。不知凡幾。然塞軍竟不支。屢爲土所破。幾瀕滅亡、俄人提出種種條件以謀調停土人不應。明年一八七七年三月。俄土遂戰。蓋俄塞合縱之軍實起於茲役。俄藉塞爲驅除塞恃俄以無恐。其事勢與今茲之役。若合符契也。夫以積弱之土。安能敵方張之俄。況乎土之屬民爲俄耳目爪牙者什而八九。勝敗之數。豈待蓍龜矣。交戰未及一年。俄人以全捷之結果。遂於一八七八年三月。與土廷締結所謂聖士的夫條約者。以講其約文主要之點如下。

一　土耳其承認門的內哥羅馬尼亞塞爾維亞爲完全獨立國。

二　以督米里州之大部分及馬基頓州北部。割隸布加利牙。許布人自選基督教徒爲國主。土人除徵朝貢外。一切聽其獨立。締約後二年間。俄人置統監且派兵五萬駐布境。

三　土償俄金五萬萬盧布。且將亞爾米尼亞州北部及德布的亞州全部（羅馬尼亞東沿岸地）割讓與俄。俄復割土屬小亞細亞之一部分。

此條約者。當時猶以英人方派艦隊於馬爾馬拉海爲示威運動。俄有所憚。僅乃出此耳。苟非爾者。其要求之奢。當尚有加焉。然即此條約之結果。則俄人所得之豐。已不可思議。蓋割德布的亞州。則控黑海之中權。與君士但丁堡對峙。割亞爾米尼北部。則勢力直達多島海。布加利牙爲巴爾幹中原。而俄置統監及戍兵焉。門塞羅號稱獨立。事實上必成俄之附庸。至易睹也。參觀地圖蓋自大彼得歿後垂二百年。俄人所臥薪嘗膽夙夜夢想之東漸政策。至是而始獲一伸。使非有他强有力者撓乎其旁。則巴爾幹全島爲俄縣之日久矣。嗚呼。天下之患。每出於所備之外。其强有力以撓俄者誰耶。則德相俾斯麥其人也。

國際之無道義也久矣。而以欺人之英雄秉國鈞。則其捭闔之作用。遂益不可以方物。當俄土之將戰也。俄人未嘗不先窺試各國之意旨。而其率先宣言爲善意之中立者德人也。戰之既起。奥人欲有所抗議。謀之於德。俾斯麥揚言曰東方問題豈有吾儕亡一矢遺一鏃之價値。奥人遂止。及俄勢日張。英蹶起執言。奥亦嚴兵從其後。而德泰然若罔聞也者。不寧惟是。且假壓制無政府黨爲名。日與俄奥酬酢。倡所謂新神聖同盟者。當此之時。俄人以爲舉世之惠而好我者。莫德人若也。聖士的夫條約之既締也。不獨英奥等國囂然不平而已。卽巴爾幹諸邦。亦緣分配之不均偏壓之過甚。嘖有煩言。而俄境内之虛無黨且有蠢動之報。俄人勢難以再戰貫其初志。俾斯麥知事機已熟。乃投袂而起。以倡設歷史上高名不朽之柏林會議。當時全歐之大政治家大外交家集於一堂。俄之代表則有名之緇衣宰相俄查哥夫。英之代表則的士黎里與沙士勃雷。其餘法與意士代表皆當局有力知名之士。巴爾幹諸小國亦咸遣人蒞盟。而鐵血宰相俾斯麥。以九合諸侯一匡天下之槪。堂堂爲之議長。俄人方以謂得此後援。其厚於己者將無量。俾斯麥之在議場。囧若事事皆爲俄人調護也者。而孰知議場公開討論之外。別有事焉。經一月後。條約公布。而結果乃全反俄人所期。雖曰列强鉤心鬬角。各有出奇。而此天吳紫鳳之柏林條約。强半出自議長俾斯麥方寸之杼柚。此則路人皆見者也。條約凡分十九章六十四條。號稱歷史上文字最浩瀚之條約。今撮其要點如下。

一 縮小布加利牙領土。以多惱河與巴爾幹山脈間爲限。（按該國據聖士的夫條約。應得地面積十六萬三千平方啓羅米突。人口四百萬。今據此約。僅得面積六萬四千平方啓羅米突。人口百五十萬。）

二 在布加利牙之南。别置東魯米里亞一州。使自選基督敎徒爲長官。與布加利牙皆同在土皇主權之下。各布自治政。（按將布加利牙剖分爲二。前此布人幾經曲折。將摩達維及哇拉西亞兩州合幷爲一者。至是其局全破。）

三　俄兵之在東魯米里亞及布加利牙者。限九箇月撤退。其在羅馬尼亞者限一年撤退。

四　俄國供聖士的夫條約所得小亞細亞之地。將內中擺察市附近一部分交還士耳其。

五　門的內哥侯國塞爾維亞羅馬尼亞兩王國。公認其完全獨立。

六　門塞二國。皆擴張領土。門的內哥得安的巴里之地。直達海岸。其原擬歸布加利牙屬地之一部分。割以予塞。（按門塞二國本欲得坡士尼亞赫斯戈維納而合幷之。今既將二地予奧。故以此稍殺其憤。）

七　羅馬尼亞僅得德布的亞州。其最繁盛之伯沙比亞州。割予俄羅斯。（按羅馬尼亞損失最巨。伯沙比亞州非徒膏腴耳。且歷史上之舊屬也。德布的亞多沼澤。人口極稀。）

八　希臘割取惕沙里亞及歐比羅士之一部。

九　坡士尼亞赫斯戈維納二州之行政權及守備。委奧大利執行之。

十　士耳其對於境內人民。無論奉何敎者。均須平等相待。

十一　西布拉士島之行政權及守備。委任英國執行之。（按西布拉士島在地中海之極東。小亞細亞之南。英之得此。與土訂別約。不在柏林條約正文內也。）

此其最重要之點也。此條約之造因貽果於歐洲各國果何如。英相的士黎里之涖盟而歸也。宣言於議院曰。經此次會議。於以確定土耳其立國之基礎。保增歐洲之平和親睦。噫嘻。此滑稽之言耳。此勝者以不入耳之談夸敗者耳。由君子觀之。豈惟不足保和平增親睦。徒以醞釀列邦之猜忌嫉視。而蒔禍種於將來。夫巴爾幹問題所以歷三十年不獲解決。而最近數年間希土意土戰役繼起。重以兩次巴爾幹戰役。卒成今日滔天之禍者。何一非柏林條約階之厲也。今略揭此條約詭祕之所伏。而述其與今次戰禍因果之關係如左。

七　柏林條約與今戰役之關係

柏林條約。其最可駭者。則將坡士尼亞赫斯戈維納兩州之統治權。委諸奧大利也。夫此兩州者。在中古時代。本爲塞爾維亞之一部。其人與塞同族同俗。此次倡義抗土。又與塞同爲最初發難者。而戰後所得之結果。與塞苦樂懸絕。塞雖得完全獨立。而坡赫二州甫脫土羈。旋蒙奧軛。等是異族。進狼拒虎。究何所擇。而奧人曾無亡矢遺鏃之費。乃晏然坐得數千里之地。夫俾斯麥果何所愛於奧。而獨厚之若此。普方新與奧戰。而大創之。奪德意志霸權於其手。奧人憤恥未蠲。而普旋結深仇於法。以新造之德。而法奧二憾日伺乎其旁。欲求一夕高枕而臥。何可得者。俾斯麥洞察法仇之不可解。而奧恨之較易消。忽遇此機。乃攫之爲市恩之具。慷他人之慨。在德爲不費。而在奧爲大穫。後此德奧同盟所以能成立。而三十年來德奧之交。若夫婦之倡隨。皆賴是也。而坡赫二州之民。日抱戴盆望天之痛。茹苦飲恨。馴致今次奧儲遇害。卒發難於坡州。非柏林條約拂戾悖理。造其惡因。何至有此。塞門羅布諸國。前此畔亂土廷。無虛歲。今茲之役。其所犧牲。亦不可謂不鉅。乃塞門二國所最希望與坡赫合併之舉。機緣殆將永絕。羅馬尼亞盡失其固有膏腴之地。而僅餘荒磧。布加利牙不惟失其南部。且並獨立之資格而不能取得。自餘東魯米里亞馬基頓阿爾巴尼亞諸地。同爲歐洲民族基督敎徒所居。而不獲與彼四國者享同等權利。仍使憔悴於土廷虐政之下。且國界之分畫。全不因民族自然之勢。而故爲斷鳧續鶴。使杌隉莫能相安。其用意蓋一以摧殘諸國發榮滋長之萌蘖，一以使彼互相猜忌無復寧謐之日。此近東問題所爲數十年轇轕不清，而最近兩年來兩次巴爾幹戰役所由起也。而今茲之役，卽受彼餘波而軒然別起大波而已。

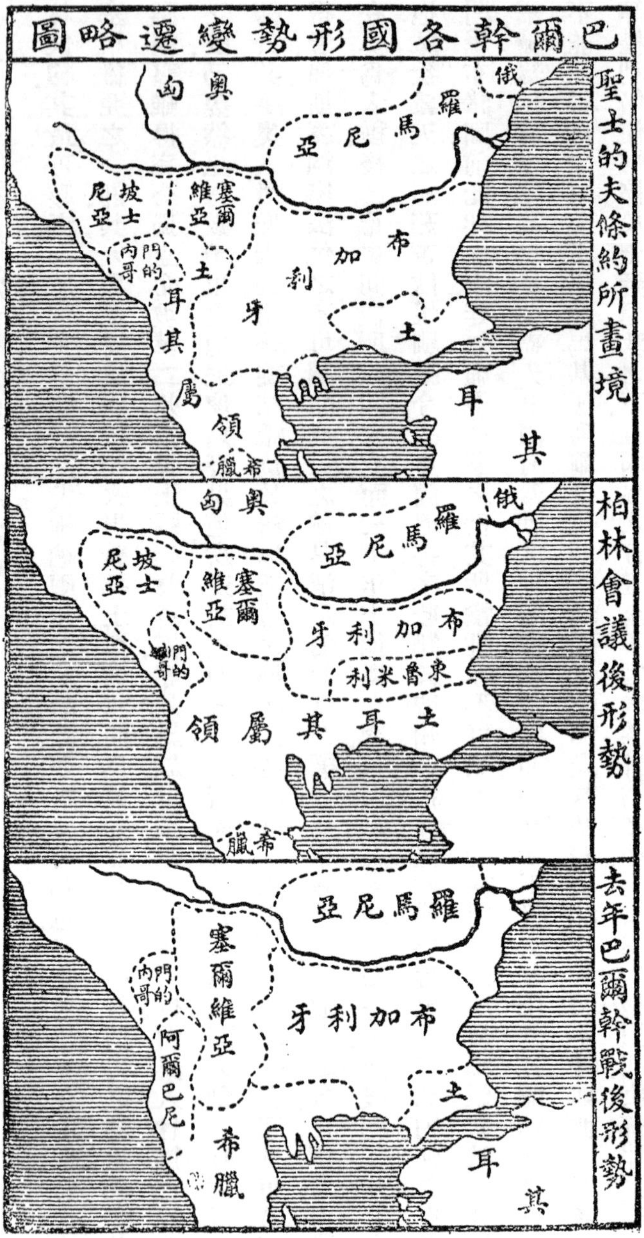

土耳其以數百年世守之地供人宰割，其爲悒怏自無待言。然以較聖士的夫條約，則其失而復得之權利固自

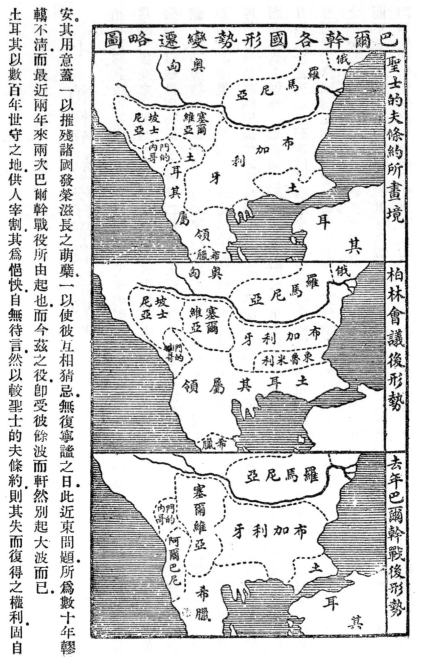

不少。此又俾士麥特市恩於土，為德人近東政策布一遠勢者也。

最寃酷者則俄羅斯矣。聖士的夫條約所收之豐穫，（參觀前節）一舉而空之。僅贏得小亞細亞之片土，曾不足為歐洲大勢之輕重。其在巴爾幹境內所得之地，則割自羅馬尼亞者也。羅馬尼亞本非斯拉夫族，與俄情感殊惡，至是則更甚焉。俄之得不償失明矣。緇衣宰相俄查哥夫當時第一流之政治家也。既見賣於俾斯麥，喪氣而歸，不數年遂悒悒以死。俄之奇恥深恨，豈復有血氣者所能任受。此次俄皇宣戰勅語云：朕忍辱含垢於茲七年。嗚呼若語於垢辱所自來，寧止七年。蓋三十有六年於茲矣。（當時俄皇亞歷山大之后馬利亞語駐俄德使曰：貴國之友誼毋乃太毗於柏拉圖派耶。至今傳為俊談。柏拉圖者希臘大哲也，嘗言男女相愛惟在神交，無取肉慾，故俄后引以為喻，言德人口惠而實不至也。其怨毒深矣。）

柏林會議之初開也，議長俾斯麥宣言曰：『吾為諸公作一最公平之經紀人而已。』蓋自比於司市者為人議價而已，一無所利於其間也。果也條約發表之結果，英俄法奧意五大國乃至塞門羅布希五小邦各有所獲，而德未嘗絲毫染指於其間。俾公信能踐言哉。而豈知其所獲者乃在巴爾幹以外，食其大利者且數十年。太史公曰：廉賈更富，俾公之謂矣。最可憫者英法意諸國，各捲懷其所獲者踴躍以去。英相的士黎里歸至倫敦，英人歡迎狂沸，若慶凱旋。身為鐵血宰相之一機械而不自知也。嗚呼。當時合數國之力共遏一俄，其究也全為德人所利用。及今乃與俄狼狽以倒戈於德，吾國小說家有一俊語云：既有今日，何必當初。柏林會議列席諸公死而有知，不識其何以為懷也。而鐵血宰相瞞天遁地之智囊，其福德耶，其禍德耶。今猶未能言之。外史氏曰：吾亦何言。吾惟怪彼蒼蒼者誕育此輩龍跳虎臥之政治家，毋乃多事耳。

八　三國同盟與俄法同盟

德國建國四十餘年。其外交政策之變遷。顯分兩期。俾斯麥時代。力謀自衞。今皇維廉二世時代。專務進取。此其大較也。德既挫法。遂霸中原。雖然。法人會稽之恥。曷嘗一日能忘者。普法和約之既畫諾也。康必達集國人而申儆之曰『嗚呼。願我子孫勿忘今日。雖然。不足爲外人道也。』復仇雪恥。在法人固宜認爲天經地義。俾斯麥料之熟矣。兵志有之。太上伐謀。其次伐交。俾公畢生之外交政略。惟在孤法人之援。使其莫余毒。其心力所集注。則俄奧意也。初奧相貝士常不慊於俾公。故德雖屢托微波。而奧終不爲動。貝士去位。安德拉西繼之。於是一八七二年。奧帝與新相同朝於柏林。是爲德奧交驩最初之動機。俾相慮俄人之見猜也。以皇室姻婭爲口實。勸俄帝來朝。俄相俄查哥夫從焉。三帝三相會於柏林。遂以九月五日。締結所謂新神聖同盟者。（神聖同盟本維也納會議後俄普奧三國所結五十年前事也今續而新之）翌年。德帝復率俾斯麥朝於俄奧。溫舊盟焉。於是德漸得兩強爲與國。稍即安矣。而俄查哥夫嘗嫉德之浡與。憂俄之見偪。其與德常貌合神離。固俾公所熟察也。所謂新神聖同盟者。當有事之秋。後援之力。殊薄。又俾公所能預測也。無端緣俄土戰役。而有柏林會議。俾公攖此機緣。陽示親於俄。而陰市恩於奧。坡赫之割奧人之感激可知矣。（或曰俾公以與奧坡赫兩州畀奧使奧人之內治益增糾紛而不復能與德競此恐是誅心過當之論）翌一八七九年（光緒五年）十月。有名之德奧同盟條約成立。其旨趣大略。則兩同盟國無論何國受攻於俄國時。皆互起相援。若受攻於俄國以外之他國。則互爲善意的中立。惟俄國若援助此第三國時。兩同盟國卽互以軍相助。近世所謂攻守同盟條約者。此其嚆矢也。當是時。俄相俄查哥夫。怨德甚至。稍稍欲通殷勤於法。法人頷之。俄募外債於巴黎。不數日而應募者三倍焉。又以實行柏林條約。障礙迭生。俄與英奧頻有違言。俄皇親致手書於德皇。謂德若長此相厄。則兩國之交將不保。德皇憂之。躬自詣聖彼得堡。與俄皇有所密議。非俾公意也。俾公卽以此時與奧相定此德奧同盟。議定之時。德皇方在巴典。俾公遣人齎約稿馳奏德皇。以憚俄故。沉吟久之。俾公以去就相爭。始畫諾焉。夫奧之所患者俄也。而德之所患者法也。據此盟約。俄若攻奧。德卽助之。奧人其可以卽安矣。法以獨力攻德。德自能以獨力禦之。無須求助也。故但求奧人中立而已足。俄助法以攻德。德腹背受敵。殆將不堪。故求奧援以牽制之。掇俄使莫敢動。德奧同盟之精神。實在於是。

柏林會議後。英俄奧土及巴爾幹諸國所發生之新關係。前文既略敍述。而法意之關係亦有焉。當時法國在阿非利加洲之北部有殖民地曰阿西里。阿西里接壤之境有地曰突尼斯。突尼斯者。上古加爾達額國所都。與意大利有歷史關係。而其地正與意之西昔里島隔海相望。意人久欲攘爲已有者也。柏林會議之際。法人示意欲併呑此地。而英德默許之。一八八一年。法遂收爲保護國。英德所以樂以此權默許諸法者。英人欲取薩布拉島。故甘與法交換利益。俾無違言。德則欲藉此以離法意之交。使相反目。然後德人得安枕也。果也法之侵突。意人咸怒。輿論沸譁。格里士比一派（意之名相也秉國垂二十年當時尚未登相位）昌言宜聯德奧以脅法。其年九月。意王朝奧。明年朝德。一八八三年（光緒九年）一月。德與意、意與奧、各互結同盟密約。德與意之約。謂兩國無論何國受攻於法。則相爲應援。意與奧之約。謂意與法戰。俄與奧戰。奧意各爲善意的中立。於是完全之三國同盟成立。此盟約初以五年爲限。一八八七年期滿。再展五年。一八九一年再展十二年。一九〇二年一九一三年各再展十二年。以迄於今。夫法意本同種之國。意之建國。法實助之。法意睦親。於事最順。德人能間之。使暱於我。其慘澹經營之苦。可推見矣。三國同盟既立。自南暨北。貫注一氣。而德人坐中樞以綰轂之。博矣哉俾斯麥外交之成功也。若乃至今日眞以干戈相見。而三國同盟。忽墊其一角。此則固非俾公所及料。抑亦繼體者謀之不臧。不能盡爲俾公咎也。

三國同盟既立。德人其自茲莫余侮矣。然俾公猶以爲未足。復謀所以間英法之好而溫德俄之交者。其時英人方投鉅貲以收蘇彝士河股票。英法之間。爲埃及問題。屢有違言。俾公則從而搆煽之。說法之康必達。謂與德相提攜。共圖拓境於非洲及太平洋羣島。德實未嘗進取也。而法人所至。見尼於英。於是法之怨英。視德尤甚。俾公之術售其半矣。前此俄查哥夫恨俾公次骨。德俄之交。斯爲大梗。俄氏既以憤恚卒。基羅繼爲俄外相。俾斯麥復誘之。於一八八四年結一密約。謂俄德兩國無論何國受敵攻擊時。彼此互爲善意的中立。時人稱爲兩重保險政策。凡以間法使勿余毒而已。或曰。俄人當時之侵略遠東也。俾斯麥實慫恿之。其信否蓋無確證。然俾公政策。恆務引列強之眼光。使騖於歐洲以外。然後歐洲之政局。乃能悉如吾意以操縱之。此事實章章。不必爲諱者也。且俄人自柏林會議以後。數十年所懷想之近東政策。殆已入斷潢絕港。非顧而之他。則何道以展其驥足。故自茲以往。俄人注全力以經營西伯利亞鐵路。與日本角力於遼瀋間。致我國無復寧歲。雖謂皆俾公外交政策間接之影響焉可耳。

終俾公執政之世。法國常處於孤立之地位。而全歐外交之樞軸。恆在柏林。昊天不弔。一八八八年。德意志之始皇帝維廉一世溘焉崩殂。儲貳立不半歲而逝。今帝以太孫紹統。年少氣盛。不復能委國於元輔。於是手造帝國之俾斯麥。怏怏罷就第。實一八九〇年（光緒十六年）三月也。德國內治外交。皆自茲一大變矣。俾公罷政數月後。俄德密約已滿期。（即所謂兩重保險政策者）漸冷之交勢難溫續。俄人正以其時兩度募債於法。法人力爲之援。一八九一年七月。

法艦隊聘於俄。俄人掬誠迎之。越八月二十二日所謂俄法同盟者遂成立。其盟約內容至今未顯於世。要之必爲對於德奧之攻守同盟。此五尺之童所能測知也。時國老俾斯麥方隱居於士羅埃之家園。年七十有六矣。聞之投牀而呼曰『嗚呼。自今以往。吾德人其旰食乎。』蓋深傷之也。然此俄法同盟與三國同盟對峙。保持歐洲均勢之局者亦且二十年。

外史氏曰。當世言外交術者必宗俾斯麥。俾斯麥操術之神。豈惟敻絕前古。恐繼今以往。終莫有能與抗顏行者。雖其天才獨絕。抑亦藉可乘之勢也。然其爲術也。毗於保守。勇於自衞而怯於進取。是以今帝少之。由俾公之政。則能使德國已成之業永不失墜。其更有進於此。則非俾公所遑計及也。雖然。俾公耗無量心血。鉤距甲乙與接爲搆者二十餘年。苟利社稷。雖冒狠鷙險詐之名。亦所不避。一言蔽之。則操縱羣雄。使常暱我。以陷其敵於孤立而已。今也墓木未拱。而其所乳哺顧復之德意志帝國。乃反甇甇柴立。以一敵八。其畢生最得意之伐交政策。盡爲敵所竊取以還加諸我。九原有知。其何以爲懷哉。

九　德國外競之發展及英德交惡之積漸

今茲之役。英若中立。其禍決不至若今之甚。英之奮袂而起也。自言爲保護比利時中立。此不過以爲名高耳。實則英之與德。已處於莫能兩大之勢。德人之視英也。常竊竊然曰「寡人飲此與君代興」英人之視德也。亦常竊竊然曰「爲虺不摧。爲蛇奈何。」英德之必不免於一戰。兩國之民中智以下。咸能審之。所爭者速發與遲發。彼我孰利焉耳。欲明此趨勢之所由致。非先察德國國情變遷之概不可。

吾嘗言俾斯麥之外交政策。毗於保守而乏於進取。夫在俾公之時代。固宜爾也。其時德方新造。內力未充。固不能遽以競於外。抑內治有餘。或亦不必遽以競於外。洎乎休養生息二十餘年。迨今皇御宇之際。而德人所以自視者與他國人之所以視德者。皆不能復如其舊。譬之雛鷹羽翼已就。其必思奮飛。勢則然矣。夫歐洲各國在今日幾莫不以人滿爲患。而德爲尤甚。當一八七〇年建國伊始。人口不過四千零八十一萬耳。至一九一〇年。已增至六千四百九十三萬。僅四十年間。而所增二千四百萬。據最近十年間之統計。每年平均增加九十萬人以上。繼今以往。勢且益滋。今境內之地力則既竭。以養現在之民。猶苦不贍。年年增加之九十萬人。將從何處得衣食。是故頻年以來。其民之襁負而適美國者。歲必數萬。一去輒易其國籍。爲他國服兵役納租稅。不甯惟是。且舉其生產之能力。爲他國增貨殖。此何異有子弗鞠。而使之謂他人父。忠於謀國者。安忍坐視。故德人二十年來。蚤作夜思。必欲得廣大良好之殖民地。以收容其年年新增之人口。使雖去德國。而永爲德民。謂爲度外之野心焉。固可。謂爲分內之天職焉亦可也。德人三十年來。已漸由農業國變爲工業國。其應用科學之能力。超軼他國。其製品日日增加。不得不求銷場於境外。而各國率皆以關稅政策自衛。對於他國物品。深閉固拒。無瑕可攻。其國權不振之國。（例如中國）闌入焉。宜若易易。然其市場率已爲先進國所壟斷。根深蒂固。非奮萬鈞之力以相競。不能拔趙幟以立漢幟。故彼中碩儒斯摩拉（斯氏在柏林大學敎授垂三十年又任聯邦參議院議員其所著生計學之書甚富當代治此學者咸宗之德政府之政策常受其指導也）有言。凡國家欲求生計政策之奏功。必須將生計組織與政治組織同建設於一基礎之上。其意蓋謂欲生計力發展於外。必賴有國權以隨乎其後也。要而言之。德人自經俾斯麥時代休養生息之後。國力之廣胖。一日千里。勢不能不向外界而有所宣洩發育。譬諸人然。既已成年。則必求交感妊孕以長子孫。各國外競之動機。罔不由是。德國亦何莫不然。雖然。獨惜其驥足之展。已稍後時。全世界要害之區。沃衍之原。既入人手。德人所能染指者。僅太平洋中普通航路所不經之孤島。與夫非洲中林莽未闢之腹地。其不能躊躇滿志。抑甚明也。德人如不思進取則已。苟思進取。則將無往而不遇強敵。而利害最不相容者。尤莫如英國。英德之終不免於一戰。而今茲之役。列強羣起而擠德。實此之由。

英德種族統系最相近。且為甥舅之邦。（德今皇之皇太后。英前女皇維多利亞之女也）柏林會議之際。德之所以助英者至厚。兩國睦誼自昔稱最洽焉。其反目之濫觴。自一八九六年德皇一電報始。時英將詹遜方率遠征隊闖入南非洲之杜蘭斯瓦。杜人擊退之。德皇遽發一電以賀杜總統古魯加。當時全歐外交界譁然。瞠目相視。英廷雖未嘗以正式公文詰責。然輿論激昂。自茲以往。英德兩國報紙相譏訶者無虛日矣。世人多謂德國今日所以陷於孤立之厄。全由德皇外交之失於鹵莽。此電雖小。可以喻大。誠哉然也。雖然。此猶其助因而非主因也。試思以德國今日所處之地位。為國家發榮滋長計。欲不取妒取憎於強鄰。又安可得。德皇即位伊始。即宣言曰。『德國之將來。在於海上。』噫嘻。海上者果誰家之海上耶。試一覽輿圖。凡海岸厄塞之峽。何一不有英之堡壘。凡大陸綰轂之口。何一不有英之軍港。凡遠洋航路經行之線。何一不有英之島嶼。英之為海王也。百年於茲矣。以海岸線僅千英里之德國。乃侈然號於衆曰。吾之將來在海。此言若信。則海不其有二王也乎哉。當德國第一次海軍計畫案之提出也。一八八九年十月（即德皇即位之翌年也）。倫敦一著名畫報。為圖以誚之曰。『田鼠忽習水嬉。意欲何為。』雖尙輕之。抑已忌之矣。乃未幾而一八九八年。遂為第二次海軍擴張計畫。一九〇〇年。復為第三次計畫。一九〇六年。復為第四次計畫。德皇及其首相海相等屢次演說。激厲其民。大都言生今之世。非雄於海者不能圖強。吾德艦隊須以當今最強大之海軍國爲鵠。無論與何國會戰於海。皆當圖所以制勝之道。項莊舞劍。意在沛公。英非瞶聾。安能默息。日謀所以防節之。而術安所得施者。曾幾何時。德之海軍駸駸與英踵武。英人惟有恪守所謂兩國標準主義者以與之競。然奔命固已疲矣。（兩國標準主義者英之海軍常以能敵最強之兩國爲標準蓋務使英國常占世界海軍之第一位而合第二位第三位兩國之力猶不使能駕英國之上英人擴張海軍以此標準爲一定政策）曩者漫習水嬉之田鼠。今也殆變爲圖南之鯤鵬。行將擊水三千里。摶扶搖而上。英人雖欲高枕爲樂。豈可得耶。豈可得耶。故今茲之役。雖謂爲英德爭海權之役可也。

十　最近歐洲外交形勢之推移——三國協商與三國同盟對抗

自柏林會議以來。德國爲全歐外交中樞者垂三十年。及俄法同盟成。而縱橫之局略定。時則英人恆以「名譽之孤立」號於衆。自謂無所待於他國而能卓然自樹也。然事勢推移。遂使英人不能復持故態。蓋疇昔英人之在歐陸本與羣雄無競。歐陸以外諸地各國勢力無足與英抗顏行者。故可以夷然自尊而無所倚。及柏林會議後。俄人以全力經營遠東。日本亦以其時崛起。甲午一役。我國喪師。列强耽耽逐利。俄德法三國干涉還遼。未幾而膠州旅順繼割。又未幾而團匪變起。俄兵占據滿洲不肯撤。日則汲汲經營朝鮮爲侵入亞洲大陸之根據。美又因西班牙戰役略得菲律賓爲東方海軍策源地。英之霸權已漸動搖。而習水嬉之田鼠。且駸駸乎有水擊三千里之勢。爲英心腹大患。適值南非洲戰役起。英人竭全國之力以謀征服玻亞人所建杜蘭斯瓦阿連治之兩共和國。疲於奔命。綿亘二年。歐洲各國多憫玻人之窮。敬玻人之勇。而尤英人之無道也。當是時。所謂名譽之孤立者。殆變爲可憐之孤立。英之政治家有憾於是。又見夫日人畏偪於俄。與己同病。乃利用之以締所謂英日同盟者外交樞軸之由柏林而移於倫敦。自茲濫觴矣。

抑英人所以翻然擲棄其名譽孤立政策者。豈非以防德爲最大職志耶。夫然則僅友一日本。何能爲役。勢固不得不更求友於歐洲。歐洲强國英德而外。則俄奥法意已耳。奥意既黨於德。所餘者厥惟法俄。然英與法俄。其積不相能。匪伊朝夕。就英俄關係言之。俄人所懷抱之遠東近東政策。殆無一不爲英所破壞。百年來英人外交方略。什九皆爲防俄而設。前文所述各節。言之詳矣。就英法關係言之。兩國之爲世仇。既百年矣。逮十九世紀末。法人馳騖於殖民政策。賈怨於英滋甚。其在東亞方面。在太平洋馬達加斯加方面。在非洲埃及摩洛哥方面。無往不與英生衝突。當一八九八年。法之馬西耶將軍。乃至在尼羅河上流之法梭達地方。逼英將吉治那撤退。（吉氏即今茲宣戰後新任陸相者也時爲埃及統監）當是時英法國交殆將絕。是故距今十五年前。而謂英之與俄法。非久將成爲和親之邦。五尺之童。猶將嗤爲譫囈。乃曾幾何時。而竟有所謂英俄法三國協商者出。爲全世界外交開一新紀元。寖成今日之局。誰實爲之。則英前皇愛華德第七。及今外相格黎。與俄前外相伊士倭士奇。法今外相狄爾喀西。其人也。當愛華德之在東宮也。常喜微行於巴黎。故與彼都人士情好素篤。一九〇一年卽位。翌二年五月。遂正式往朝於法。全法上下。歡迎若狂。其年十月。英法解紛條約成。兩國睦誼。自茲兆矣。其時年少氣盛之德皇。親政正及一紀。精銳氣燄。熏灼全歐。巴黎政客。强半畏偪。競倡聯德。以冀苟安。而狄爾喀西獨深非之。常以聯英爲法國百年大計。在其機關報中。屢發危詞。指陳利害。値伯里安內閣成。狄氏入爲外相。其主義遂見實行。初法前外相阿那特。以排英主義聞於世。嘗宣言於衆曰。吾法無論如何。終與英不共戴天。英之視法。當亦有然。狄氏之在政府也。日俄之戰將起。狄氏私憂竊計。以爲日之同盟英也。而俄之同盟法也。使日俄鬨於東。而影響乃各波及其同盟以關於西。則其爲英法之不幸孰甚。爲世界之不幸孰甚。於是開心見誠。舉凡積年與英紛爭之宿案。務一舉而掃之。蓋七閱月間而所解決者大小共二十有三案焉。其最主要者。則爲埃及摩洛哥權利交換問題。法人承認英人在埃及有最高主權。英人承認法人在摩洛哥得自由行動。質言之。則前此英法兩國共有埃摩。共爭埃摩。今則法人將其在埃所既得之權利讓一大部分於英。英人將其在摩所既得之權利讓大部分於法也。於是一九〇四年（光緒三十二年）四月四日英法協約成。夫英法協約關於埃及部分之事且勿論。若夫摩洛哥。則固德人所久耽耽而視也。英法躡足耳語而處分之。是蔑德也。故德人於此協約公表後。爲激烈之示威。狄氏卒坐茲去位。（詳下節）論者或以此咎狄氏之敗績失據。殊不知狄氏本意。實假此爲親英之媒。英既親矣。區區筌蹄得失。豈足介意。德愈反抗。而英法之和親愈固。德人所以助狄氏之成功者。其勤至矣。

日俄戰役之將終也。俄外相槐忒銜全權大使之命以議和於美之朴斯茅。歸及巴黎。而俄駐英參贊哥綰兒突往訪焉。出英皇愛華德親翰。則招槐忒一游倫敦也。質其意。哥氏以欲解決兩國懸案對。槐氏謝焉。以受命議和。他非所聞。不敢專也。（此事爲外交上一祕密。昨年俄京列支報始發表之。或謂槐忒自言也。）槐氏歸而執政。哥氏復以斯策進。卒未之應。槐氏之意。以謂甫經大戰。瘡痍未復。所務者惟在戢敉內亂。蘇復生計。對外之策。有所未遑。其時德亦以神聖同盟之舊誼。屢託微波。思與俄別結密約。以規復俾公之二重保險政策。俄人卒莫應也。而當時執英政者。爲巴福氏之統一黨內閣。統一黨數十年來。以排俄爲職志。其於愛華德親俄之政策。蓋微有所不慊。一九〇五年。巴拿門之自由黨內閣成。格黎入爲外相。以謂俄方汲汲於內治。且海軍熸焉。在最近十數年間。必無力以擾英屬地。而德之羽翼漸成。異日終爲英患。英陸軍不足恃也。舍俄無可與當德者。以此鼓動輿論。故英人暱俄之願望日切。同時俄之士德列賓內閣成。伊士倭士奇入爲外相。伊氏者。故緇衣宰相俄查哥夫之記室也。緇衣切齒於柏林會議之役。賫志以沒。伊氏秉其遺訓。疾德如仇。且以內政漸修。略可展驥足於外。而近東問題。德奧實爲大梗。不知不覺之間。既與英目成心許。而法之狄爾喀西一派。復慇斯勤斯。爲之媒。狄氏辭職後在議會演說云余之政策在使歐洲確實之均勢以免受三國同盟之脅迫余爲貫徹此目的故先調和法意兩國之共同利益次則鞏固法班兩國之交更進而與英結協約以余所見英國之大陸政策舍維持均勢外別無他望英法協約之職志亦即在此故無所容其祕密吾望此協約鞏固之後更介紹吾新交使與吾同盟之舊友握手共言誓之於是一九〇七年宣統元年八月三十一日。英俄協約成。協約全文分爲三部分。其一關於波斯者。其二關於阿富汗者。其三關於西藏者。於是英俄積年之雞蟲得失。一旦掃除。俄之睚英。其藉以捍德者不過什之一二。其藉以控奧者乃什之七八。然德乃自茲益孤矣。傳曰二憾往矣。弗備必敗。此德之君民所爲旰食也。

蓋最近十年間。史家名之爲三國同盟與三國協商對抗之時代。歐洲之能小康以迄今歲。未始不賴此。夫三國協商固絕無所謂攻守相助之意味。含乎其間也。以較德奧意之三國同盟。其結合力之緻密。誠若遠有所不逮。雖然利害關係既相一致。情好之障復已消除。彼此披襟相往還。交誼固宜日趨濃摯。西諺有之。男女三度賡續共跳舞者。其勢必至於結婚。英與俄法。雖無攻守同盟之成言。今茲乃不期而遂同袍澤。理固然矣。戰後不及二月。而三國更訂連帶議和之約。蓋結婚後而始交換婚證耳。而不然者。情愛已濔。雖婚約在懷。又寧足恃。不見夫三國同盟中之意大利。今尚翩然作壁上觀耶。

十一　三國同盟之渙離——意大利之中立

戰事既起。全世界稍洽國聞之士。於意大利之態度。皆屬耳目焉。而意人遂中立以迄於今。或者深訝之。然深究史實者不以爲訝也。意與法本同爲拉丁民族。意之建國。其受法人之賜者又至豐。法之於意。譬則恩養之懷兄也。準此以譚。意人不欲求同盟國則已。如欲求之。宜莫先於法。顧乃與法之仇讎相狼狽者垂三十年。謂非外交界一變態焉不得也。初法帝拿破侖第三。既直接間接助意人離奧自立。其後羅馬教皇與意爭政。拿破侖復以兵爲教皇助。故意國人士其對法情感。顯分二派。米蘭俾尼士諸地之政客。常懷念法之義俠。羅馬以南之政客。則致憾於法。而與德親。拿破侖爲俘。法之第三共和成立。共和黨在議會不能占絕對優勢。乃與舊教徒派相結、從其要求。常爲羅馬教皇援助。於是法意之隙漸深。俾斯麥畢生政策。以伐法人之交爲職志者也。察此情狀。謂機不可失。遂益謀所以煽而間之者。意大利隔海相望之亞非利加洲北岸。有一地曰突尼斯。古代加爾達額國都也。當俾公時其地屬土耳其。而法人意人移殖其間者略相埒。法意各皆欲乘間攫取。而莫敢先發也。俾公遂藉此市恩而兩鬬之。柏林會議之將開也。德外相彪羅與意大利全權哥式交涉。謂將以突尼斯與意。意相海羅士窺其隱衷。使哥式謝焉。曰。德國政府何其殷勤導我使與法鬩也。同時奧國駐意公使海彌勒亦以此議提出意廷。海羅士曰。吾意人之赴會也。載名譽之自由以往。及其散會。將載名譽之廉潔以歸。於是俾公之志不得逞。乃轉而市諸法。其曾否直接與法使談判。疑莫能明。而柏林條約以突尼斯予法。爲俾公所贊同。則章章不可掩也。越四年。一八八一年法人遂以兵入突。據之以爲保護國。夫意之視突。非特地勢上恃爲屏障而已。建國三傑之一加里波的者。埋骨於茲焉。法人一旦取之。其動意人公憤。實甚。自是意法益相嫉矣。北派之海羅士內閣。以昵法招此敗。遂爲輿論所不容。一蹶不振。南派之杜布黎特格里士比等起而代之。而格氏秉國之日最久。其間復與法人爲激烈之關稅戰爭，益不得不求援於德以自固，而奧人復常以援助教皇之利害恫喝之，以故意大利之加入德奧同盟，杜布黎特締造之，而格里士比維持之，綿亙至二十四年之久，若以同盟譬諸婚媾乎，德之與奧，洵爲伉儷，意殆鄰於妾媵矣，而德之對意，則爲誘婚，奧之對意，則爲脅婚也，難乎其全始終，識者早料之矣。

狄爾喀西，其法蘭西之俾斯麥乎，俾斯麥出全力以伐法交，而使法國孤立者十餘年，狄爾喀西還推其矛以陷之，亦出全力以伐德交，而使德國孤立以有今日，狄氏政策，其最末一著，在特親英而更牽俄以漸合於英，其最初一著，在特親意而先間意使漸疎於德，故其就任後第一事業，即訂法意協約，求意人承認法人在摩洛哥自由行動，而法人亦承認意人在德里波利及西里尼卡之自由行動以爲代償，此一九〇〇年十二月與一九〇二年十一月兩次交涉之結果也，自是法意之民大和，當一九〇二年六月二十八日三國同盟期滿賡續訂約，意政府同日牒告法政府曰：『吾意大利值同盟國中之一國見侵於他國時，吾固對之而盡同盟之義務，但同盟國中之一國有襲擊他國之事，吾意人決不助之，』夫意之與德奧，本爲防禦同盟而非攻擊同盟，雖無此次之聲明，其性質固自若，而意人獨斷斷向法言之，其所以慰藉法人者至矣，意與法既日親，而奧人自併吞坡赫二州以來，駸駸有與意人爭渥奇海權之勢，奧意之相猜日益甚，故三國同盟之名存實亡，非一日矣，今年六月二十八日，正三國同盟第四次續約期滿之時也，而奧皇儲遇害之事變，恰以是日陡發，天下事固有莫或使之若或使之者，如是夫。

期限既滿之盟約，本無効力之可言。而各交戰國之外交家，猶卻顧而慎處之，故今茲之役，自七月三十日至八月六日以前，德國既向俄法宣戰，奧國亦向俄宣戰，獨法之與奧，則相持不發，奧使狄克森泰然留於巴黎，直至八月十二日法人始以責備奧軍向法境進發故用英法兩國聯合政府名義與奧宣戰蓋奧人務欲使法人爲先發難者而因以望意人履行防禦同盟之義務法人亦務欲使奧人爲先發難者而因使意人得解除防禦同盟之義務也然而意大利遂袖手不起蓋二十餘年之三國同盟卒有緩急終不可恃而俾斯麥之志荒矣

十二 德國與土耳其

歐洲列强相互間過去之關係旣略如上述抑土耳其亦南歐自昔一名國也今茲之役雖與土直接無關而禍源實起於彼之舊屬國且土今亦加入交戰國之林矣故不可以不論次之

俄土之仇久矣二百年來俄之所以蹙土者無所不用其極其間英人雖往往爲之仗義執言然所取償者恆過於其所效力土人有以窺其隱矣獨德國者當柏林會議之役以公平之市師自居破壞俄土之聖士的夫條約爲土人規復一部分之權利歐洲大小十餘國皆緣柏林條約有所獲而德國曾不一染指土人漸覺可交之友無逾德者德人卽利用此心理而益操縱之此德土所爲日親也歐洲各國帝王自昔往還朝覲無虛歲惟土皇以東方之帝制自封深居簡出而歐洲諸元首亦若外視之而羞與爲伍者好奇好勝之德皇乃乘此隙而自以其身爲和親之媒初土希戰爭起德人常裁抑希臘以市歡於土土人德焉一八九八年克里得島問題再起（土希之戰卽爭克島也）英俄法方謀脅迫土廷推卻而司親王爲克島督德獨陰與奧謀掣其肘使不得逞其年十月德皇遂以巡禮耶路撒冷之基督陵墓爲名入朝於君士但丁堡與土帝爲極摯渥之交驩自君士但丁宅都以來敵體國元首之足跡此其第一次也土帝卽席贈德皇以百畝之地地在西奈山麓相傳聖母馬利亞所居也德皇乃

躬詣其地。舉行極莊嚴之受地禮。同時致電於羅馬敎皇。謂土帝渥贈歡喜祇領。顧不敢自私。行將委諸土國內之羅馬敎徒。使便宜處分之。此電之作用一以示鄭重親敬之意於土廷。二以結歡於德國議會之中央黨。三則前此土境內之羅馬敎徒。其保護權爲法國所獨占。欲藉此使其權漸移於德也。自此遂徧歷小亞細亞諸地。歸途復致電於土帝曰『朕此行感激陛下厚愛。出於肺腑。朕發大願。誓爲陛下及全世界三萬萬回敎徒之良友。願陛下與陛下之徒其推信之。』嘻德皇此言。是直以回敎之護法天王自任也。其手段蓋略與淸聖祖之撫蒙藏相彷彿。歐洲諸基督敎國其不慊焉固無待論。然彼遘閔既多受侮不少之土人。安得不墮其彀者。翌年。遂有巴克達鐵路之事起。

巴克達鐵路何物乎。巴克達鐵路者。起點於北海一大都會之漢堡。經君士但丁堡。直達波斯灣。縱貫歐亞兩大陸。緜亙八千九百餘啓羅米突。世界空前之大幹線鐵路也。僅就其在亞洲之線路言之。其長已在三千五百啓羅邁當以上。其建設已在一千六百萬磅以上。其所經之都市則漢堡也。柏林也。德里士丁也。布拉尼也。維也納也。君士但丁也。皆西洋文明轉輸之中樞。龍跳虎擲之要地也。其在亞洲方面。則古代之巴比倫國。亞西里亞國。猶太國。波斯國。凡幼發拉底河泰格里河兩岸之名國悉包孕焉。此路通後。二三千年無數之廢市荒鎭。皆當復活。而歐洲與印度及中國西部之交通。將開一新捷徑。全世界軍事上商業上之形勢。皆當爲之一變。德人懷抱此壯圖。既非一日。而今日以德皇朝土之酬報得之。初自維也納達君士但丁之路線。半由德奧合資公司所辦。自君士但丁對岸索達里達小亞細亞之哥尼亞一路線。爲德國獨力所經營。主之者曰亞拿德里公司。今所新延長之路線。則自哥尼亞達巴克達。以出波斯灣之哥溫者也。故總名曰巴克達鐵路。一八九九年。土耳其政府

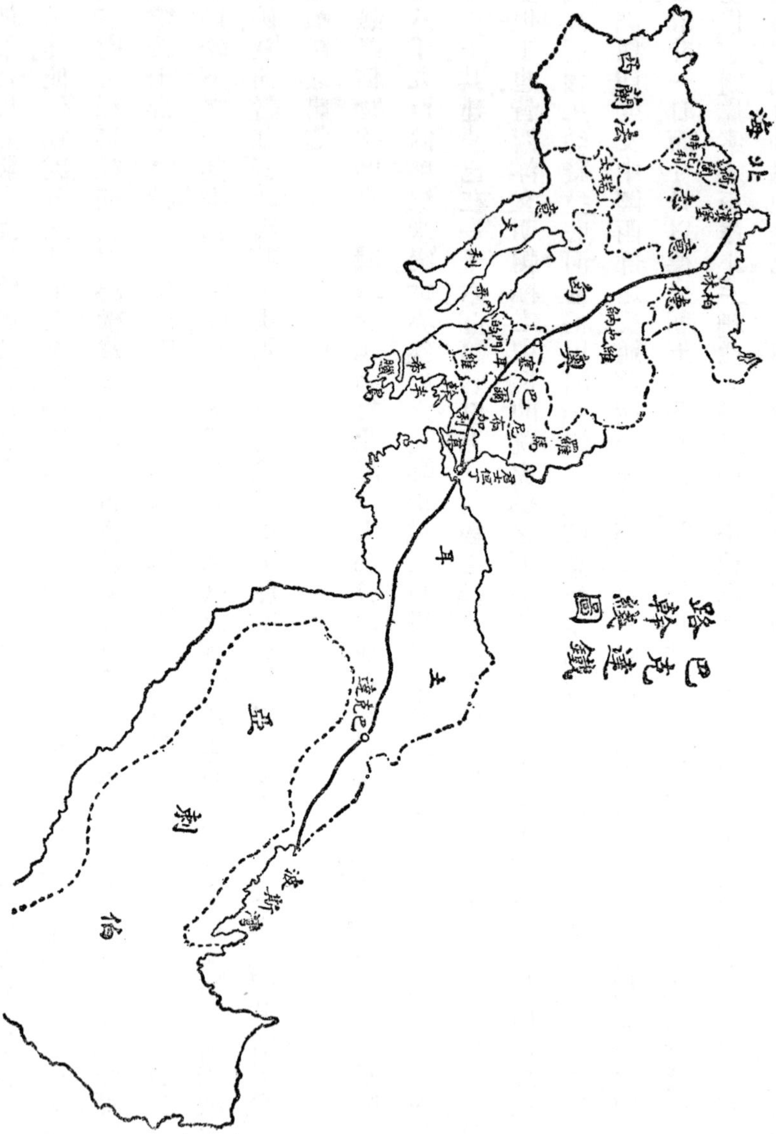

巴克達鐵路幹綫圖

與德之亞拿德里公司定約。此路權遂全歸德手。距德皇朝土後恰一年也。此路權俄嘗欲之。英嘗欲之。而遂歸於德。自此路成。而俄人前此自命爲歐亞陸上交通之媒介者。將驟失其位置。自此路成。而英人前此恃蘇彝士運河以制歐亞商業大命者。將銳減其價值。自此路成。而英俄兩國之在波斯。皆有反主爲客之勢。兩國之憤妒可知矣。然土既許德。則他國固無可奈何。惟以工費太大。非德國獨力可任。因共運籌以尼其募集資本之途。至竟無效。法人貪利以應募。政府禁之不能止也。今此路行將落成矣。羽翼已就。橫絕四海。雖有矰繳。當安所施。此亦英俄不能不與德戰之一原因也。而德國運用此路之勢力以土耳其存在爲前提。今也緣巴爾幹兩次戰亂之結果。土殆瀕於滅亡。德人思拯之以爲己援。此又德不能不與諸國戰之一原因也。而此次土耳其所以崛起助德之故。亦從可察矣。

十三　戰役之間接近因一——摩洛哥問題

吾語今次戰役之直接近因。而起筆於奧皇儲遇難。因推原禍機所由隱伏。不得不遠溯諸普法戰爭柏林會議以來之史實。以觀各國縱橫離合之大勢。明知傷於冗沓。然事理本極錯綜。非得避也。抑列强自七八年以來。瀕於戰者屢矣。徒以憚於發大難。恆各竭全力以調停彌縫之。僅乃無事。而急管哀弦。遂愈蹙愈緊。幾度之調停彌縫。適互增其怨毒。馴至假手於薄物細故以驟迸裂。非通觀其前後。求其斷續銜接之跡。則事之眞相未易見也。吾故論列其間接之近因得數事焉。

此次醞釀戰禍之事故。雖千端萬緒。絜其綱領。則法對德之復讎。其一也。英德之爭海權。其二也。日耳曼族與斯拉夫族角逐於巴爾幹。其三也。三者皆造端甚久。而至最近數年間。愈益成短兵相接之勢。英德俄奧相互之關係。前所述者既略可睹矣。惟德法之關係。未嘗專爲一節以論之。今得於論摩洛哥問題之先。補敍一二焉。

一八七一年德法議和之際。德人割取法之奧斯洛林二州。此德之大失計也。取之無大裨於德。徒增統治之困衡。而貽法人以歷刼不忘之國恥紀念。以持養其同胞敵愾之心。勿使失墜。（至今奧洛二州之法人有終身臂纏墨紗者示爲失地服喪也。）德君臣四十年來之旰食。蓋自取也。（俾斯麥薨後其日記出現於世中有一段記當時議和情節蓋俾公極反對割此二州迫於軍人之要求乃出於此）故法人語及奧洛二州。輒飲恨切齒。人人有死之心。蓋四十年如一日。然竟隱忍至四十年而至今始發者何也。其一。由俾公伐交政策。弱之使孤立。其二。由俾公陰援其殖民政策。使其國民眼光注於歐州以外。以漸忘奧洛之恥。凡茲設計。具詳前節。今不喋述。其三。法國以共和國體。故常猜忌兵權之集中。故軍綱不期而廢弛。其四。法國以政黨複雜。故不能行完滿之責任內閣制。政權交迭頻繁。國是遂難貫徹。法之所以積久不能報德。皆此之由。其起法人之沈痾。使之可以一戰者。則狄爾喀西之勞最著矣。狄氏外交上之功績。前文已具。其當國之久。亦爲法國共和成立所未有。蓋自一八九八年六月二十八日至一九〇五年六月六日。凡任外交總長者七年。中間內閣更迭五次。而狄氏始終安於其位。辭職後至一九一一年。復入爲海軍總長。中間復下野。直至今次戰端既開後。法人網羅各黨派之才俊。以組織所謂國防內閣者。而狄氏復入長外交。蓋以其愛國之誠。見事之敏。重以執政之久。故其所懷抱之政策。能貫注於國民心理而發揮之。不獨外交而已。若三年兵役制。若海軍改良計畫。多出其手。雖謂十餘年來之法國。爲狄爾喀西之法國焉可也。而其事業最爲世界所屬耳目。且將來足以定狄氏之功罪者。則莫如摩洛哥問題。

狄爾喀西以埃及與英交換，以德里坡里與意交換，以壟斷摩洛哥於法國。其事實已詳前節。德之與摩，其關係之深，不讓英意，而獨無所取償，德之見侮至矣。在常人猶不能忍，況霸氣彌滿如德皇者。一九〇四年四月英法協約成，明年三月，正俄人覆師於奉天之時也，德人見法人同盟國之不足恃也，德皇忽輕身往朝於摩，謂摩王曰：『朕認蘇丹（回教國主之稱號也）為獨立國之主權者而來朝焉。朕望蘇丹所統治之自由獨立的摩洛哥國，永勿為豪強所兼并所獨占，常開放門戶，使萬國均沾其利而共保之。』此實對於英法協約公然報復，而首以一矢相加遺也。翌月遂倡議開列國會議公決摩洛哥問題。法人開閣議討論諾否，狄氏謂當拒之，首相羅威顧陸相曰：陸軍情狀何若？對曰：一切未有所備。顧海相，對亦如之。狄氏遂辭職，而法政府卒徇德議。一九〇六年開會議於地中海岸西班牙境內之阿支士拉，英法德與俄意美比荷瑞班葡及摩洛哥十三國皆遣使焉。德人當開會前後，密勿運動，百計誘脅，而結果遂反乎其所期，雖其同盟之意大利，猶左袒英法，他更靡論。翌四月議竣，德所主張，全歸敗績，憚於違衆，忍受而已。其後法國議會關於此事，有社會黨領袖卓黎氏之質問。（卓氏亦法議會第一流之雄辯家，全世界社會黨咸宗仰之，當代一大人物也。夙持弭兵主義，與狄氏為政敵。今次戰端將開，卓氏偶步行巴黎市中，市民執手唾罵之，有謂當殺以釁鼓者，旋即有狂暴數輩竟起殺之。法政府雖捕治罪人，而卓氏已莫贖矣。在殺之者，發於愛國熱狂，原非惡意，然千秋萬歲後，或視卓氏為梭格拉底為耶穌，亦未可知耳。此以見羣衆感情作用之可畏也。附記於此，以供談助。）而狄氏答辯之。（狄氏時已辭職，仍為議員。）此答辯實近年世界最有名之外交演說，各國傳誦不衰者也。其中警句曰：『法國者，自由之國家也。凡國家不能聽人限制我自由，尤不容自限制其自由。若然，則是國家之自殺也。』又曰：『卓君謂英法協約由鄙人以國為孤注，武斷成之，鄙人不惜負完全之責任。蓋我國在世界之位置，使我如是也。』又曰：德固我友邦也，而比年頻欲以我所難堪者加諸我，彼曷為爾爾？彼其自一八七一年以來所贏得之優勝位置，緣吾法人努力之結果，其所憑藉之基礎已動搖。窮無復之。乃至以開戰相恫喝。吾儕愛平和之法人。不忍言戰也。姑徇其請以開會議。而結果何如者。益使彼孤立寡助之情狀暴著於天下耳。』（前第十節記三國協商歷史一段有記狄氏演說語即此次演說之末段也附記）讀此演說。凜然見狄氏不可一世之概。而當時情勢之迫切。亦略可睹矣。

夫德皇則豈甘於敗績者。亦惟暫戢翼以待時會之來已耳。而時會遂來。法人自阿支士拉條約後。銳意經營摩洛哥者數年。遂漸收之作保護國。摩人不服。抗亂累作。一九一一年三月。法國白里安內閣仆。摩尼繼之。狄爾喀西入長海軍。遂決派大軍深入摩地以鎭內亂。無端而與西班牙人衝突、班廷派兵入衞租界。德人亦突派礮艦泊摩洛哥南部之亞格狄爾港。時七月一日也。英人以英法協約中既有承認法國在摩特權之約言。且親加盟於阿支士拉條約有維持該約之義務。遂使駐德公使質問柏林政府。詰彼派艦意欲何爲。德政府遷延不答。其月中旬復詰之。曰德國得毋欲得南摩之一部分乎。抑欲以摩委法而別求他地以爲償乎。吾英以忝附署於阿支士拉條約。故自信有質問之權。而德政府遂不答。其月二十日。倫敦泰晤士報。遂探得德人欲割取法領公果國之一部以爲代償。公表於報中。於是愁雲妖霧。徧覆全歐矣。翌日英財政大臣羅意卻而司赴倫敦市長之宴。席間演說曰。『吾英以愛平和聞於天下。雖然。徒以維持平和故。舉吾先民數百年來勞苦勇毅僅乃贏得之地位與名譽。一旦而棄之。乃至吾爲自保利益自完義務之故。與人爲正當之國際談判。而見蔑視若無物也者。似此不貲之平和。諒非吾國民所能忍受也。』觀此則英人之義形於色可見矣。德乃震駭。三日後遂答覆言無他意。英相阿斯葵旋在議會演說。謂摩洛哥以外非洲各方面之地域。德法兩國各自協定界線。吾英決不漫爲干涉。若協定不調。吾英不能不更起而參與以圖解決。此一九〇四年協約及阿支士拉條約所賦與吾英人之義務也。其意蓋一方面默許德人之別求代償。一方面暗示法人之不可深侮。自是歐洲時局。遂暫小康。

德法協議。不下十數次。德人要求非法所堪。遂瀕於破裂。適九月中旬英國之船塢鐵路工役。爲全體同盟罷工。德人謂英之不遑他顧也。所以蹙法者益甚。而英之紛亂非久遂靖。全國上下協力爲政府外交後援。在北海一帶盛修戰備。以壯法人之氣。其時英法德間之戰機。間不容髮。荷蘭比利時皆遣旅備邊矣。法人則將其前此投下德國之資本驟回收之。柏林市場大起恐慌。證券交易所休業。銀行破產者三焉。德人震恐。稍就範圍。十月上旬德法協約遂定。德人承認法人在摩洛哥全境之特權。法人割所屬公果之一部酬之。夫然後僅免於戰。（或曰此次德法協約乃狄爾喀西以術取得之若陳平之在白登也其事極詭異而有奇趣以無徵信故不記錄本年中華小說界第二號吾女兒令嫻有一文紀之）時則正我國武昌革命初起。舉國鼎沸。而歐人之驚心動魄。蓋亦與我相伯仲也。

經此一役。歐洲之持平和論者。益有所以自信。以謂今世界各國生計上之連屬。若彼其密切。無論何國皆不敢悍然出於戰。凡言戰者皆恫喝而已。然正惟狃於此種輕信。遂卒以恫喝釀今日之禍。夫卽以摩洛哥問題論。德法相持已十年矣。其瀕於戰者亦三度。雖曰交讓妥結。而彼此皆有不能躊躇滿志者存。僅此一端。識者固知難之未已。況其爲四十餘年之夙怨也哉。

十四　戰役之間接近因二——奧國併吞坡赫二州

俄奧之在巴爾幹。其利害之切相若。故其勢力迭爲消長。前此惟俄常積極的進取。奧則消極的防衛而已。自柏林條約後。俄以全力經營遠東。其力之加於近東者。自稍鬆弛。俄敗於日。以重內亂。蟄伏不敢勤遠略者垂十年。

德人正以其時刻意經略小亞細亞。一面結好土耳其爲東道主。一面藉奧爲前驅以植勢於巴爾幹。然後柏林維也納君士但丁巴克達間始得呵成一氣。然後大帝國之威力可以北盡波羅的海。南暨波斯灣。奧人亦樂藉長兄之庇蔭以自拔其國於否塞之淵。而其國中又適有英邁絕特之儲君菲的南與勇毅沉雄之政治家埃連達其人者。進取之情。不能自禁。至是俄奧攻守之勢。殆一變矣。先是柏林會議之結果。將馬基頓一帶地方仍歸土領。（地爲巴爾幹半島之西南部面積約占全半島四分之一自兩次巴爾幹戰爭後今分隸各國矣）其地皆耶教民。不堪土虐政屢起叛亂。布加利牙等國復陰左右之。俄奧乃相約出而調停。提出馬基頓行政改革案。迫土廷實行。蓋自一九〇二年以來。俄奧之對巴爾幹其步調同一也。一九〇七年四月。奧外相埃連達發表桑基耶克鐵路之計畫。俄始怫鬱不平。而西歐諸邦始側目而視矣。此鐵路者。蓋起點於坡士尼亞邊境。沿埃建海岸以達土耳其南部之要港蔭維尼加。此路若成則全半島交通之樞。爲奧所綰轂。而德之巴克達鐵路。亦更得所貫注。其不利於俄也明矣。故俄人亦於其國境之達尼幼布河邊築一路以出阿得里亞海。取桑基耶克路縱斷之。俄奧交惡之象日益暴著矣。

其年七月。土耳其革命軍起。非久遂發布憲法。宣言與民更始。其驟受影響者則布加利牙國與坡士尼亞赫斯戈維納二州也。蓋據柏林條約所定。塞爾維亞門的內哥羅馬尼亞皆爲純獨立國。惟布則半獨立耳。宗主權固儼然在土也。坡赫兩州行政權雖以委奧。然名義猶稱土屬。土新立憲。進取氣盛。行將以此諸地爲其憲法效力所及之域。而現在之民。不慊於現在政象者亦多。難保無眩於立憲虛聲。思與故國復合。此布奧兩國所引爲大憂也。（一九〇八年九月十二日土耳其新帝壽辰徧讌各國外交官惟布使不見招布人詰焉土政府曰布非獨立國故不招布人怒且懼乃謀宣告獨立奧之併坡赫亦頗有徵於此）一九〇八年九月二十三日布公入朝於奧。（布加利牙時猶爲公國宣告獨立後乃稱王）其所密勿計議世莫得知。翌十月五日布加利牙遂宣告獨立。

六日。奧政府以兼併坡赫二州牒告列國。於是歐州外交界之狂瀾陡起。坡赫二州。受治於奧政府之下既三十年。事實上已成奧屬。在土廷固不敢望更收覆水。即歐洲列强。亦孰思攫諸其懷者。雖然。塞爾維亞以種族上歷史上之關係。思與之合爲聯邦以自廣。奧有統治之實而無其名。他日正名論起。或猶可圖。名實俱歸焉。望乃絕矣。其在列强。則視奧人取其閨闥中三十年來久奉箕帚薦枕席之嬖婢。正其名曰妾媵。亦寧復更有外人容喙之餘地。雖然。奧人之得有坡赫二州統治權。柏林條約委任之也。凡條約之旨趣。非以約中署諸各國之協議同意。不得變更之。天下之通義也。柏林條約僅予奧人以統治之實而不予以名。今欲並其名而取焉。雖明知必可得。而不可不循例以先商榷於前此署約之諸國。事之程序宜爾也。今奧人乃率己意以孤行之。此奧之不直。而各國輿論所由洶洶也。然則奧人豈其見不及此。胡乃吝此區區循例之程序。彼非懼他國之沮我也。患他國有所挾以求代償。而所挾或爲我之所不能應。則事殆矣。故毋寧悍然孤往之爲得也。初九月十六日。（宣告兼併前二十日）俄外相伊士倭士奇與奧外相埃連達遇於布曷婁之溫泉旅舍。相與語土耳其革命善後策。談次。埃連達微示欲兼併坡赫之意。伊士倭士奇頷焉。曰。吾俄亦欲得達達尼爾峽之通航權。達達尼爾峽者。黑海與地中海間之咽喉也。一八五六年巴黎條約。禁各國軍艦毋得通行。一八七一年倫敦條約復申禁之。凡以防俄也。伊氏以奧人欲變更柏林條約。故亦乘此機欲變更巴黎倫敦兩約之此條以爲代償。埃氏亦唯唯應之。伊氏乃與埃氏約。俄奧兩國當同時各提出其所要求。奧人宣告兼併之前。當密以情先告俄政府。伊氏遂行。經羅馬達巴黎。而奧之兼併則既露布矣。伊氏乃知爲埃氏所賣。大憤恚至嘔血云。而達達尼爾通航權。遂爲列國所尼。不得逞。（茲事甚祕除伊埃二人外無聞者半年後英國某報始記其始末蓋伊氏洩之也）夫以私人道德論。埃氏之蔑信欺友。洵可部賤。雖然。埃氏固奧之外相也。苟利社稷。寧顧其他。彼蓋逆料俄人所欲達達尼爾通航權。終不能以得志。故不顧與之併案提議。以自取敗也。彙併露布既發。擁有虛名之土耳其首倡異議。欲收回桑基耶克鐵路以為代償。君士但丁市民相率抵制奧貨而抗議尤烈者則塞爾維也。駐奧塞使以去就爭諸奧外部。埃連達莞爾而笑曰。奧土界約。塞人何權與聞。塞人計無所出。於是其外相歷聘英法。其太子入朝於俄。哀籲各國干涉。而盛陳兵於境上以待變。

俄人視巴爾幹斯拉夫族諸國。猶長兄之撫弱弟。其不甘坐視塞爾維亞之受人蹴踏。理固然矣。雖然。其時距日俄和議之成。僅三年耳。傷者未起。創痍者未復。俄欲助塞。張目則以何物助之者。伊士倭士奇之歸自巴黎也。俄議會囂囂質問。責以巽懦。督其抗議。伊氏答曰。『諸君亦知外交上提出抗議。當有重大之責任隨其後乎。質而言之。倘無用武之決心而貿然提抗議。外交家所大忌也。』其言外之意。蓋可推見。奧牒之既發也。各國不置可否者數月。奧人乃於其間與土交涉。假賠償國有財產之名。酬土人以二百五十萬磅。又改訂商約予土利權。土人無復後言矣。而塞之憤恚愈甚。要求坡赫二州之完全自治。且請割讓二州邊境之與塞門兩國接壤者以為代償。而俄政府則警告塞人。勸其勿空奮螳臂以自取辱。塞人不得已。撤回其所要求。悉聽列邦公決。此一九〇九年一月事也。

塞人請開列國會議。各國輿論和之者漸衆。英法俄無論矣。雖意大利亦忠告奧廷使徇衆論。意當為助於尊俎之間。奧人知會議一開。則一波纔動萬波必隨。毅然謝焉。謂奧土兩國關係之事。兩國既無間言。第三國何必容喙。若必開會議者。吾奧使節毋往參也。列國既不得要領。乃共勸德人為奧一言。德則若為不聞也者。謂奧自有其自由非吾德所敢强也當是時也塞爾維亞悍悍無告生人道盡舉國三百萬人凜然皆有寧爲玉碎毋爲瓦全之概而奧人復盛陳兵衞以臨之三月十五日俄國半官報至揭載奧塞已開戰之特電察當時俄國民氣倘戰端眞開俄實有萬難袖手之勢故全歐人人自危謂大亂卽在旦夕大亂曷爲卒不發則德皇一紙之手書爲之也其月二十三日駐俄德使波爾達黎親謁俄皇獻一書焉德皇宸翰也全文世莫得見而其中蓋毅然示與奧共命之意俄皇受此迅擊慚與憤俱立開閣議共取進止而內顧海陸軍既已無克敵致果之勝算外欲謀諸英法亦更無往復折衝之餘日於是乎泱泱大風之國卒屈於一震之下俄既屈矣英法更何必多事者而塞人則含吞聲飲恨外更有何術三月之杪各國皆以無異議覆牒奧廷而柏林條約第二十五條遂廢棄矣論史者試細繹茲事端委則可以知此次俄皇宣戰詔敕所謂忍辱含垢於茲七年者其言何指而塞人之以頸血濺皇儲其遇良可哀也夫終已不免一戰則七年與今日何擇德皇宸翰其枉費才耶非耶

十五　戰役之間接近因三——兩次巴爾幹戰爭之餘波

前年去年兩次巴爾幹戰爭歐洲列强之不捲入旋渦者幸耳然固已風聲鶴唳一夕數驚全歐人士咸惴惴焉若大禍卽在眉睫者兩年於茲矣其所以卒免於破裂者全賴戰端將起時列强相互間以二事堅明約束一則各國皆自矢無利巴爾幹土地之心二則各國皆爲一致之步調雖然第一事固行之匪艱第二事則談何容易者蓋列强之與巴爾幹利害關係各有其絕對不能相容之點英法意緣屬稍遠且勿深論俄與德奧則終何術以求一致者故兩年來幾度會議往往不能免其捉襟見肘之態徒以投鼠忌器權相隱忍正惟相隱忍也而怨

毒所蘊愈深。故雖謂兩次巴爾幹戰爭爲今次大戰之前哨游弋戰可也。

大抵兩次戰爭之主動雖仍在巴爾幹諸國之自身。然俄與德奧則各自以爲有可供利用之機。俄之所利者。各小國之日赴强大而能和衷也。以爲各小國羣起犄土。必能攘斥土人使遁跡於歐洲以外。然後組爲一同盟團體。而以俄人指揮之。則俄之勢力確立矣。德奧之所利者。則土耳其之健全存在也。各小國愈張。則奧之畏偪愈甚。故奧人常消極的祖土。德人經營小亞細亞之確圖。凡百皆假途於土。故德人常積極的祖土。第一次戰爭之起也。在德奧一面。以爲土雖積弱。其武力終在羣小之上。且其陸軍强半由德國將校所訓練。其或終可以博最後之一勝。然而土人遂一敗塗地。舉西南部之一大廣原而盡失之。（即馬基頓一帶地）此德奧所爲深痛也。在俄人一面。以爲諸小國既以同種同教之關係。共起以當大敵。事定之後。必能戮力一致。休養生息。受俄人之顧復以自振。遂然而諸小國遂以薄物細故。迭相睽乖。卒釀二次戰爭。此又俄人所爲深痛也。第一次戰爭自前年十月土布宣戰起。迄去年五月倫敦條約終。第二次戰爭自去年七月希布宣戰起。迄去年九月土布國境條約終。前後十二月中。半島內土希塞門羅布六國。日奔命於干戈。半島外英法德俄奧意六國。日敝神於尊俎。其間錯綜糾紛之跡。與此大戰無直接關係者。不必多述。其最重要之諸點。則第一次戰後。土人盡失其屬地。諸小國各瓜分之以自廣。塞爾維亞幅員。視戰前幾增兩倍。馬基頓州北部之地。全歸其手。奧人所經營之桑基耶克鐵路。其所經重要地點。皆隸於塞。而該鐵路終點之薩羅尼加港。又爲希臘所攘。希亦奧之宿敵也。故經此戰後。奧人蒙莫大之損失。故奧深不慊於現狀。而亟思破壞之。此釀成今日戰役之一大原因也。然塞人初不以得此而自足也。彼以皇皇求海之故。乃出於戰。戰勝之結果。既已自以兵力與其同懷國門的內哥共占領亞得里亞岸一帶要地矣。而以奧意併力阻撓之故。竟哇其喉而奪之。以建所謂亞爾巴尼亞國者。不寧惟是。當亞爾巴尼亞畫境問題發生。極力謀所以損塞門而益亞者。奧人至以兵船封鎖門的內哥海岸。（去年四月事）而德法英亦附和之。俄人雖腹誹。無如何也。不寧惟是。以各小國內訌致成二次戰爭。故土耳其乃獲漁人之利。規復亞德里亞堡。以制西部之咽喉。故塞門等國亦深不慊於此現狀。而亟思破壞之。此又釀成今日戰役之一大原因也。夫塞門之直接利害。即俄之間接利害。奧之直接利害。即德之間接利害。故奧塞共有所不慊。即德俄共有所不慊。夫既已凡有關係之國皆不慊於此現狀。則此現狀儳然其何以終日者。要之巴爾幹一隅之棼亂。所以雖綿亙數十年而卒不至牽及歐洲全局者。實賴土耳其擁虛器以鎮之。各國之干涉者。仍不能不假手於土。得土為之緩衝。則列强有游刃之餘地。土勢既墜。則凡有利害關係之國。不得不直接自當其衝。巴爾幹戰事告終。識者早已知全歐之無幸矣。豈惟土哉。有國焉為世人所常舉以與土相提並論者。倘其運命一旦等夷於土。則全世界第二次之大禍行至矣。生斯國者。其念茲在茲。毋或自禍以禍天下也。

十六　開戰機會之輳泊

以上所述。亙數萬言。此次戰役之遠因近因主因從因。大略具矣。雖然。此種原因之搆積。非一日矣。數年以來。日日在瀕戰之中。胡為皆不戰而直至今歲。前此既幾度可以不戰。則亦何為不可更遷延於數年之後。而遂發於今歲。欲求其故。更須綜合各國國情。各就其客觀主觀兩方面研察之。當亦論世者所樂聞也。

就列强對於德人之客觀方面言之。德人席卷囊括之雄心。既昭然為天下所共見。而其國運進步之速。月異而歲不同各國合縱擯德既終爲事勢之無可逃避則早一日或能占一日之優勝他勿具論德國第四次海軍擴張計畫非以一九一七年完成乎巴克達鐵路又非以一九一七年完成乎徐羅大運河又非以一九一七年完成乎（徐羅大運河歷史前此諸節無機會論次之今補敍如下徐羅大運河者通航於北海與波羅的間之人造運河也德國前此兩海之艦隊不能聯絡欲相策應必須迂回於丹麥之北岸費時既多且易爲人襲擊德皇親政後即首開此河自一八八〇年動工一八九三年成凡費時十三年費金三萬五千餘萬馬克近以大艦驟增前此工程不適於用乃於一九〇七年再作擴張計畫使其深三十六英尺底幅百四十英尺預算工費二萬二千餘萬馬克竣工限以十年）夫一九一七年距今則三年耳況其飛行機潛航艇野戰砲等之日新月異亦稱是倘以憚戰故聽其坐大荏苒數年則羽翼已就橫絕四海各國舍膜拜屈服外更何道以自處不如早協以謀之猶或可以幾幸於一勝也復次德之所以三十年來雄視歐洲者其受三國同盟之賜實至多今也意之盟約正屆滿期賡續與否尚在未定且頻年來意奧相怨非止一度約言雖在效力已微德今方陷於孤立之淵舍奧外更無與國餘一土耳其則創敗之餘也及今而戰則敵德耳若更閱數年萬一事勢變遷意交復親土勢再振或德人更能於中美羅布班葡諸國中得一二死友則其鋒更安可當故各國皆以今日戰德爲最適之時機也就法人主觀的方面言之復仇之志蓄之既四十年徒自審獨力不足以禦豪强故隱忍以至於此今英俄之和親既固不雪恥以酬百王更欲何待且巴黎一帶要塞之堅整非復曩時以主待客以逸待勞勝負之數亦豈易料況俄議其後敵必不能深入者哉抑尤有一事使法之政治家愴然瞿驚者則法之人口歲減無術防維更閱數年則勝甲之夫愈少而國恥將永刼不復愈不得不及今以求一戰此孔明後出師表之用心也就英人主觀的方面言之海軍常維持兩國標準主義獨力猶足以制德況益之以法俄更何畏彼就令赴陸之兵盡敗德人終不能飛渡海峽以蹂躪英倫是既常爲不可勝以待敵之可勝若他日事過境遷或協商關係變更或海軍計畫齟齬則更

何恃以與人爲敵者。故英亦利速戰也。就俄人主觀的方面言之。前此徒以新敗於日。元氣未復。故坡赫之役。蒙茲奇辱。今卧薪嘗膽。已歷年所。士飽馬騰。哀鳴思鬬。若再受恫喝。依然屈讓。則將大失巴爾幹同族諸國之望。威信一墜。奚自補牢。且俄之爲國也。能致人而不致於人。以拿坡侖蓋世之威。遂以深入覆師。故俄之與人戰也。勝則奮迅展翮。敗則蟄伏以待再舉耳。無論何國。終不能以戰勝而損其固有境土之毫末。故天下之最不憚戰者。宜莫如俄也。就德國主觀的方面言之。彼自數世以來。無日不討軍實以訓警。舉國上下。日日如在陣中。故在他國。或時而能戰。時而不能戰。德則無有也。然以德人所規畫。其最勝算乃在不戰而屈人之兵。故蓄力四十年。終不肯輕於一用。雖然。既妒恨者環集其旁。則其終必一度決裂。固已自知無可逃避。而德人所以自審者。則等是戰也。寧緩毋速。數年之後。德勢之莫禦。夫既言之矣。轉而就其對於列强客觀的方面言之。則其利於速戰者。抑又不少焉。其一。法人固非德所甚畏也。然以其積怨之深。雖蠢蠆猶能螫人。矧乃一國。疇昔彼以黨派紛歧。國是不定。故積久不能自振。今則國有人焉。內競日和。百廢漸舉。軍備既修。愈益難侮。不如及其未備。加以一擊。使之不可回復也。其二。俄國敗後休養。已閱十年。國勢蒸蒸日上。及其內訌未盡寧息種種計畫未盡完成。擊之猶可以得志。假以數年。則彼新興之運。豈其後我。且以人口增殖力言之。德視法雖遠優。而視俄則已遜。然則愈閱久而愈能爲德患者。蓋莫俄若也。其三。與英競海軍。猶形與影競走。而彼更附益之以俄法。德之富力雖日進。亦安得不疲於奔命。以云止競。舍戰曷由。且今英方自由黨執政。改革關稅之議閣置。其與殖民地之關係未甚緊密。猶有隙可乘。一旦政變。或遂與德爲關稅戰爭。則德已將坐困。又英之陸軍。在今誠無足道。而改革論已大昌。徵兵制或將實現。及其時蓋益難侮矣。其四。巴克達鐵路爲德人雄飛東方最大之憑藉。然必以巴爾幹爲中權。以土耳其為護法兩年以來。巴爾幹臥榻已屬他人。土耳其殘喘且將不保。非奮起一翻此局。壯志何由獲酬。其五。環顧宇內憂樂與共者。僅餘一奧大利。彼其國家構造本自不良。久已岌岌不可終日。今則外蝗內蟲。嚙其枝葉。嚙其本根。倘不振救。一旦瓦解。非直負義。而亦以自孤。以此諸因。故德人速戰緩戰。其利害正未易軒輊耳。再就奧人塞人相互之方面言之。塞之見厄屢矣。非戰終無以自振拔。而塞人以獨力戰。無論何時。皆立於必敗之地。故塞人於緩速之時機無所擇也。惟視其所倚賴之國認為適當之時機者。則亦塞之時機耳。奧則不然。國命殆與皇室相倚。老皇鐘漏則向盡矣。一旦宮車晚出。則國家且不知命在何時。更安從搏控其民以待其敵。惟希冀一戰之後。毋以大患遺其子孫。國其庶有豸。故今交戰諸國中求戰之迫切者。宜莫如奧也。綜此諸因。則大戰所以必起於今日。其故略可察矣。雖然。歷考古今中外戰史。備戰雖在平日。決戰恆在臨時。謂各交戰國咸於若干年前處心積慮。共為今歲必戰之規畫。天下固無此情理。且吾敢信各國者於交綏前一刹那頃。猶各自沈吟審顧。如不欲戰。其卒不免於戰者。則相摩相盪。電熱忽迸。以致不能自制已耳。請更申吾說。蓋自始實由德奧兩國。狃於蒲騷之役。見夫一九〇七年以來。屢瀕於戰。而卒不戰。謂脅喝必足以奏奇効。乃襲故技而勤用之。其在奧人。以喪其儲君。痛憤失度。不復計所要求者為敵人之必不能堪。實則奧之要求雖酷。然以視日本之待朝鮮則何如。日人以喪一伊藤。遂縣朝鮮。奧喪太子。然猶宣言不割塞地也。亦以曲本在塞。他國何至袒彼。奧人初意。亦欲如去年五六月間。以不戰屈塞耳。塞有恃而敢拒奧。或非奧始願所及也。惟德亦然。察俄人整頓軍備之計畫未盡告成。而兇變初起之際。適值俄境內有全國同盟罷工之事。謂俄豈復有餘勇以與我相拒。且俄波蘭芬蘭諸地。殷頑實繁。虛無黨亦未絕跡。日俄之役。其國中不逞者方利用此機以謀顛覆政府。俄廷能不懲毖。其必將仍屈服於我一震之下。如一九〇七年故事。而孰意俄人竟舉國一致同仇敵愾。此非惟德人所不及料。恐凡覘國者所皆不及料也。俄既戰而法必隨之。此固意計中事。若乃英者。與俄法本非有攻守同盟之連帶責任。且其人民素以好和平聞於天下。其現內閣之自由黨。又以非攻寢兵爲歷史上相傳之黨義。不寧惟是。愛爾蘭問題正直鬩爭劇烈之最高潮。國軍與民軍。方列隊對峙。操戈相擬。（事與奧儲遇難同時當時全世界所注視也）又安能有餘裕以禦外。故德人始計。謂俄釁雖搆。而英終當中立。英人之忽焉舉愛爾蘭問題烟消雲散。而舉國奮袂以起。亦非先事所能臆計矣。抑非惟德奧有所誤察也。即英俄法亦何莫不然。彼等蓋亦狃於摩洛哥役之已事。見德廷以柏林一夕之恐慌。遽就範圍。謂今茲亦當爾爾。故彼以恫喝來。此亦以恫喝應。而豈知愈接愈厲。遂橫決而不可復禦也。

十七　奧俄德法宣戰與戰前外交

外史氏曰。吾文以敍述今次歐洲戰役爲職志。而自第二節記奧塞國交斷絕後。縷縷數萬言。所說皆戰前事。其遠乃在三四十年以前。博士買驢之誚。知所不免。爲欲使讀者洞明端委。不得不爾也。今始得復入本題。而吾文亦將終矣。（本節所述據八月五日英國所發布之白皮書爲材料該書乃英外相報告議會者也其中或不無偏宕之處讀者宜分別察之）

七月二十三日。奧政府發最後通牒於塞政府。限以四十八小時答覆。蓋使塞人無取決於他國之餘日也。翌日。錄通牒全文布告列國。末綴一語云。凡友邦欲爲調人者。吾奧敬謝焉。其不願第三國容喙之意。蓋甚果決。其日奧外相語駐奧俄使云。今茲之事。爲吾奧興廢所關。吾奧爲相當之處分。想列強必無異議。又發通牒之前一日。二十二日。駐德英使語德外相云。今茲之事。實奧塞兩國間之問題耳。吾意他國決無容干與。數年來奧之待塞。本已非常忍耐。此次加以嚴重之膺懲。吾儕旁觀者宜諒之。又二十四日。德政府有一長牒分致列國。亦申言此意。謂茲事解決。宜任彼兩國。若第三國參與其間。則列强各有同盟協約等關係。或至釀滔天之禍。吾儕各宜自愼。當奧塞通牒往復之前後三四日間。英德等國之所期待。其大略如此。惟俄人之意。則未有所表示。時通牒內容。尚未周知也。及其全文露布。則讀者莫不愕眙。蓋兩獨立國外交上之往復公文。用如此嚴厲之字句。列如此苛酷之條件。實前此所未嘗聞也。就中一條。言在塞境內捕治元兇。須由奧官憲監督執行。此寧獨立國所能忍受。（著者曰。亦安見必不能忍受。古之人有行之者。義和團事件是已）識者固知奧有必戰之志矣。雖然。奧之決戰。凡以威塞。殆不能謂其有意牽動全局。當時駐意奧使嘗語意人曰『歐洲西境之人。未嘗親受人種錯居之痛楚。故於塞人此種詭異之行動。終苦索解。彼所謂大塞爾維亞主義者非他。質言之。則謀宰割奧國。幷吞奧境內操塞語之各州而已。彼其國民共屬協會之主腦。即前首相華治博士也。而此次戕我儲君。全由該會慘淡經營。乃至兇客旅費。亦該會所給。此而可忍。孰不可忍。夫奧與塞戰。譬則以珠彈雀。吾奧何利焉。徒以爲國家自衞計。不得已乃出於此。諸君試思。假如有國焉煽俄境之芬蘭人使叛俄。煽德境之波蘭人使畔德。不得逞則戕其元首以洩忿。諸君謂俄德之待此國宜何如者、而又豈更有第三國調停之餘地者』此其言於奧國之境遇及其態度。最能說明。二十五日。塞國覆牒至矣。其辭旨頗極恭順。惟於條件中一二重大節目。不能盡行屈從。使奧人能稍寬假之。則斷渡之顚風。其或可遂息。奧人必鬭困獸。此奧之咎責也。然奧之通牒。旣以全體無條件承諾爲前提。塞旣不應。則奧人思所以貫澈其言。責亦義所宜爾。未足遽爲奧人病也。於此時也。若俄人持以鎭靜。則戰事亦限於奧塞焉已耳。初二十五日駐奧俄使語駐奧英使曰。奧之通牒。尚不失爲中和。奧人若無併吞塞國之野心。吾俄固願靜觀其後。是俄國最初固如不欲戰者然二十九日俄廷遂下動員令於與奧接境之三軍區以致釀俄奧交涉此俄之咎責也雖然俄人又豈得已者自坡赫二州問題以來俄民以巽懦辱國責政府者既囂囂盈耳彼其民夙以拯拔巴爾幹之宗族自負坐視塞之滅亡固非所得忍且自其政府之地位言之奧塞交戰以弱塞當强奧其勢必舉塞塞舉而門亦隨之則亞德里亞海權悉爲奧物不寧惟那塞布希羅諸國方疲弊於戰後且互相睽乖奧若乘滅塞滅門之餘操縱諸國則巴爾幹寧復有俄側足之餘地故俄之救塞非惟自託於齊桓存邢之大義抑亦爲自衛計有所不得已也於是俄廷以二十四日內閣會議之結果翌日致牒奧國求其對於致塞通牒爲具體的說明再翌日奧覆牒至俄人不慊焉再有所交涉奧竟不答俄始以師壓奧境自是奧塞間問題一變爲奧俄間問題燎原之勢自茲作矣

先是英外相格黎於二十四日得見奧國致塞之最後通牒乃倡英法德意四國會議調停之議不邀俄者知俄與奧之爭論交涉已開始也其時形勢奧師若壓塞則俄師亦必壓奧故最要者在稍緩師期然後調人有游刃之餘地而奧之最後通牒限以二十四小時所餘僅一日耳三國乃共勸德使德勸奧略爲展限德人頷焉以命駐奧德使而奧外相方適伊西里（奧皇養病地也）不獲見而通牒滿限之時已屆英法意仍賡續主張四國調停之議德人不欲謂調停云者一種之解紛裁判也據國際法理凡解紛裁判必由紛爭國之籲請乃得行之今俄奧未籲請我四國也且聞俄奧兩政府已直接互相交涉行將解決矣若其不解調停未晚於是格黎所提議遂閣置惟共勸俄奧開誠交涉而已邊人自始宣言不願第三國干與故頗不肯與俄交涉經四國之勸則姑諾之惟聲言交涉當以奧國通牒原文爲基礎不彼以塞國覆牒爲基礎俄不許於是調停議復興德亦無異詞此二十八日

事也仍以欲造出調停餘地故勸俄奧兩國中止軍事行動使法勸俄使德勸奧遷延未決而兩軍已越境交綏矣二十七日俄皇親臨樞密院下勅語云『奧爲不道伐吾同姓處心積慮匪伊朝夕朕與朕民忍辱含垢於茲七年今寇既深安所逃避一日縱敵數世之患卿等其愼思之』君子讀俄皇詔知所憾不僅在奧矣自二十九日以後各國皆爲開戰之準備外交界黯無色矣八會六日奧俄宣戰詔下八日俄奧宣戰詔下

英俄法諸國所以責德者謂奧之最後通牒必由德人嗾使而德人之自始反對調停說實將以遷延時日以待軍事之整備有意釀戰德人實職其咎德之自辯則謂非不願調停奈力不贍而奧之通牒事前實未嘗與聞平心論之奧之通牒必將忤俄奧寧不知知矣而竟發焉其安能無所恃且奧之與德共命久矣細故猶將受成安有以國命所託之大公案乃反孤行其意奧之舉措必由德發蹤指示雖蘇張之舌不能爲辯也即奧塞交絕後德人欲中止奧人軍事行動亦非不能致之事而德人不出此此德之咎責也雖然易地觀之塞之覆牒俄亦寧不與聞俄之動員英法亦豈不能制止以云可咎則固有分之者矣要之今茲滔天之禍兩造皆未必樂以戎首自居惟各狃於前此威嚇之可以得志相與怒於聲色而量敵之必且膚撓目逃其齟齬以及於戰則亦相煎太急必至之符無論專歸獄於何方皆非篤論也

俄奧戰而大同既不可挽矣俄起斯德必起德起斯法必起此五尺之童所能知也先是德一面與英討論調停之議一面仍宣告曰俄若攻奧則德不能不執干戈以衛其同盟國及俄之下動員令也遣其駐使告德政府曰吾以救塞故陳兵待奧無憾於德德其勿疑二十九日德皇致親電於俄皇乞其中止動員俄皇仍以前詞對翌日德皇更致電曰『陛下無意弭兵使大局一至於此痛哉巨浸滔天生民塗炭陛下實職其咎朕無與焉』其

日晌午德皇出御宮廷前之平臺。人民集者無慮數十萬。皇乃誓曰『嗚呼。大難今集於我德。我德人義不發難。亦義不避難。朕將出吾劍於其匣矣。嗚呼我忠勇之德人乎我有名譽之德人乎今茲之役。當使天下共知吾德人之不易侮。共知侮我者宜蒙何譴。吾劍既以名譽出匣則亦誓以名譽歸。嗚呼天下所助者順也吾德人其荷天之庥。』於是舉都之人若狂。高唱國歌。鼓舞而去。八月一日。德俄宣戰。三日。俄德宣戰。（俄奧備戰在俄德前宣戰反在俄德後）德俄戰機正迫之時。德政府牒告法政府詢以俄德若戰。法能否中立。法人不答。而兩國國境上日日修戰備。八月四日。德法宣戰。同日。法德宣戰。十日。塞德宣戰。同日。門奧門德宣戰。十二日。奧法宣戰。其翌日。法奧宣戰。

十八　比利時中立與英國加入

當俄奧德法短兵將接之時。英人猶作盤馬彎弓之勢。最後乃以德人破壞比利時中立為口實。起與俄法共戰奧德。比利時者自一八三一年與荷蘭分離。始建國。國際法上所稱為永久中立國也。永久中立國者。藉擔保國而始成立。何謂擔保國。各國相約不侵其主權。其有侵者則共擊之也。比利時之中立擔保。則凡今之交戰國若俄若奧若德若英皆蒞盟署約焉。而德人躬蹂躪之。此予敵以莫大之口實也。德法國境甌脫。有永久中立國二。在南者曰盧森堡。在北則比利時。八月二日。德軍已越盧境而過。同日通牒於比。乞假道。且曰吾德決無利比土地之心。比若見許者。吾德永永盡力為比防衛班士。且軍行所經。苟有損害於比者。將賠補焉。牒限十二小時見覆。比人毅然曰『倫敦條約在彼。脅我背約。有死不承。』翌日德軍遂入比。初一八七〇年德法將戰。英人要兩國以共尊比之中立。兩國皆頷焉。故終彼之役。比人安堵。至是英外相格黎於七月二十九日。牒告兩國申此義。

法人曰。如約德不答。未數日而德軍遂入比。八月四日。格黎荏議會報告顛末。且曰『吾英人非重義務尊名譽之國民耶。吾儕對於比利時有條約上應踐之義務。國家而棄其義務。則傷名譽隳威信莫甚焉。雖物質上得什伯倍蓰之利益。吾不願以易也。』格氏此語。最能激發英人之良知。振其邁往之氣。語未絕。鼓掌聲振屋瓦。國歌起於四座。而市民之集於議院門外者如堵牆。咸高歌以和之。翌日英兵渡海矣。其日八月五日英德宣戰。六日德英宣戰。

外史氏曰。德人以一國挑釁於羣雄。爲道本既甚危。而初發一矢。乃以之加遺於國際公法。自處於曲而予人以直。毋乃不智。雖然。爲德人計。則烏得已者。彼其東西受挾於二憾。非先破其一不遑顧其他。出不意以摧法。爲道莫捷於犯比。無論何國與德易地。恐亦不得不冒不韙以出於此。彼其名相俾斯麥嘗言。天下何處有公法。所有者赤血耳黑鐵耳。言雖詭激。實含至理。今各國之呶呶焉責備德人者。其前此嘗爲德國今日所爲者何限。比利時宅於歐洲之中央。而德又正爲天下所共媢嫉。故共翹之以爲掊擊之資云爾。且據德人之言。則謂法先破比之中立。其軍已密集焉。其飛機且越比以瞰德矣。英法力辯其誣。吾儕亦未敢謂爲必信。雖然。比與法皆拉丁族也。與法俄素昵。法如假道襲德。吾未敢信比之必不許也。則德之先發制人。又豈足深責。或曰英本中立也。而德人以犯比致英師。寧非失計。吁此爲英人所欺耳。今茲之戰。英德則兩造之主也。而其餘皆爲從。謂德不犯比而英遂永作壁上觀。寧有是事。讀者諸君試綜合吾前文所述諸史以觀之。吾言信耶否耶。特德之此舉。供給英政府議會演說之佳題。爲其宣戰詔勅生色。則固有之矣。

且英人託於擁護國際公法。翹然自命爲義戰。吾以爲今茲各交戰國者。以云非義戰。則皆非義戰也。以云義戰。

則皆義戰也。凡以國家生存發展之目的而戰者。就國家學者之眼光論之。皆得名爲義戰。今茲之役。奧塞法比皆以國家生存之目的而戰者也。英德俄則以國家發展之目的而戰者也。故奧塞法比之戰最義。而英德俄次之。一國而獨以義市。良史所不許爾。英人出而戰局之雄偉乃觀止矣。其後日本土耳其等次第加入戰團。他日更否有繼起者。且未可知。然皆枝末。無與大勢。故弗論次也。

十九　結論一——戰局前途如何

外史氏曰。吾爲歐洲戰役史論第一篇。其職在說明戰禍之由來。今略竟矣。至其開戰時兩造之兵力如何。財力如何。作戰計畫如何。及數月來交戰狀況如何。吾將以第二篇賡續論次之。吾曷爲更爲結論。吾知讀吾書者。人人皆有兩大疑問焉。日浮於其腦際。其一曰戰局前途如何。其二曰影響所及於吾中國者如何。夫茲事體大。非吾所能對也。無已。試略論之。吾言不中。則失言而已。吾非前知。失言不足爲病也。今試答第一問。

自開戰之始。吾嘗昌言德之必勝。且言其決勝甚速。比則頗有難吾說者。吾亦幾不能自堅持。雖然。吾終信德之決不能敗也。夫以英俄法聯軍之勢。其人口多於德國數倍。其陸軍兵額多於德國數倍。其海軍噸數多於德國數倍。其財力亦過德國數倍。其地勢形便亦過德國數倍。而吾自始敢昌言德之必勝者何也。吾觀德人政治組織之美。其國民品格能力訓練發育之得宜。其學術進步之速。其製作改良之勤。其軍隊之整肅而忠勇。其交通機關之敏捷。其全國人之共爲國家一器械而各不失其本能。凡此諸點。舉世界各國無一能逮德者。有國如此。

其安能敗使德人而敗者。則自今以往。凡有國者。其可以不必培植民德。不必獎勵學術。不必蒐討軍實。乃至一切庶政。其皆可以不講矣。此非吾矯激之言。彼德國者實今世國家之模範。國家主義。如消滅斯已耳。此主義苟一日存在者。則此模範國斷不容陷於劣敗之地。不寧惟是。以德與英法諸國戰。無異新學藝與舊學藝戰。新思想與舊思想戰。新人物與舊人物戰。新國家與舊國家戰。使德而敗。則歷史上進化原則。自今其可以摧棄矣。且戰之勝敗。非以多寡也。項羽之鉅鹿。光武之昆陽。周瑜之赤壁。謝玄之淝水。何一非以少擊衆而奏奇捷。即德之先君腓力特列當七年戰爭之役。曷嘗非以一敵八。而功名固自在也。況聯軍之爲物。最不利於戰鬬。六國擯秦。卒爲秦併。十字軍綿歷百年。無功而散。徵之史蹟。斯例尙繁。況德並非小國寡民者哉。彼德人開戰之初。本確有其迅速制勝之具。其計畫有略可推見者。蓋俄軍動員之遲滯。遠非德比。俄全軍集於西境。須在二十日以上。德人當此期間內。暫可無東顧之憂。則注全力以西征。故悍然蔑棄國際公法。越比以襲法。法德境上。堡壘羅列。不易攻陷。法比境上。守備空焉。如是則不待旬日而巴黎可下。一面更希冀意大利遵守盟約。與德戮力而掎法之南。以柔靡淫泆之法人。其非德敵也明矣。如是則法人必將求和。即不求和而戰鬬力亦盡。德則據法全境而因其資力以與他敵國相持。其時俄軍方始集中耳。然後回師東指。以與俄角。英陸軍之不武。天下所共聞。德人未嘗以爲意也。惟謀所以制其海軍。海軍戰略。則將主力要艦。皆蟄伏於北海軍港及徐羅大運河內。毋使致於敵。而惟用舊艦小艦魚雷潛水艇等。以擾敵師。次第減少其戰鬬力。使與我等。然後一舉而決戰。夫既破法。則英人膽落矣。先聲所奪。英之殖民地。必將紛紛叛亂。英之海軍。以捍衞各地。故不能集中。則可以一擊而殪之。海軍殪則英不得不乞和。不乞和。則以德陸軍入三島。如虎入羊羣耳。即英之海軍未能遽殲。而既撫有法境。則可以復行拿破崙封鎖大陸之政策。而英亦將坐困。如是則所敵者惟一俄耳。德人固不肯蹈拿破崙覆轍。深入俄境以取敗。而距俄軍使不得入德境。其力自恢恢有餘。然後轉戰於波蘭芬蘭之野。徐俟俄之疲敝。或更以術煽其內亂。使之狼顧。夫德既撫有全法而因法資以與俄相持。俄之不敵明矣。如是則俄亦服。德人自始所以策戰者大略如此。吾之所以敢昌言德之必勝且速勝者則亦以此。以今日形勢觀之。其海戰計畫與東部陸戰計畫皆未嘗誤也。德之海軍至今未損一要艦。而敵軍之斃於潛水艇者已不知凡幾。東部陸戰。俄軍雖嘗一度壓東普境。而西征之師一轉則已辟易數百里。今惟轉戰於波蘭之野矣。獨至西部陸戰計畫則大反其所期。其一。意大利公然宣告中立。致法人無南顧之憂。得併力以相拒。然此猶非其至可痛者。蓋意之同盟本不足恃。德人固已料及。原不專恃為援。即掃法人境內之師。亦不足以當德人一鼓之氣也。其二。乃為德人所萬不及料之事。則比利時抵抗力之強。足使全世界瞠目結舌。德人竭獅子搏兔之全力。僅乃克之。所死傷已數萬。此猶非至可痛者。而坐此停頓軍勢十餘日。一面則法人守備之具已完。英之援師亦至。非增加倍蓰之兵力。不能決勝。一面則俄軍已集於東。不能不分軍力以禦之。故巴黎至今不能下。而德人之奔命則既疲矣。夫德人而欲迅奏膚功。必以先服法為第一著。法既未服。則無先聲以震悚英之殖民地。故彼等猶懾於英之積威以為之守。而海軍最後制勝之數未敢知矣。法既未服。則不能因其資以與俄相持。而陸軍最後制勝之數未敢知矣。此吾所以幾不能堅持德軍必勝之說也。

今英俄法已締結不許單獨議和之約矣。而德皇名譽之劍。又誓不許以不名譽歸其匣。則力未殫而議和。在兩造皆為必無之事。傳曰。盡敵而反。敵可盡乎。而今茲之役。乃真有不盡敵不休之勢。蓋德奧自始已立於萬不能乞和之地。苟乞和焉。在奧則不待敵人之處分。先自土崩瓦解。在德則必殖民地盡失。軍備大受制限。永無復起之時。其極也或並聯邦之組織而生搖動。德奧騎虎難下之勢。既章章矣。還觀其敵。則法最脆弱。宜若易服。今則時已失矣。巴黎雖陷。其不服自若也。甚至波爾多雖陷。（法之新都也）其不服自若也。彼且效比人之例。遷政府於倫敦耳。若英者則其海軍一日不殲。即敵師一日不能飛渡。俄則更常爲不可勝以待敵之可勝矣。三國之斷不肯漫然求和於德。此又當盡人所同信者。然則今後戰局。亦惟有相持而已。既已相持。則最後勝負。不視戰略之優劣。而視持久力之强弱。自然之勢也。何謂持久力。一曰軍數。二曰軍食。三曰軍器。而金錢之軍資不與焉。以軍器言之。據專門家最近所調查。則德國煤鐵之產量遠過於英。其近年所產鋼鐵。加英一倍。而工場之從事製造者既精且速。俄法視之若莛與楹矣。故德人於軍器一項。其持久力最强。俄法得英之供給補助。三國協力。僅與相埒。未或能過也。而其軍器之新異精巧。則絕非英所敢望。故軍器持久力。德又遠駕其敵甚明。以軍食言之。據英法一面所說。謂德國每年所產糧食。約僅能敷九月之食。故民食四分之一。恆仰給於外。其軍團所在地。雖有所貯藏。計不能甚多。而今茲開戰。適當收穫期。以壯丁皆從軍。故乃遣小學生從事刈穫。蓋餘糧之委於畝者約十之一二云。來春播耨。則須健婦把鋤矣。其收成當必銳減。據其敵所算度。謂彼之軍食不能支及來秋。信否未可知也。而英則有殖民地爲之供給。俄更地大物博矣。此說若信。德其甚危。雖然。德人當開戰之始。乃饋糧於瑞士值百萬馬克。（瑞士夙仰食於德也）雖曰藉此以結瑞士驩心。或故示敵以餘裕。然苟中無所恃。豈敢出此。以吾所聞。則今日瑞典挪威丹麥諸國。其糧食轉輸德境者絡繹不絕。英俄海軍莫能阻也。且俄法俘虜在德者已不下三四十萬。彼豈不能驅之使耕。昔秦人用三晉之民以墾植。資其食以養戰士。還滅三晉。其前事矣。故此亦不爲德人病也。更以軍數言之。德兵之列於軍團者。約二百二十五萬。而當輜重及其他任務與夫後續部隊約三四倍之。故其兵之在前敵者。約九百萬人乃至一千萬人。而據其統計年鑑。則現在十八歲至四十五之男子。一千四百十五萬餘。除現臨前敵之一千萬外。餘四百萬耳。須留以製造軍器及從事他種產業。未必更能抽調。故一人死傷。卽減一分之戰鬬力。若俄國則現在已出兵一千萬。俄皇宣言出二千萬。綽有餘裕。英人之殖民地兵應募者亦麕至。就此點論之。戰役若持久至一兩年後。德人實無術足以自支。此則雖帝力恐亦有莫能爲助者。故戰役若延長至一兩年後。則德乃處於必敗之地。而英俄法所恃以制德者。舍此亦更無他長策。夫戰而僅恃用衆爲術。已至可憐。況衆之不易善用耶。不見夫俄之醉兵。每交綏動輒爲虜耶。（俄兵每戰前必酗酒）近自土耳其加入戰團以來。德人之勢已非復如前此之孤立。英之地中海艦隊與其大西洋艦隊。已有截爲兩橛之象。意大利觀望形勢。或且踐盟而起。亦未可定。而英海軍自訥爾遜至今未嘗一戰。浪負盛名。其實力如何。良未敢斷。而數月以來。德人深藏以驕之。亟肆以疲之。今旦夕惴惴於風聲鶴唳。一旦德海軍成師以出。英法海峽一失守。則絕島何由自存。英人且效比利時故技。舉其政府以遷於墨斯科。亦意中事耳。信如是也。則敵軍軍器供給之路絕。其持久力掃地盡矣。吾謂德人終不能敗者以此。夫吾儕旁觀者。於兩軍決非有所偏好偏惡。且德而全勝。良非我國之福。吾何必譽美德人而爲之呪其敵。惟以吾蠡測所及。謂結局恐將如是耳。吾固曰希冀吾言之不中也。

若問戰後世界大勢之變遷如何。則茲事體大。益非敢對。然吾猶有逆揣者二事焉。一曰政治思想必大變動。而國家主義或遂衰熄。二曰生計組織必大變動。而社會主義行將大昌也。當別爲專篇論之。

二十 結論二——戰役所波及於中國之影響

試更答第二問。

嗚呼吾欲答此問而泫然不知涕之何從也。使吾國稍稍具備國家之資格者。則今茲之役。寧非予我以千載一時之機會。吾將以宣告中立故。將舉凡各交戰國之租借地。悉令解除武裝。交我暫爲管理。以待戰後之談判。吾將乘彼商業消歇之時。大獎厲吾工商業。不必改正稅率以行保護。而自莫與吾競。自茲以往。吾國勢之進。當沛乎莫之能禦。今也不然。豈惟不能利用此機以自振拔。山東告警以來。舉國駭汗惴惴憂亡已耳。雖然吾欲登崑崙山絕頂大聲疾呼以告吾國民曰。戰爭中及戰爭後。誠與我有莫大之影響。而決不至致我於亡。今日之中國誠無日不在可亡之境。然苟吾不自亡。決無人能亡我。而存亡之數。可謂與歐戰絕無關係。彼持憂亡論者不外數端。其最無價值者。則謂歐戰發生。借款絕望。吾將以財政破產致亡。吾以爲此論乃適得其反。號稱曰國而恃借款自活。不亡何待。卽暫時未亡。而借款愈多。破產愈迫。是日種亡根也。歐戰未起。國人猶嘗抱借款之希望。今望既絕。乃始不得不死心塌地以自爲計。其或者財政上從此得自立之道。孟子所謂生於憂患也。若其終無術以自立焉。是則吾所謂自亡手段之一種也。借款愈便易。則亡愈速耳。故此說不成立也。亦有人焉。謂世界各國所共患苦者。爲近東遠東兩大問題。今茲之役。則近東問題紛爭之極點也。戰後殆將解決矣。而世界眼光將轉而全集於遠東。夫遠東之有中國。猶近東之有土耳其也。待列强解決遠東問題時。則我與土耳其安得不同其命運。此言似矣。而非其眞也。第一當知我中國絕非土耳其之比。土耳其今誠瀕亡矣。然其亡非歐洲列强亡之也。其境內自分裂爲六七小國以底於亡。其所以分裂之故。則由其始以武力征服無數異種之民。而不能以己力同化之。又不能舍己以同化於彼。且其諸種者亦不能互相同化。是以勢不得不裂爲數國而亡隨之也。苟其不然。則全土雖至今存可也。試問我國境內其有如希塞羅布等截然相異之人種各據一隅如土之舊狀者乎。無有也。既無有則自斷不致分裂。自斷不至於亡也。夫蒙古西藏。則誠希塞羅布之類矣。故此後謂蒙藏可保。吾不敢言。然蒙藏之失與中國之亡。不能併爲一談。至易見也。第二。此次戰役。近東問題遂永解決與否。良未敢知。藉曰解決矣。而承疲敝之後。十年內未必能集力以事遠東。則吾於此期內。綽然有自樹立之餘地矣。且謂列强處分遠東問題之時。而我遂亡者。豈不曰將見瓜分耶。無論瓜分爲必無之事。藉曰有之。而緣此必將更釀大戰。列强懲於今茲之役。雖好戰者亦非一二十年內所敢從事矣。故此說決不成立也。其最有力之一說。則所謂歐洲列强之外。尚有人焉眈眈於我臥榻之旁。曩昔以均勢之故。有所憚而莫敢發。今乘列强力不能及遠之際。豈復肯坐失此機。則中國之勢。眞如累卵矣。誠然。吾固日日憂之。雖然。深察情實。有以知其必不能也。國際公法雖曰不足恃。然無論何國。終不能毫無口實而興兵以滅人國。彼雖日夜處心積慮以謀此。然必有機可乘然後能得志。其機云何。一曰與吾之主權者定盟約。而將統治權之一部分移於其手。俟基礎既定。然後全取之。二曰吾國家已陷於無政府之狀態。各軍隊紛紛割據相攻。各省小政府分立。全國鼎沸。彼乃入而戡定之。兩者有一於此。則是授彼以可乘之機也。吾敢信歐戰期內。吾國決無此等不祥之現象。將來有此等現象與否。吾誠不敢知。若不幸而有焉。則是我之自亡。而決非人之能亡我。且亦與歐洲影響無關矣。何也。國而至此。無論國外有無戰爭。而亦決不能自存也。綜合諸義。則知此次歐戰。不至有大惡影響於我國。而比較的反有良影響於我國。我國人惟宜及此努力。以造成完全國家完全國民之資格。以待他日得機而奮飛焉。若不此之務。而惟自亡是求。亦已焉哉。

飲冰室專集之三十一

清史商例初稿

紀例第一

紀例待商者。宜最寡矣。雖然亦有之。一曰編目。二曰取材。

編目本無待商也。然有異論數端焉。

其一。紀之託始。魏書有序紀。金史有世紀。或謂肇祖以下。宜仿彼例。列爲專篇。或謂入主中夏。實始世祖。天崇兩朝。宜爲閏紀。兩皆失中。蓋無取焉。謂宜純仿元史。託始太祖。發祥沿革。於太祖紀篇首追敍足矣。或議搜明代建州諸衞都督指揮。別爲專傳。無關興廢。似可置旃。

其二。有議爲孝欽后立紀者。援漢唐呂武之例。欲尊之而反以罪之耳。且漢史不帝少帝房州。已成藩服。以古例今。云胡相侔。若紀孝欽。則穆德兩朝。寧非閏位。況孝貞並簾。亦垂一紀。紬彼申此。抑何稱焉。揆諸史例。則無稽。衡以名分。則不安。謂宜率舊。無取騁奇。至於孝欽治效。繫有清興亡。專篇詳載。史所應爾。則班書元后。前事可師。宜別爲孝欽立傳。不以儕諸后妃。孝貞孝定。咸爲附傳。庶符史實。且愜人心。

其三。有議不爲末帝立紀者。援春秋以閔附莊之異義。則後此更無躋僖之可言。率史家不立生傳之常談。則龍門明有今上之著錄。若從蓋闕。則宣統三年間之史跡。將何麗焉。其不可從。豈俟深辯。若夫名稱。宜暫從馬

書號曰今上他日廟謚有定改署付諸後人斯最安也

諸史本紀詳略互殊大率以寓編年且補表志故單辭短章駢舉離立索然寡味有類朝報而於主德臧否廟謨得失或反不章今既多立表志則制度興革大僚進退各以類從無憂罣漏故諸史本紀中之具文記載可省泰半有清一代令辟踵武六七之作度越前古其間芟夷多難拓展土宇創垂法制修明庶績多由宸謨非假羣力又或典學精勤旁通多藝斐然述作爭席儒素實文治之攸關抑國運之是繫中間禍亂以及衰亡亦未嘗不由廟略乖方寖成因果或造端在百數十年以前食報在百數十年以後不有良史取鑑曷由要之有清二百餘年大權旁落之時至少國之休戚民之榮悴校其功罪則元首與居八九焉修史者恆念在茲則纂撰諸紀豈得徒捃摭邸鈔迻寫實錄同貴與之帝系所涑水之目錄云爾哉今略爲發凡請陳數義

一　大征伐之方略大制度之變置其發自宸斷者務宜詳紀

二　詔令當慎擇多載硃筆批摺最見睿謨擇其有關治忽者間錄焉其有言非雅馴不妨刪削迻譯前史有之不爲病也

三　一朝用人其爲治績所關者不過十數輩紀中宜特筆敍之其末僚簡在破格超擢者尤宜致意自餘尋常遷轉委諸羣表

四　帝學所臻最宜詳紀主德汙隆務存直筆

表例第二

史公仿周譜作十表宜爲史家不祧之大法踵起諸史或私家著述歲力不逮且付闕如或史臣無識遂從刪汰

其沿襲者。則亦泰半。雖然史記十表。表事者四。表人者六。有表事者。故本末犂然。得失章顯。有表人者。故蒐列無遺。立傳可省。文簡事增。莫良於是。後之作者。惟踵人表。舍棄事表。史公精意。隳其半矣。且史記事表之例。爲世表者一。爲年表者二。爲月表者一。世遠則簡嚴。代近則詳盡。凡茲義例。具有權衡。後史不審茲義。故表文所列。殆同點鬼。讀者恐臥。又何怪焉。夫羣史通習。事無鉅細。皆散見紀傳。然國之大事。固有緜亙數代。關係多人者。其造端或至遠且賾。其演果或至複且微。散附羣傳。往往不識誰附。而可錄於此。而省於彼。則讀彼傳者。或遂不審事之所自來。諸傳互見。則繁蕪起厭。在昔馬班范陳。全書成於一人之手。詳略相避。猶有別裁。今既不能而分曹珥筆。咸思相發。則必病複。咸思相避。則必病漏。欲云折中。譚何容易。且如髮捻之難。濟代第一大事也。其召禍之遠因近因。主因從因。中間變遷蔓延。響應枝別。以迄次第盪平。宇畺內外。出謀肆力得失之林。苟非別置專篇。精心結撰。則無論附諸誰氏之傳。皆有所未安。勉爲散載。終末由徹中邊而具首尾。推之他事。亦復有然。若孤行鄙意。雅思於紀傳表志之外。更立紀事本末數篇。以彌斯憾。但本史既以結馬班以來斷代正史之局。未容自紊其例。則惟有規復馬書表事之法。各表前後序論。於事之本末因果。可以詳述。罔遺義例。既無蹐駁之嫌。傳後良得鑑觀之益。此啓超語表例所以獨斷斷於茲也。今部分諸表爲二。曰事表。曰人表。

事表。必其事關係國運。且有始末聯屬者。乃表之。代遠事長者爲年表。代近事短者爲月表。史遷例也。別以通表附焉。

開國年表第一

自討尼堪外蘭。平扈倫四部落。及明末入塞諸役。迄定鼎京師。滌盪流寇。夷滅明諸藩。終焉。其服屬高麗。別在藩服篇。

順康之際靖亂年表第二

以平三藩平臺灣爲主。其他小叛亂附焉。

西北拓境年表第三

表先後服屬外蒙青海回部準部諸役。咸同間西疆建置附焉。

西南拓境年表第四

表藏衞大小金川苗疆諸役。其緬甸廓爾喀之服屬。別在藩服篇。

嘉道之際靖亂年表第五

表敎匪海寇諸役。

咸同之際靖亂年表第六

表髮捻回諸役。

外交和戰年表第七

如其名。凡與國之和戰皆表焉。

藩服年表第八

表高麗琉球安南南掌暹羅緬甸廓爾喀諸屬國大事。

庚申之役月表第九

甲午之役月表第十

庚子之役月表第十一

遜國月表第十二

並如其名。年代近且事鉅而期短。故以月計。

與國年表第十三

既不能仿前史例。立外國蠻夷等傳。而各與國大事。又不容全闕。故列之於表。

大事通表第十四

二百七十餘年間大事。爲前諸表所不載者入焉。前表所載。不能全闕。但删略耳。

人表所以存人也。凡其人言論行誼無關於國運之汙隆。無資於民俗之法戒者。宜勿爲立傳。省雜傳以尊史體。斯其第一義矣。然有不容並其姓名略歷而泯之者。欲廣其途而永其傳。惟表是賴。人表之作。此其職志也。

后妃表第十五公主表附

前史率皆有后妃傳。有清內治最嚴。自顯廟兩后外。率皆不與國事。故擬惟立孝欽一傳。而以孝貞孝定附之。自餘則皆以表傳焉。至如孝　文皇后孝　穆皇后等。皆有可特紀之事。敍而著諸表首。前史固多其例也。

宗室世系表第十六

以皇子受封者爲系宗。世襲者代誌之。降襲者至閑散宗室而止。有此表。則皇子不必更立傳也。至於開國諸王及同光宣間三四親貴。或懋著勛庸。或久居樞要。既有專傳。其譜牒所衍。亦在玆表焉。

或曰。后妃皇子皆廢傳而代以表。毋乃乖尊親之義。曰是或然。雖然。史也者國史也。其人其事。於國無與。則宜勿記。前代后妃皇子。常爲國家理亂之媒。事之可紀者不絕焉。有淸則除彼三數人應立專傳外。他皆無復可紀。何必分立傳以占卷帙。存之以表。正以全尊親之義焉耳。

諸臣世爵表第十七

開國功臣。中興功臣。其中堅也。衍聖延恩諸爵並附焉。

藩部世爵表第十八（土司表附　達賴班禪哲布尊丹呼圖克圖表附）

以蒙古王公爲中堅。其他西北諸部落。西南諸土司。凡官爵世及者皆附焉。敎宗傳統。亦附於末。

滿蒙氏族表第十九

官氏之志。肇於魏書。孝文吹律改作。非是無以記其朔。滿蒙氏族。在所當紀。入志太重。表似較宜。

執政表第二十

有淸大學士不爲眞相。而政權實在軍機大臣。初業有三院。有議政王。晚有總理。斯皆執政也。特表之。

將帥表第二十一

表大征伐之主帥。有欽差或經略或幫辦名號者。其偏裨及循資之將軍都統提鎭不與焉。

大學士表第二十二

尙侍都憲表第二十三（內閣學士附）

督撫表第二十四 西北疆部臣附

使臣表第二十五

以上諸表皆以存人。或議九卿翰詹藩臬皆各爲一表。汎濫無界。勢且汗牛。漢書百官公卿表名雖曰表。其實則志非以存人。不容援例也。

志例第三

全史精華。惟志爲最。示後既覺甚艱。起例自宜更審。前代諸志。併折非一。擬爲篇目。以待要删。

曆象志第一

聖祖治曆。精邁前古。考成一編。可供要删。湯楊之爭。實國初一大公案。宜特詳焉。晚近歐儒考證星躔。愈加精密。宜采其說。以訂前謬。

此篇以代前史天文。其五行災異等篇。與科學太不相容。當從删汰。

地理志第二

以建置沿革爲主。固無待言。而山脈河流海線氣候。皆宜詳敍。既爲總綱。省復析述。務淸脈絡。以便鉤稽。語其大體。取材外籍。十宜八九。雖曰大恥。將焉避之。

有淸拓境之廣。夐爲國光。海通以還。日蹙百里。舉凡畫界所喪。行成所割。最宜詳紀。其朔不忘在莒。用詔後昆。

關塞要隘。宜特詳記。證諸史跡。以資善用。范氏方輿紀要。可師其意。

或議別闢一志。專紀民俗。其爲美善。實所寫藏。然故籍既無所取材。輶采又苦難周徧。渾言肊逑。豈堪傳後。
毋寧蓋闕。而於地理志中。凡各地民俗。如有灼見。咸爲誦說。庶校翔實。亦足發凡。

水利志第三

遷書河渠。後史多沿襲。有清治水海塘。兼重堤堰之役。所在多有易名。水利似較包賅。

都市志第四

遷書貨殖。樂道都會綰轂之樞。恆在於茲。泰西自百年來。國力所趨。悉集都市。世運之變。此其主因。海通以還。波靡及我。互市諸岸。實筦國脈。利病所受。來日方滋。今擬別爲一志。上自京師省會。下逮諸岸旁及腹地各大市集。詳紀其位置形便。及今昔變遷之態。以附地理之後。蓋附庸蔚爲大國矣。

物產志第五　工藝附

亦地理之附庸也。選材較易。宜若可成。大抵以農產礦產水產爲綱。以地爲緯。睹茲天府。良動歆援。附以工藝。工之不振。俾民知懼也。

貢賦志第六

首田賦。田制附焉。旗地屯地葦蕩等皆田制　次漕運。次土貢。土貢雖什九豁除。國初尚存一二也。

戶役志第七

戶口職役。馬考別篇。丁賦之豁。曠古仁政。沿革所由。最宜詳逑。料民之制。歐西特尙。凡百敷政。恃茲植基。今戶籍雖非翔實。官書所紀。猶當過而存之。庶後此增訂。是正有所憑借。

征榷志第八

首關稅，次釐金，次雜稅，詳其沿革，抉其利病。

或議別立關市一志，關釐皆征商也，征榷自能包舉，重規疊舉，蓋無取焉。

鹽法志第九

有清中葉，屢更鹽法，實爲大政之一，雖未止至善，抑既去泰去甚矣，別爲專志，觀得失之林。

錢法志第十

有清錢法，嚴正修明，過於前代，及其敝也，銅元紙幣，朘民之膏，而國隨之，今痛且未艾也，宜爲專篇，以紀流變，銀行附焉。

國用志第十一

清之爲政也，屢實其府庫，而屢空之，乾隆之怵，實釀中葉大難，洎乎光宣之交，假無實之新政，揮無節之帑藏，遂卽於亡，顧其間綜核善計之臣，猶往往間出，故享國能若彼其永也，是宜尚論，以鑑來兹。

以上六篇，皆前史食貨範圍，各自爲篇，較易翔洽。

禮志第十二

樂志第十三

兵志第十四

法典志第十五

職官志第十六

選舉志第十七

學校志第十八

輿服志第十九

以上諸篇。皆因前史刑法志易名法典者。法不僅限於刑也。會典則例實一代大法。其不麗於刑者十八九焉。末葉所頒。多如牛毛。新刑律居其一耳。故用通名以符其實。

選舉學校分篇者。晚近興學。事與昔別。非科舉所能涵也。

或議增宮室志與輿服並存。俗示後於義固宜。但以鄙所度。着筆似難。姑存其說。以俟商兌。

郵傳志第二十

自昔驛傳已爲要政。今則路電郵航。實筦國命。議者多欲別立專志。某亦從同。

鄉政志第二十一

孔子觀鄉而歎王道之易。自治之政。我昔有之。獨未光大耳。若義學若義田若社倉若保甲。全國所在多有。弊亦叢焉。然日人治臺。以此爲礎。而臺民食其利。又何以稱焉。又水利聯會息貸聯會等。歐人侈爲自治之美政者。吾觀於鄉。而往往睹其類。彙爲一志。表揚而增繼之。亦史家所宜有事也。

藝文志第二十三

此諸史所同也。獨其取例。尚容商榷。仿隋志則以見存諸籍著錄。效明史則以當代所著爲斷。悉載見存。汗牛何極斷代之義吾無間然惟校勘之勤清儒專美凡厥校本謂宜別著異例一也輯佚之業清尤極盛四庫館所搜討私家所爬羅咸宜廣收以章絕業異例二也市舶所輸石室所扃曠代逸本往往間出謂宜博搜罔俾再墜異例三也叢書之刻惟清最富迹其編次每具別裁宜否哀登蒙尚惑焉異例四也釋道二藏舊史咸屏逮今弗甄後將泯佚竊所未忍願爲乞靈異例五也十年以來迻譯書目高能隱人翦棄固非所宜濫收亦將爲笑精心甄錄待諸達人

古物志第二十三

歐人耆古成癖先民手澤尊爲國寶用夸厥鄰豈惟桑梓之恭實增肯構之念文物淬厲纖長增高職此之由清儒汲古之勤過絕曩代其所鑑識大率可宗本史之作將以結二千年之舊局語其文物以詔方來夫文物所寄豈惟經籍建築彝器彫刻書畫其顯象也竊謂宜特立古物志以爲藝文之配就此四端擇其見存於今尤異而足稱國寶者著錄焉此實不朽之盛事也若其別裁之例蒙非專家不敢有云

宗教志第二十四

有清綏撫蒙藏實憑象教回民叛服不常教宗半爲之梗中葉以降叛亂之起恆緣飾教義海通而還教案迭生甚至喪師割地教之與政相維相距者至深切矣別沏專志非徒竊比魏收之釋老云爾

邦交志第二十五

上篇述彼我情勢及通好始末下篇類分條約擷其竅宜與和戰年表互爲詳略

國書志第二十六

國書爲一代制作今則滿人中解者不及萬一矣鼎革以往淪澌蓋所共睹清史不紀後何述焉故以殿羣志之末其蒙古文唐古忒文等亦附見志所自且從其類也

傳例第四

傳有叢傳有別傳別傳之中有合傳有附傳此其大較也叢傳如循吏儒林文苑孝義烈女等篇大率諸史咸有其他則互相出入而增刪之當否要當察時代以爲斷例如漢書之有外戚佞倖新五代史之有伶官義兒明史之有閹黨彼皆朋比蟠踞危及社稷叢而傳之宜也若在異代曾無斯輩而强爲效顰能勿貽笑又如後漢書之獨行宋史之道學蓋成爲一代之風氣有若干人焉行誼懷想大略相近而矯然有以異於餘子非彙著一傳無以表而出之若在異代無其人而必求濫竽亦惑而已矣一代之史必有一代着異之政俗而人物則爲之樞修史者察其政俗之所毗而立傳焉以表彼樞此政俗之人物故恆有一二篇焉與他史相出入而不求强同立叢傳者能深知此意則孔子門人立而尙右之誚其知免矣別傳各自離立無義例之可言然古之良史未嘗不內爲軌範以消息而權衡之部畫年代一也比類相從二也專傳少而附傳多三也不善修史者雜然並陳若森萬箭則穢而已矣亦有舉別傳而悉化爲叢傳者若歐公五代史列傳之目二十有一除雜傳一目外皆叢傳也近則魏默深私修元史全仿其例曰勳戚曰開國四傑四誓渾河功臣曰開國武臣曰開國相臣曰平金功臣平蜀功臣平宋功臣曰世祖相臣世祖文臣世祖言臣曰治曆治水漕運諸臣曰某曰某凡列傳之目三十有五皆叢傳也竊謂全史悉爲叢傳雖編置易失諸湊附然潔簡可喜纂撰籀讀皆加便易且防閑濫傳勢亦較順施諸淸史良非不能其法以人之名位爲經一親臣二相臣三將帥四畺臣五言臣其不在此五者則統稱諸臣以時代

爲緯。一開國。二順康。三雍乾。四嘉道。五咸同。六光宣。排比而標識之。實雖別傳。而眉目則儼然叢傳。是亦整齊體裁之一道也。今本此意擬全史列傳之目如次。

孝欽顯皇后傳第一 孝貞顯皇后 孝定景皇后附

兩攝政王合傳第二

首列此兩傳者。其時國政實權所在也。故以承本紀之後。冠全傳焉。

兩攝政王合傳。或疑近於滑稽。不知史記屈賈相去數百歲合傳。曷嘗爲病。兩攝政王不期而遙相對。君以此始。亦必以終。天也。非人所能爲也。而一相比勘。瞿然生警。史家妙用。庸何病焉。

明四藩記載第三 一福藩 二魯藩 三唐藩 四桂藩

史記項羽。後漢更始。蜀志二牧。明史郭子興。皆其例也。而或尊爲紀。或以冠傳。義各有取。不能相師。明諸藩以勝朝遺裔。畫地建號。事同殷宋。勢異羣雄。且疏附諸臣。類多耆俊。各隨所事。理宜附見。故特仿晉書別立載記。仍廁羣傳。似爲平情。

明遺臣傳第四

明遺民傳第五

此歐史着唐六臣傳例也。遺臣如鄭成功、李定國等。遺民如王夫之、顧炎武、黃宗羲等。凡明史無傳者入焉。從其所安也。

開國親臣傳第六

開國相臣傳第七
開國將帥傳第八
開國諸臣傳第九
順康相臣傳第十 大學士軍機大臣皆爲相臣　下同
順康將帥傳第十一
順康疆臣傳第十二 西北陲節臣附　下同
順康言臣傳第十三
順康諸臣傳第十四
雍乾相臣傳第十五
雍乾將帥傳第十六
雍乾疆臣傳第十七
雍乾言臣傳第十八
雍乾諸臣傳第十九
嘉道相臣傳第二十
嘉道將帥傳第二十一
嘉道疆臣傳第二十二

嘉道言臣傳第二十三
嘉道諸臣傳第二十四
咸同親臣傳第二十五
咸同相臣傳第二十六
咸同將帥傳第二十七
咸同疆臣傳第二十八
咸同言臣傳第二十九
咸同諸臣傳第三十
光宣親臣傳第三十一
光宣相臣傳第三十二
光宣疆臣傳第三十三
光宣言臣傳第三十四
光宣諸臣傳第三十五
河臣傳第三十六
有清河工諸臣，多所建樹，宜合爲一傳。
使臣傳第三十七

海通後．使臣有特足紀者．

死節傳第三十八

有清諸帝．宏獎節義．而死事之臣．實希於前代．惟其希也．仿歐五代史例．特著斯篇．

循吏傳第三十九

儒林傳第四十

漢宋兩派．區析為卷．

文苑傳第四十一

卓行傳第四十二

孝友傳第四十三

藝術傳第四十四

方伎傳第四十五

烈女傳第四十六

宦者傳第四十七

客卿傳第四十八

叛臣傳第四十九

羣盜傳第五十

屬國傳第五十一

敍傳第五十二

后妃不立傳，義詳表例。皇子不立傳，其應傳者，別爲親臣，自餘入表而足也。外戚不立傳，其不在諸臣者，無可記也。權倖不立傳，但有傳其惡自著，前史多不別標，今從之也。高宗特創貳臣傳，今削之，病其不恕也。蒙古諸藩士司不立傳，在表也。道學儒林不分傳，爲其不辭也。酷吏不立傳，無徵也。外國不立傳，羞自大也。敍傳終焉，明義例也。

飲冰室專集之三十二

國民淺訓

序

余以從軍於役邕桂。取道越南時諜騎四布。乃自匿於山中旬日。更圖間道潛赴。同行七人皆星散。各自覓路進取。余孑身寄一牧莊。相伴者惟他邦傭保。非特無可與語。卽語亦不解也。行篋中挾書數卷。亦旣讀盡。無以自娛。中間復嬰熱病。委頓二日。幾瀕於死。病旣起。念此閑寂之歲月。在今百忙中殊不易得。不可負。乃奮興草此書。閱三日夜。得十三章。草成。遂行。計更換騎走山谷間十日。乃達所指之地也。書旨期普及。故以俚文行之。甚見笑於大方之家矣。且信筆所至。不及凝思。意所欲言。未盡百一也。國人知其爲播越顚沛中扶病疾書之作。矜此微誠。垂賜卒讀。而或得一二受用處。則著者之榮幸何以尚諸。民國五年三月二十五日新會梁啓超自序。

國民淺訓

目錄

飲冰室專集之三十二

國民淺訓

第一章　何故愛國

愛國兩字，近來當作時興口號，到處有人說起，但細按下去，眞能愛國者究有幾人，比起別國人愛國至情，我等眞要媿死，固由前此國家組織未能妥善，所行政事無利於民，人民總不覺得有此國家於我何益，故此愛情無由發動，此原不能十分怪責吾民，雖然，亦由吾民未能深知國家之與我身家其關係若何切要，將他當作身外閑是閑非，不願多管，故此任憑一羣小人將國家盤據起來，偷得一分權便作一分惡，無法無天，愈弄愈壞，換了一羣還是一羣，照此混鬧下去，中國豈復能成爲國，須知我等說要愛國，並非因愛國是當今一種美名，說來湊熱，實覺得非將國家整理起來，身家更無安全發達之望，須知有許多事爲我等身家所託命，但除卻國家之力，我等便有三頭六臂，自己卻是幹辦不來，即如現在到處盜賊縱橫，良民不能安枕，除卻國家將警察辦好，我等何法可施，又如有事興訟，若非國家派有好官，且定有公平法律，我等何處可伸寃屈，又如每遇水旱一次，我等便有許多人餓死，近來水旱無年不有，動輒損失數千萬，實則但得國家有良政治，辦大工程，振興水利，我等豈惟免此損失，每年增加數千萬亦意中事，又如道路梗塞，貨物轉運不靈，出產雖豐，無從得利，苟非藉國家之力豈能開闢巉巖，廣通驛路鐵路，凡此之類，不過隨舉數端，若要我詳細說明，恐著書十卷，亦不能盡，實則我等從早至晚，一舉一動，何處不仰國家之保護者，尤當知今日爲生計競爭之世，各國人民，虎視眈眈，恨不得紾別國人之臂而奪其食，我等脣邊之飯，早已日日被人奪去，而不自知，我等但覺得生計艱難，一日不如一日，當思我從前有幾多手工可以養人，有幾多商業可以致富，近來洋貨滔滔流入，物美價廉，我國土貨不能與之競爭，大而衣服所用之布，及織布之棉紗，食物所需之糖麵，晚間所點之油，小而至於一針一線一釘，無不購之於外，前次恃此等種種工業爲生者，何止數千萬人，今安得不失業，餓死或流爲盜賊，雖有農業一項，外人未能奪去，而官吏土豪，則又敲脂剝髓，以塡其溝壑之慾，天下可憐人，孰有過於我國之農民者，至於商業，則皆外人飽載之後，我乃拾其唾餘，而所千辛萬苦以拾得者，一轉眼又被惡官吏擇肥而噬，一網打盡，若照此遷流下去，更過數年，四萬萬人，恐有三萬萬定成餓鬼，諸君今讀吾書者，或者家中暫時尙有一碗安樂茶飯，要知此樂不可恃，汝此碗飯，不知明日或後日，或遂被人奪去，汝有何法以自保障，卽其不然，汝子汝孫，終久亦爲人魚肉，非謂汝子孫之不才也，生當今日，而無完全之國家爲我保護，決不能以自存，今日各國國民之相接，如臨戰場，不進則退，不生則死，在人則到處有國家以爲之後盾，調度得宜，精力彌滿，人人皆有學問，事事皆有計畫，在我則如無母之兒，少旣失教，臨事又無援助，則何往而不敗，尤當知我國民本非愚蠢，有何種學問不可以學成，有何種機器不可以仿造，有何種公司不可以組織，我國又礦苗滿山，物產滿地，民勤而儉，俗厚而淳，地利人和，何事落人後者，然何以兵戰商戰，著著皆敗，漸至全國生計路絕，將爲人奴，蓋我國民事事都不讓人，獨有視國家事，當作閑是閑非，不願多管之一念，實爲莫大病根，此病根不除，國家終無振興之日，國家不振，而欲身家安全發達，此必不可得之數也。我國民當知愛國之理。與愛我同。與愛人異。人者本可以愛可以不愛。不過行吾慈悲以愛之而已。若我之愛我則一毫不待勉强。一刻不能放鬆。夫我身固我也。我家亦我也。我鄉亦我也。我國亦我也。我一身不能獨活。有許多事非合一家之力不能辦到。故既愛我身卽不得不愛我家。又有許多事非合一鄉之力不能辦到。故既愛我身卽不得不愛我鄉。更有許多事非合一國之力不能辦到。故既愛我身卽不得不愛我國。譬如有人將家事當作等閑。拋棄不管。試問其人他日當得何結果。不管國事。則眼前吃虧。將來受罪。亦猶是耳。願我國民將我所說之話。子細思量。參透此番道理。實實在在知道國家卽我命根。我若不愛他不管他。無異不愛自己不管自己。先明此理。先立此心。然後可以講到愛之之法矣。

第二章　國體之由來

我國何故變爲共和國體耶。就是因爲如前章所說。國家爲我等人民之命根。國家整理不好。人民雖不寃死。亦要餓死。雖不餓死。亦要苦死。但同是國家。何以人國都整理得好。我國獨整理不好。有識之士。子細比較。乃知因爲組織不得其宜。卽如從前東西各國政治亦並不見高明。自從近百年來相率改專制爲立憲。使全國人民皆有機會與聞國事。官吏權限嚴明。無從作弊。因此政務漸漸改良。遂有今日。我國若要轉貧爲富。轉弱爲强。亦須從此著手。當前清光緒末年。已經許多人漸明此理。當時亦並非一定不要皇帝。但使政體眞能立憲。則國體爲君主。爲共和原無所不可。無奈前清權貴把持官僚腐敗。預備立憲。全是欺人。眼看大好國家。將斷送於彼輩之手。我國民萬不得已。乃有辛亥之革命。中華民國之共和國體。自是成立。國家組織面目一新。不料袁世凱用權術騙得大總統一席。重復專制起來。將新組織一概推翻。事事恢復前清之舊。腐敗殘虐轉加十倍。不到四年。索性公然自稱皇帝。幸而全國人都懷義憤。費盡無數力量。誓將彼驅除。依舊還我今日之共和國體。我國民試回頭一看。當知國體之由來眞非容易。此後如何能保持勿失。責任卻是非輕。當袁世凱謀竊帝位之時。就是藉口於中國人民程度不宜共和。故借此以行篡逆。夫民國成立四年以來。實未嘗一日行共和。宜與不宜。本自無從判斷。雖然從今以後。我國民眞要抖擻精神。立穩共和基業。免致爲滿洲人及袁世凱之所笑。夫共和必與立憲相緣。而立憲政治所以能維持。專賴全國人民皆關心國事。皆盡力國事。尤須常識日漸增加。公德日漸發達。我國民今日是否已能如是。吾實不敢妄言。要在士紳勉其鄉鄰。父兄教其子弟。使之漸明大義。日起有功。而尤要者則在士紳父兄之自身眞有愛國之誠。共趨立憲之軌。庶乎國體可以不墜。而國家可以日興也。

第二章　何謂立憲

立憲者。以憲法規定國家之組織。及各機關之權限。與夫人民之權利義務。而全國上下共守之。以爲治者也。我國憲法現尚未制定。其內容如何。無從懸說。惟有最要之一事。爲各立憲國之所同。而恃之以示別於專制者。其事維何。曰必有人民所選舉之國會與政府對立是也。國會之權限。亦各國不同。惟有三種權能萬不可缺者。一曰議決法律。二曰監理財政。三曰糾責政府。但使國家能有良好之國會。而國會能公平以行此三項權能。則立憲之實可舉。而共和之基可固矣。請言其理。蓋國家之命。託於政府。而政府所以治民者。全賴法律。所以行政者全賴財賦。最患者。政府不恤民情。擅制殃民之法律。則民將不堪其病。今有人民所選舉之國會以議決之。政府無從專横。則非福國利民之法律。決無由發布。又官吏舞弊營私。什有九皆由操縱財政。立憲國通例。凡設立新稅及增加國庫負擔。皆須國會議決。政府每年必須編製預算。將國庫出入款項分部分項分目。詳細開列。不許濫支。不許挪用。經國會議決。然後施行。明年又須將出入結爲總帳。名曰決算。交審計院核過。提出國會以求承認。預算有不應支而支之款。國會得以削除之。決算有不實。國會得駁詰之。如此則舞弊何自來。夫國會有此兩權。其監督政府。既極周密矣。猶恐政府仍有專恣規避。或施行之失當。國會更得隨時隨事質問之。重則彈劾之。如是則非公忠體國且有才能之人。決不能立於政府。政府得人。則官吏之積弊自廓清。所有一切機關。皆不能不振作精神。替國家辦事。替人民興利除害。如此則政治安得不一新。而國家安得不漸强。故立憲之節目雖有多端。而關鍵全在國會。其理甚明。國會之關係已如此其重要。則國會議員得人與否。卽爲國家命脈所繫。又可知矣。夫國會議員由人民選出者也。於是乎國家之盛衰存亡。其責任乃落在我等人民之頭上。故歐美人言選舉投票。等於神聖。極言其重也。蓋政府不妥。能藉國會以矯正之。國會不妥。則更無辦法。所謂國會不妥者。大略有二端。其一則專務搗亂。不管政府政策之良與不良。一概挑持反對。致政府掣肘不能辦一事。其二則流於腐敗。爲政府所運動所屈伏。不能行其監督之責。致使國會雖有如無。二者有一於此。則國會之作用全失。而立憲之實廢。共和之基壞矣。我國民當知投票選一議員。無異將我身家性命託於其手。第一萬不可棄票不投。第二萬不可徇情亂投。在歐美日本等國。每屆選舉之年。凡欲爲議員者。必到處演說。自發表其政治上之意見。人民聚而聽之。皆可得許多政治智識。又以知其人之意見。是否與我相合。能爲我代表。此最是有益之事。我國將來亦必須如是。但目前恐未辦得到。我國民當舉行選舉之時。最要是選忠誠鯁直之人。勿取輕薄浮夸之士。欲選何人。必須憑自己天良。切勿受人運動。其有以金錢運動者。最宜拒絕。須知此是犯法事。授者受者皆有罪焉。且其人出錢買議員意欲何爲。必且將本求利。如此卑鄙之人。豈足爲我代表。若我得錢而賣此票。其可恥乃甚於妓女之賣身。蓋我以一國國民之資格得投此票。今賣之是賣國民資格也。棄而不投是棄國民資格也。皆大不可也。且汝不見袁世凱之偷作皇帝乎。其所弄手法。則固曰經國民之投票不願意要共和也。經國民之投票推他做皇帝也。試問汝果眞不願意共和否。果眞喜歡袁皇帝否。且問汝究竟曾投票否。然而竟有許多無恥之徒。假汝之名。自稱代表汝以投票矣。然而袁世凱竟謂汝等公意强彼作皇帝矣。彼輩何以敢如此荒唐。亦欺負汝之不好管國家閑事而已。汝以爲不管閑事無甚罪過。而殊不知已造下此場大孽。設使汝平日稍肯管管國家事者。袁世凱何敢冒汝名以作惡。則何至勞此次出兵討賊。傷殘數十萬人之性命。此數十萬人者。係直接爲袁世凱所殺。實間接爲汝所殺也。且使汝平日稍管國事。則袁世凱之虐刑苛稅。早已不敢施。貪官驕兵早已不敢逞。汝安居樂業爲太平之民久矣。因爲不好管事。吃無限虧受無限苦。汝今已明白否。從今以後若還是說不愛管國家閑事。恐將來吃虧受苦之日方長也。大抵欲爲立憲國民者。平時多閱書報。留心時事。選舉之時。鄭重投票。斯亦可以無大過矣。

第四章　自治

立憲國政治之特色。在中央則爲國會。在地方則爲自治。而自治尤爲親切而有味。各國完全之國會。皆起於近百年來。而自治之歷史。則演自千數百年以前。惟其自治辦得純熟完美。故將他放大起來。便成絕好之國會。蓋一地方之公共事業，其性質雖與國務略同。而規模則遠較彼爲小。輕而易舉。且與各人十分密切。事事皆目覩親歷。其禍害關係，當場立見。故人民之辦自治者。一面以輕而易舉。故不必奇才異能。已可勝任愉快。一面以利害密切。故易刺激其公共心而喚起其興味。故地方自治實人民參政最好之練習場。而憲政基礎之第一級也。然欲辦自治。最要是名實相副。昔前清預備立憲之九年籌辦案。命地方官興辦地方自治。袁世凱去年亦在京兆特派大員督辦自治。夫自治本以對於官治而得名。既由官辦。何名爲自治。此猶言有家藏宋板康熙字典。言走馬去應不求聞達之科。（唐朝笑話）甚可笑也。眞正之自治。必須不假官力。純由人民自動。其實此事本出於人性之自然。且亦我中國所本有。不過須擴充之整齊之而已。蓋吾人所欲辦之事。有獨力決不能辦到者。有獨力雖能辦到而甚勞費。且不如多人合辦之完善者。譬如欲防傳染病而灑藥水以消毒。僅吾家灑之無益也。必賴左右鄰乃至閭街坊同灑之。又如吾田患旱。宜開溝渠。僅吾田開之。不能成渠也。必賴上首下首之田貫通而開之。此所謂獨力決不能辦到者也。譬如吾國路黑。須點一街燈。吾東鄰西鄰亦然。然一燈則已足。三燈則徒費。不如醵金合點其一。而以彼二燈之費移辦他項三家公益之事也。吾因防夜須用更夫。吾鄰十家亦皆然。然同用一更夫。十家已皆得警備。其九家分用九更夫之金。不如醵而儲之。共購一槍。其警備尤爲有力也。此所謂獨力雖能辦到而甚勞費。且不如合辦之完善也。吾人無論居城居鄉。其所欲辦所應辦之事。如此類者必甚多。稍會打算者皆覺得協力經營之爲得計。故公益與私益本無界限。本無分別。凡所謂公益事業者。皆各人各謀私益而精於打算。乃會合以成此結果耳。地方自治所辦之事。即從此理發生。即國家政務。亦從此理發生也。然則自治者。本出於人性之自然。不必待教而後能。國家之頒行自治制度。不過代爲擬一妥善之辦事章程。教以欲辦一事。用何法議決。議決之後。用何法執行。辦事之費。用何法籌措。用何法稽核。如斯而已。若應辦某事某事。應從某處籌費。此則全由我等人民自行斟酌。務求調和於公益與私益之間。非官之所能代謀也。

第五章　自治（續）

自治團體有多級。最初級爲城鎭鄉。上之而縣而道而省。皆可以爲自治團體。卽自治權限之廣狹。亦各國不同。今我國自治分幾級。尙未定。其權限若何。亦尙未定。今我民所速當舉辦者。卽城鎭鄉之自治而已。蓋自治以最初級爲最易辦。且亦最切要也。其所應辦之自治事項。各地方情形不同。不必一律。但其三事非辦不可者。一曰保甲。二曰修道路。三曰開小學校。鄉里有奸宄。則良民不得安居。兵隊勦匪。警察詰奸。此固國家之責。然其力恐一時未能盡周。故人民宜自謀之。以輔政府所不逮。將來政府必將頒有保甲法。切宜實力奉行。勿厭其瑣煩。須知此非政府自爲謀。代我等人民謀而已。保甲辦有眉目。自可擴充以成鄉團。則自衞力强。可以享安居樂業之福矣。此自治第一要著也。交通爲百業之脈絡。交通不便之地。亙古不能發達。其大交通事業。若鐵路電車輪船等。固非藉政府或大公司之力不能舉辦。然此等不過交通之大幹。若無支絡。則大幹之功用亦減。所謂支絡者。則普通之道路是已。若道路偪仄崎嶇。則來往轉運甚艱。居民生計必苦。嘗見有某項物產在城市能售銀一元者。離城市十數里之鄉居。則三四角之價亦不能售出。蓋轉運之費遠過於生產之費故耳。其他因道路不便而至廢時誤事者甚多。更不必贅論。夫此安能責望國家一一替我辦到。然我以一身一家之力。又辦不到。此正自治團體之責任也。故各城鎭鄉之辦自治。宜首以此爲急。其本鎭本鄉內之道路。窄者開大之。凹凸者平治之。務使一鄉內總有數條縱橫幹路。能行走小車。其有汚穢壞陷。常加修葺。橋梁埠頭。尤宜注意。淺水河道。隨時挑濬。其此鄉與彼鄉相通之路。則截段分任。苟能鄉鄉如是。縣縣如是。則一年之後。全國到處皆坦途。其有助於國家交通大政者。功德無量。而本身與本地方實首受其益。至其所費之財。實極有限。鄉間各壯丁輸工。盡數日義務。便可集事。在紳耆熱心督率之而已。此自治第二要著也。誰家無子弟。誰人不欲敎子弟。然每家開一私塾。聘一敎師。無論費錢極多。亦安有許多敎師可聘。而今世之兒童。必須授以各種普通之智識。然後長大時能自立。必不能如舊時僅延一師便已足也。且兒童之求學。必須有比較競爭而始進步。又多人同學。訓練得宜。能喚起兒童之公共觀念。養成其公共習慣。較諸獨學。遠爲有益。然則家有兒童。必須令入學校。自無待言。然使本地無學校可入。而須送往他處城鎭。則不特多費錢。且幼年遠離家庭。殊多危險。然則我輩苟猶有愛子弟念將來之心。則除一宿兩餐外。其要緊之事。豈有過於在本地方設立小學校者哉。或疑我未學過敎育。如何會辦學校。不知學校如何而始爲完備。原無一定之程。但使立有規模。不患無逐漸改良之餘地。好在近來各大書局所編敎科書。頗多善本。但能聘得品性端粹耐煩認眞之敎師。自可按部就班敎去。正不必畏其難辦也。至於辦學須籌款。自無待言。然使本地無學校可入。而須自己開私塾。豈不要款。或遣子弟往他處游學。豈又不要款。此款橫豎總要支出。各家將此每年預定支出之款。以維持學校經費。雖不敷亦不遠矣。況尙或有地方公產之出息及臨時抽捐可以幫助乎。須知辦學。但求實際。原不必鋪張門面。一社廟一祠宇。便可充校舍。僅敎師修金所費固有限也。此自治之第二要著也。要之自治之事項雖多。他事或可辦可不辦。可緩辦可急辦。惟此三事。則無論何處之地方團體。皆必須辦。且不可一日緩。計政府不久便要頒行自治條例。將來舉辦之始。望我人民注全力辦此三事而已。至於所需自治經費。除公產出息及各戶樂捐外。總宜定出三兩項稅捐爲中堅。切勿厭其煩苛。蓋所出之財。皆以辦自己切身利害之事。其理甚明白也。

第六章　租稅及公債

夫所出之財。皆以辦自己切身利害之事。此不獨自治團體爲然也。卽國家亦然。國家爲我等身家所託命。旣如第一章所言。國家辦事非財不行。財不由天降。不由地出。其必須取諸民也明矣。故民出租稅以供國家之用。實天經地義也。我國租稅。比較他國。原算甚輕。但屢經貪吏剝削之餘。加以兵亂彫殘之後。現在自無輕議加增之餘地。惟其中負擔。極不均平。有貧民所納反多。富室所納反少者。將來隨時更正稅目稅率。料所不免。但此等事必須經國會通過。政府說明理由而負其責任。其必爲有利於國而無病於民者。始能成爲法案。我等人民決不可反抗。不可偷瞞。須知抗糧瞞稅之人。無異自甘與國家相絕。此最可恥之犯罪也。尤有公債一項。爲現今各國理財妙用。而中國仿辦。總不得宜。久成爲厲民之政。今請將其性質及作用。爲我國民略說明之。凡理財者。於經常政費（如每年一定之行政費等）則宜以經常收入支辦之。於臨時政費。則宜以臨時收入支辦之。經常收入則租稅。其大宗也。臨時收入則公債。其大宗也。臨時政費之性質。又大別爲兩種。甲種生利者。乙種不生利者。生利者謂欲舉辦一項大事業。辦成之後。每年可以直接增加國富。例如開大鐵路。興大水利等。不生利者。謂國家有大災難。亟須防衛。例如對外戰爭。或平內亂等。又或爲預防將來災難。亟謀設備。例如擴張海陸軍。興辦兵工廠等要之。無論屬於甲種或乙種。旣是國家非支出此費不可。則當求所以籌得此費之途。而求諸租稅。是決不可。無論驟加租稅，民力不堪也。且斷亦無從咄嗟得款。故舍募集公債外，實無他法。公債或募諸本國，或募諸外國，原各有短長。然苟本國民力尚可以應募，則仍以募諸本國爲較安穩。但使國家政治果能修明，則人民挾有資本者，欲得最穩實之利息，實莫如公債。蓋甲種生利之公債，其不患償還之無著，固不待言。卽乙種不生利之公債，然爲維持救護此國家起見，國家經過一場險難，平定之後，國基自安穩發達，將來經常收入增加，分年攤還，亦非難事。況現今各國之公債，實爲市場展轉買賣最通行之一物品，持有公債票者，隨時可以向市面換得現銀。其所以能如此信用者，法門甚多，我今亦不能盡述。要之我政府將來亦必效其良法，其功效不久將與衆共見也。若夫前淸與袁世凱之公債，何得爲公債，不過勒捐耳。其用之也既不正當，其行之也復不如法，則無怪吾民之以爲病也。要之國家之財政，全視夫其用之是否得宜。既確屬不能不用之財，則人民自應踐輸供之義務。一面由國會及審計院嚴密監督政府之用途，一面常竭其力以濟國家之急。此則國民之天職也。

第七章　徵兵

徵兵制度，我國唐以前行之，今廢已久。然現在世界各強國，除英美外，無一不行徵兵者。英國近亦將行矣。可見此爲天下通義，我國不久亦必當仿效。此又宜先舉其精意妙用以告我國民者也。我國現行者曰募兵制，欲當兵者則應募而來，其年限久暫無定，及其老弱或淘汰解散之。徵兵制則異是，凡國中年及若干歲之男子，例須入伍服兵役，先充常備兵若干年，役滿，退充預備兵、後備兵各若干年。行募兵制者，謂之兵民分業主義。行徵兵制者，謂之國民皆兵主義。此兩制孰得孰失，顯而易見也。其一以國家兵制論，必須使戰時兵額能多於平時兵額數倍。蓋平時若養兵太多。國家實無此財力。然一到戰時。察敵勢之如何。往往盡出其常備兵而猶不足。且交戰之後。必有傷亡。便須立刻補充。今行募兵制。募一師則得一師。募十師則得十師。平時一師。戰時亦一師。平時十師。戰時亦十師。傷亡一個。卽兵力減少一個。前敵之兵傷亡盡。則兵力亦盡。從新再募。未經訓練。安能得用。此極險之事也。行徵兵制者。平時養兵不必甚多。現在之兵。數年後退為預備。戰時調往前敵。其得用與現役無異也。卽退為後備者。不得已而調及之。其得用仍與現役無異也。故養兵不多而兵甚強。其優於募兵制明甚。其二。以軍隊之內容論。凡當兵須在壯年。老則不適。非徒筋力就衰而已。在軍營久。必有一種習氣。旣驕且惰。如此則豈可復用。今行募兵制。其人一經應募。苟非犯律。不便革除。故動輒在營十餘年。甚或老而不退。此等軍隊。惟有日弱一日而已。行徵兵制。則每軍每年中必有一部分退伍。一部分新入伍。全軍皆三十歲以內血氣方剛之少年。孰強孰弱。不待間矣。其三。就軍士自身論之。行募兵制者。應募入伍之後。卽以兵為職業。在營十年二十年。舊業一概荒廢。離卻軍營。無處餬口。而血氣漸衰。雖欲不離而不可得。蕭條晚景。一何可憐。故我國之兵。散後輒成為盜。非得已也。行徵兵制者。正當成年之際。服役數年。退伍之時。齒猶未壯。重就職業。綽有餘地。其四。就國民教育言之。方今之世。非振起全國尚武精神。何由立國。然非受過軍隊教育。則所謂尚武精神者。徒虛語耳。行募兵者。兵自兵。民自民。兵雖武。與民何關。行徵兵制者。卽兵卽民。卽民卽兵。凡全國男子。總須經過數年軍隊教育。不知不覺間。已養成強武之國民矣。據以上所述種種理由。則我國必須改行徵兵制。毫無疑義。到其時。我國民當歡喜踴躍以就徵。切勿稍懷規避。若家有子弟及年應徵者。其父兄宜鼓舞其興致。勿存姑息。須知我等自祖宗以來。庇蔭於此國家之下。飲食教誨。以有今日。受恩何等深重。平日開口說愛國說報國。徒虛語耳。眞愛國眞報國者國家要我性命亦宜歡喜以獻之此服兵役之數年間實一生報國難得之機會也又須知我國數十年來以積弱之故受人欺侮已到極地今當國命維新而我乃幸得躬服衛國之役或且遇有機緣一戰而霸豈非國家之榮譽自我而復又須知凡人欲有所成立必須自少年時磨練其筋骨強壯其志氣保持正直之心腸養成紀律之習慣欲受此等良好之教育舍軍隊外無處可求在軍閱歷數年一生受用不盡我國民明乎此義則知徵兵之作用而必樂於自效矣夫各國憲法皆有國民須服兵役之一條我國約法亦有之在今日募兵制度之下此語殆不知作何解也將來改行徵兵制則我國民其始有此項義務之可盡而一表其報國之誠不亦快哉

第八章　調查登錄

尚有一要事爲政府所必須舉辦而人民切不可驚疑者則調查登錄是也人民既責望政府替我等興利除害然政府必須實知國中情形知利與害之所在然後能興之除之則調查其最要矣必調查地勢然後知交通之便不便某處道路宜開闢某處河流宜挑濬某處設防保護良善某處置站利便行人必調查土宜然後知某處某種礦產當開采某處某種農業當改良某處某種工藝當提倡必調查田畝宅地然後能免豪強侵佔之弊立賦稅公平之準必調查戶籍婚姻死生然後選舉可得行保甲可得舉義務教育可得施徵兵可得辦而人事屢有變遷尤須隨時登錄財產買賣移轉則有登錄商業商標則有登錄工藝新法則有登錄住居移徙婚姻生死則有登錄凡此之類皆令政府得以周知民情編爲統計以定施政之標準而人民亦因此得以蒙政府之切實保護意至善也但我人民向來有一種偏見自己家內情形總不願外人知悉一旦聞官府指明調查動輒滋生

疑慮。務為掩匿。甚則造作謠言以阻進行。夫以前此貪官汙吏專務魚肉吾民。每借事端。恣其騷擾。民之疑慮。本無足怪。若到政府確有實心辦事之時。則人民亦當坦懷相見。然後上下乃能通氣。須知應當調查之事件。本非煩苛。尤非盤詰人家陰私之事。我有子女並非私生。何故怕人知道。我有田產並非私占。又何故怕人知道。若無故自驚欺矇隱匿。反使原有正當之權利。將來不能得正當之保護。後悔何及。吾願我人民先明白此中道理。開懷待命。其辦理地方自治之紳耆。屆時尤當協力相助。以利進行。則國利民福。皆於是乎在矣。

第九章　鄉土觀念與對外觀念

愛鄉心擴而大之。即為愛國心。故鄉土觀念。原至可貴者也。我國民此觀念甚強。其所以能相團結者頗賴此。雖然此觀念若發達過度。又未嘗不為國家之害。我國人省有省界。府有府界。縣有縣界。鄉有鄉界。族有族界。常挾有重重疊疊之排外思想。官界商界此弊最甚。分系分幫。互相排擠。又其甚者。乃至如閩學等處之民。常常兩鄉械鬬。儼若敵國。怨讎所結。百數十年不解。此甚可痛。又甚可笑也。夫今世何世。國與國爭之世也。人方挾全國之力。萬衆一心。以臨我。我學問既不如人。財富既不如人。惟恃人多心齊。或者尚能自立。今內部常常軋轢。勝不相讓。敗不相救。而惟爭一時之小意氣以為快。萬一外力完全侵入。彼時全國人無論何省何府何縣何鄉何族。皆成奴隸。試問此一時之意氣。更何在者。須知現在世界甚廣。事業甚多。到處可以為我競爭之場。他事不必遠論。即如此次歐洲戰爭。日本人乘此機會。擴充商工等業。一年之間。全國獲利至十三萬萬元之多。我國人若稍有志氣。稍有才能。早為設備。及時而應。誰敢限其飛黃騰達到何等地步。乃我國人眼光如豆。將自己所占之宇宙縮到小之又小惟眈眈注視此一盂之飯一甌之茶兄弟攘臂扼項拚死命以爭之此何等可羞而何等可憐者即以地方事論之譬如他地之人來我地作官但當問其人是否好官是否能爲我地辦事若其好也若其能也則他地之人爲我地出力我地正占便宜何爲排之彼排人者不過欲奪其地位以弄權即此一念其人心術已不可問雖本地人我何愛者又如他地之人來我地經商或辦別種實業其人必挾資本而來爲我開發利源懋遷有無本地之人必食其利何苦排斥之以生惡感須知凡人欲自樹立惟當務發揮本身之能力使之日趨光大若自己挾持無具而惟妒忌他人日謀傾軋學無知村婦之所爲可恥孰甚且亦未有能勝者也此不惟對內爲然耳即對外亦然我等憑藉一國之力以與世界相見固當毫無怯懦毫無退卻無論在平和時在戰爭時皆當挾渾身勇氣以赴之雖然又當常堂堂正正爲實力之競爭而不可雜以客氣出以卑劣手段例如前此義和拳之混鬧究竟有何結果不過徒增國家無窮之累又如近年屢屢因一交涉案相率排斥某國貨物實則交涉形勢何嘗因此而遂變而所謂排斥者又大率虎頭蛇尾爲人所笑何益之有夫獎勵國貨本萬國共由之軌我當以全力赴之此何待言然必須我自有此貨物我之貨物能比人質美而價廉則外貨不待排而自不能入而不然者雖欲排之又安可得夫自歐戰發生以來不知有幾許洋貨忽絕跡於中國我國人則惟如失乳之兒旁皇無措坐聽其價之飛漲已耳豈嘗見有人能乘此機會堵塞漏卮而恢復利權者故知不謀自立而務排人無論對內對外皆無當也平恕待人而刻厲求己此則大國民之器度也已

第十章　公共心

我國人所以至今不振者。一言蔽之。曰公共心缺乏而已。私家之事。成績可觀者往往而有。一涉公字。其事立敗。自國家之公署。鄉鎮之公局。乃至工商業之股分公司。無一不爲百弊之叢。萬惡之藪。甚則公林無不斬伐。公路無不蕪梗。公田無不侵占。公園無不毀壞。有一公物於此。在西人則以爲此物我固有一份也。乃擁護而保全之。使我能長享有此份。在中國人則以爲此物我固有一份也。乃急取我一份所有者割歸獨享。又乘他人之不覺或無力抵抗。則並他人之一份所有而篡取之。其馴良者則以爲此等事雖有利非我獨享。雖有害非我獨當。閉門不管而已。此等性質若不改變。勢必至全國無復一公共機關。而人人皆爲孤獨生活。夫使孤獨生活而可以立於世。是亦何害。無如人類本以合羣然後能生存。孤獨自營其究必歸於淘汰。況今日世界愈文明。一切事業之規模愈大。而協力分勞之原則適用愈廣。獨力能舉之事。行將絕跡於天壤。我國民若長抱此先私後公之惡習。其將何以自存。明知此習積之甚久。非一旦可去。要不得不急圖補救。其第一着固首在政府得人。樹之模範。然終非全國人各痛自懲悔。則收效終亦無期。所望有才智而好事之人。稍放遠眼光。知借公營私之非計。知營私終爲怨毒所歸。欲自利而反自害。知出吾才力爲公家盡瘁。公家事業發達。吾之後利亦隨與無窮。又望公正自愛之人。切勿避嫌憚煩。謝事不管。須知我不管必有人攬而管之。攬管者若爲壞人。則將公家基業敗壞淨盡。我亦無安身之地。而欲逐漸養成此種公共心。則莫如以地方自治爲其練習場。而後起之子弟。則使之入學校。入軍隊。日習於共同生活。如此大衆振刷一番。則中國其或猶可救也。

第十一章　自由平等眞解

當民國初成立之時。自由平等兩口號。頗爲一般新進少年所樂道。而種種罪惡。或假其名以行。於是老輩則太息痛恨。謂此二義實爲鴆毒。平心論之。此二義者。實百年前法國革命時所標之旗幟。彼方承貴族教會數百年壓制之敝。實仗此爲救時良藥。而流弊則固已章章可見。百年以來。學理日昌。益共知此義之未爲圓滿。且兩義自身亦生矛盾。蓋人人自由。則各騁其聰明才力。所成就自有高下之殊。安能平等。人人平等。則智者應自儕於愚。强者應自屈於弱。豈復自由。故自由平等兩面大旗。在今日歐美已成陳迹。我國新進。乃摭拾他人百年前之唾餘以自鳴。爲事本屬可笑。雖然。若如老輩之厭棄此兩義。視同蛇蝎。其蔽抑又甚焉。蓋此二義。實爲許多政治原則所從出。夫安可以輕議。所謂人人於法律內享有自由。法律之下人人平等。此豈非人民所賴以託命者。若如近兩年來。任意設立名目。括削民膏。使我民無財產之自由。監謗防川。偶語棄市。使我民無言論集會之自由。凡信皆拆。入城必搜。使我民無通信行旅之自由。動輒搜索家宅。使我民無住居之自由。挾仇誣害。不經法庭。便可處死。使我民無生命之自由。僞造民意。脅迫推戴。使我民無良心之自由。其他法律上之種種不平等。則亦類是。在此種政治之下。豈復一日能有生人之趣。爲人民者。捹其頭顱。濺其心血。以求爭回此平等自由之權利。寧非天經地義。吾之所以愛自由尊平等者。其在乎此。若乃浮薄少年。以逸游淫蕩。抉去禮防。爲自由。以傲慢恣睢淩轢尊長爲平等。則天下萬國往古來今所謂平等自由者。本無此解法。其必不容以彼穢行冒此美名也亦明矣。吾願國中老輩。知自由平等雖非盡愜於中庸之道。然在德性中確能各明一義。在政治上尤足以爲民干城。切不可妄肆詆諆。使梟雄之輩。利用此等心理以摧鋤民氣。吾又願國中少年。知自由平等之功用。什九當求諸政治。政治以外之事。不能動引此爲護符。卽其功用之現於政治者。亦不過謂人人於法律內享有自由。法律之下人人皆平等而斷不容更越此界以作別種之解釋若欲將此二義適用於品性行事乎則亦有之倫理學家固最尊自由其所謂自由者謂須使良心絕對自由而不爲肢體嗜欲之所制今若爲逸遊淫蕩放縱卑劣之行試一返諸汝最初之良心其必不以爲可也亦明矣而肢體之嗜欲起而撓之汝不能制彼而反爲所制是汝爲嗜欲之奴隸也此乃自由之正反對而汝猶靦然曰我自由不亦悲乎倫理學上所謂平等者謂凡人類皆有其本能苟能充之則人皆可以爲堯舜今若傲狠暴棄以自趨於下流則將失其人類之價值以淪於禽獸更何平等之有國中之老輩與國中之少年各得吾說而存之庶乎其不謬於正軌也已矣

第十二章　不健全之愛國論

吾國歷年來有一種不健全之愛國論最足爲國家進步之障者其說曰我國爲文明最古之國我民爲德性最美之民泰西學術多爲吾先哲所見及其大本大原遠不逮我若夫形而下之技術則采之易易耳至其禮教風俗則更一無足取吾但保存吾國粹而發揮之斯足以爲治矣此種議論自前清同治光緒間諸老輩已盛倡之中間稍衰熄近二三年來受革命之反動其說復大昌夫人生天地間本不宜妄自菲薄爲此說者藉以鼓厲國民自重之心有時固亦薄收其效然長國民故見自封之習而窒其虛受進取之心則功遠不足以償其罪也就學問方面言之今日全爲智識競爭之世界德國所以能以一敵八常操勝算恃學問之力而已諸國所以能久與相持則亦由學問尚能步武於其後彼泰西各種學問皆各有其甚深之根柢分科研究剖之極細而入之極深其適用此學問以施政治事又積無量數之經驗發明種種原理原則而恪守之絲絲入扣我國非特在學殖

荒落之今日不能望其肩背。卽在學術昌明之昔時。亦豈能得其彷彿。蓋我國研究學問之法。本自與彼不同。我國學者。憑瞑想。敢武斷。好作囫圇之詞。持無統系之說。否則注釋前籍。咬文嚼字。不敢自出主張。泰西學者。重試驗。尊辯難。界說謹嚴。條理綿密。雖對於前哲偉論。恆以批評的態度出之。常思正其誤而補其闕。故我之學皆虛。而彼之學皆實。我之學歷千百年不進。彼之學日新月異無已時。蓋以此也。我等不信立國須恃學問則亦已耳。亦旣信之。則安可不一反前此之所爲。毅然舍己從人以求進益。今也不然。侈然曰學問我所固有。偶摭拾古籍一二語與他人學說相類似者。則沾沾自喜。謂我千百年前旣明此義矣。便欲持以相勝。此等思想旣浸灌於後進學子之腦中。故雖治新學者亦浮鶩淺嘗。莫或肯虛心以窮其奧。彼日本之知有新學。蓋在我之後。其老輩且嘗恃我國譯本以爲津筏。今日者則無論何種科學。皆有專門大家。每年所著新書。不下千種。大率皆有心得。歐美時復譯之。我國號稱講求新學旣四五十年。外國留學生亦十數萬。試問在學術上有何豪釐成績可以表見。此而不恥。則痼疾云胡可治。此雖由彼我政府所以提倡風示者殊途。然我國民一種虛矯自大苟安自欺之心。實病根之所從出也。就風俗道德方面言之。我國孔孟所教。誠可稱道德之正鵠。（此卻非我虛矯自大之言。吾新有所見。行將專著書發明之）然亦豈以口舌尊尚以儀文崇拜。便謂我已止於至善。試問舉國士夫誰亦不誦孔孟之書。自謂爲孔孟之徒。而其道德果何若者。而全國風俗又果何若者。今之老師宿儒。動輒斥新學小生蔑棄禮敎。夫新學小生中不乏下流。吾固斷不肯稍爲假借也。而老師宿儒夙以提倡禮敎自命者。今或紛紛頌莽功德。若蕩婦之倚門賣笑。卽其潔身自好者。亦不過以租界作首陽。袖手以觀國家之陸沈。則又何說。須知道德之爲物。其中固有一部分不可得與民變革者。亦有一部分必須與民變革者。道德本爲社會之產物。社會之境遇變遷。則道德之內容。亦當隨而變遷。徒襲取數千年前先哲遺訓之面目。必不足以範圍一世之人心。祇相率以虛偽而益其腐敗耳。至於他國特別之風俗。其為我不必效不能效不可效者原甚多。且彼近日社會之墮落。當引以為戒者抑亦不少。雖然其道德固自有甚深之根柢。亦與其學問同。苟非爾者。彼之國家何恃而立。且彼方日日應於社會之變遷而道德之內容常改進而無凝滯。其可取為我師資者抑何限。而我乃始終鄙夷視之。其毋亦昧於擇善矣乎。要之我中國現在社會之人心。實依然為千百年來舊染所錮蔽。暮氣沈沈。惰力滿滿。若淤血積於體中。為百病之窟宅。故雖日進甘旨。曾不足以資榮衛。而徒增其痼疾。積弱大原。實在於此。非我國民痛自警醒。痛自改悔。慊然自知不足。而抑然以人為師。其安能挽此頽風。一新國命者乎。

第十三章　我國之前途

今日國人談及中國前途者。什有九心灰意盡。曰。噫。國其殆亡。國其殆亡。吾則以為我國人苟不自亡。他人決無能亡我者。蓋全世界共十六萬萬人。而我國人實居四分之一。以占世界人數四分一之國而忽然亡去。其影響於全世界之變動果何如者。且各國合謀瓜分以亡我耶。無論各國今方在大戰。戰後元氣彫殘。無力及此。即使力能及此而分贓不勻。且生衝突。各國不為也。一國獨力併吞以亡我耶。吾信無論何國。決無此膽量。無此氣魄。是故中國目前決不至於亡。吾敢保險也。所最可憂者。政治上之國家名雖未亡。生計上之國家實則漸亡。全國重要之商埠既落人手。交通機關亦有多部分已被掌握。自己又不能有一稍完善之金融機關。行將盡仰外人為我代庖。工藝又一切不興。日用所需。大半取給於外。雖有天產物可以出口。然運輸不靈。動成賤棄。且懋遷之權亦爲人所箝價值由彼操縱照此下去全國之生計權必盡奪於人手夫今日歐美社會之局勢資本家與傭工人截然分爲兩階級富者愈富貧者愈貧此稍明時事者所能知也而據中國現在情形以測將來恐十數年後全國資本家皆屬外人而我國四萬萬人皆變爲傭工者萬一有此一日則其禍較亡國爲尤慘酷我國人所當刻刻猛醒亟亟防救者在此一着而已差幸我國素來以農立國而外人欲奪我農業實非容易查各國生計發達之次序皆由農而工由工而商美國當四五十年前工商業甚微工藝亦仰給他邦略如我中國之今日惟專意振興農業其農產物運輸歐洲各國獲厚利全國資本力自增加乃出其資本以營工商今反漸漸壓倒歐洲矣又如日本既得臺灣以後以全力獎勵其農業今臺灣之富力較諸中國統治時增加三十餘倍然則中國人何必遽行自怯天下事何一非以人力做得到耶又況我國礦產之富甲於大地今所開採者尚不及千分之一若能次第濬此利源則東西各國且瞠乎其後矣故我國今日亟注意農礦兩業並力以赴則生計上確非無卓然自立之途而國勢且可以一日千里雖然此種議論國中人能知之能言之者實不少且相率提倡之者亦既數十年矣顧何以盡託空談始終不能見諸實事須知政治不良之國百事皆無可說以近數年來之政治現象人民欲安居其鄉猶不可得何論農業且稍有積蓄政府官吏不勒削劫奪以去不止亦何能繼續增進其業又況凡營一業必須有種種機關以爲之輔助其事絕非獨力所能辦而必有賴於政府耶但使能得良政府在上一面爲我民除盜賊懲貪酷免爲民業之障礙一面將鐵路銀行水利等舉舉數大政提綱挈領切實辦妥使人民無論營何種生計者皆得有運輸物產之機關有流通資本之機關則其進步之速豈可限量然如何然後能得良政府自在我民自誠求之自監督之而已則本書前數章所言最當玩味也抑政府只能提絜大綱導民

於進取之途。其實際着手進取。則須我民自爲之。然非有公德。非有常識。何能立於今日生計競爭之世界而操勝算。則本書後數章所言。又最當玩味也。要之今日之中國。誠爲存亡危急之時。然絕非如志行薄弱者流之所想像。謂已絕望而無可救。其前途實有無窮之希望。令我等可以自壯。要在我全國人民去其私心。振其惰力。廣求世界之智識。發揮自己之本能。於以努力向上。一番度過目前之難關。以入此後之坦途。則國家之福。與天無極矣。